钱颖一

清华大学经济管理学院院长
清华大学文科资深教授

生于北京，祖籍浙江。1977级清华大学数学专业本科毕业。毕业后留学美国，先后获哥伦比亚大学统计学硕士学位、耶鲁大学运筹学/管理科学硕士学位、哈佛大学经济学博士学位。之后任教于斯坦福大学、马里兰大学、伯克利加州大学。2006年9月起任清华大学经济管理学院院长。

学术荣誉包括：2012年当选为世界计量经济学会(The Econometric Society)会士(Fellow)，2018年当选为清华大学首批文科资深教授；获得2009年度孙冶方经济科学奖，获得2016年度首届中国经济学奖。研究领域包括：比较经济学、制度经济学、转轨经济学、中国经济、中国教育。担任《经济学报》《清华管理评论》《教育》主编，《经济研究》编委会委员。

中文书著有《现代经济学与中国经济》、《大学的改革》(第一卷、第二卷)、《现代经济学与中国经济改革》(第一版)、《老清华的社会科学》(与李强共同主编)、《走出误区：经济学家论说硅谷模式》(与肖梦共同主编)、《转轨经济中的公司治理结构》(与青木昌彦共同主编)。

在《美国经济评论》(*The American Economic Review*)、《政治经济学期刊》(*Journal of Political Economy*)、《经济学季刊》(*The Quarterly Journal of Economics*)、《经济研究评论》(*The Review of Economic Studies*)、《经济研究》等国际国内学术期刊上发表论文多篇。

Modern Economics and
China's Economic Reform
(Second Edition)

钱颖一 著

现代经济学与中国经济改革

（第二版）

中信出版集团 · 北京

图书在版编目（CIP）数据

现代经济学与中国经济改革 / 钱颖一著 . -- 北京 :
中信出版社 , 2018.8
ISBN 978-7-5086-9330-9

Ⅰ . ①现… Ⅱ . ①钱… Ⅲ . ①中国经济 – 经济改革 –
文集 Ⅳ . ① F121-53

中国版本图书馆 CIP 数据核字 (2018) 第 182241 号

现代经济学与中国经济改革（第二版）

著 者：钱颖一
出版发行：中信出版集团股份有限公司
（北京市朝阳区惠新东街甲 4 号富盛大厦 2 座 邮编 100029）
承 印 者：北京通州皇家印刷厂

开 本：787mm × 1092mm 1/16 印 张：22.5 字 数：278 千字
版 次：2018 年 8 月第 1 版 插 页：1 印 次：2018 年 8 月第 1 次印刷
广告经营许可证：京朝工商广字第 8087 号
书 号：ISBN 978-7-5086-9330-9
定 价：58.00 元

谨以此书献给我的父亲母亲

目录

第三部分

金融改革

第四部分

政府改革

第五部分

创新创业

第六部分

相关学说

第二版自序

2018 年是中国改革开放 40 周年。自 1978 年 12 月 18—22 日举行的中共十一届三中全会开启中国改革开放以来，40 年间中国经济发展成就有目共睹。虽然在类似时间长度中的类似增长速度的经济发展已有若干先例，但是在 13 多亿人口的大国中取得这样的经济发展成就，是史无前例的。

自然地，回顾和总结中国改革开放 40 年将伴随 2018 这一年。这个过程中将会不可避免地有各种不同意见的争论，毕竟每个人都会有自己的解读。从学术上讲，这其中有一个绕不过去的问题，就是在中国的经济改革历程中，现代经济学（也称西方经济学）对中国改革开放的影响和作用。

一个基本事实是，中国改革开放的 40 年，恰好是现代经济学被逐步地、系统地引入中国的 40 年。由于两个根本性原因，现代经济学与中国经济改革有着必然的关联：第一，现代经济学是关于市场经济运行的学问，而中国经济改革的方向是从计划经济到市场经济，不管这个市场经济是如何具备“中国特色”，它的本质应该是市场经济。所以，以现代经济学来理解经济改革是不可或缺的。第二，现代经济学也是一套经济学的理论框架、看问题的视角，以及分析问题的方法，而这个方法是基于资源的稀缺性和个人的理性，资源的稀缺性是一个基本事实，而个人的理性是现代性的基石。由于改革的方向是现代性，那么现代经济学的分析框架就是有意义的。

本书收录的是我在 1987—2003 年 17 年间在中文期刊和报纸上发表的 18 篇文章。从时间点上，这正是中国经济改革的高潮时期。这本书在 2003 年首次出版，这次在纪念改革开放 40 周年时再版，是为了回顾在中国经济改革的历史中，现代经济学与中国经济改革是如何交织作用的。为了尊重历史，这次再版时除了个别专有名词的翻译为了统一而有所调整之外，文章一律保持原样。这些文章在发表时，都曾有过一些反响，对当时人们思考改革有过直接的作用，对改革政策制定也许有过间接的作用。记录现代经济学如何被引入中国，如何被解读，并且如何被运用于解决中国经济问题，这是回顾和总结改革开放中的一项基础性工作。这 18 篇文章就是一种记录和一种说明，它们记录和说明了现代经济学与中国经济改革的密切关联。

本书文章从内容上看可以分为三类。第一类文章介绍现代经济学的基本学理，包括第一篇《理解现代经济学》和第六部分中的四篇。《理解现代经济学》写于 2002 年，把现代经济学当作一种思维方式，它包括视角、基准、分析工具。这不仅是我学习现代经济学的心得体会，也是运用现代经济学从事研究，特别是从事中国经济改革研究的心路历程。第六部分中的四篇介绍的都是现代经济学中与中国经济改革直接相关的学理，其中信息经济学与比较制度分析在中国经济改革历程中发挥了基础性的作用，寻租理论为分析腐败提供了权威性的分析方法，而科尔奈对苏联东欧经济改革的深刻分析，为思考中国经济改革提供了重要的比较和启发。

第二类文章试图用现代经济学的基本原理来解读中国经济改革中的整体现实问题，包括第一部分中的四篇。这四篇的写作背景是在中国改革开放20周年之后，市场化改革已经起步，但是市场经济的制度基础尚未建立。这些文章并非完全照搬经济学的现有结论。事实上，对于从计划经济向市场经济转轨，经济学中并没有现成公式。现代经济学对市场经济有基本原理，但是基本原理对从计划经济起步的转轨过程的运用，并没有现成文献，这并不为奇。按照发表时间顺序这四篇文章是：《目标与过程》《激励与约束》《政府与法治》《市场与法治》，这些文章探讨的问题在现在仍然具有思考价值。

第三类文章试图用现代经济学的基本原理来解读中国经济改革的四个方面，对应第二部分至第五部分，分别是企业、金融、政府、创业。这其中既有对现代经济学前沿的介绍，比如企业理论、公司法、金融监管，也有对经济发展前沿的介绍，比如美国硅谷，但更多的是对中国当时改革问题的思考。这些文章本身说明，现代经济学与中国经济改革的结合，既帮助我们理解中国经济改革走过和正在走的路径，也帮助我们推动改革沿着正确的方向，沿着成本更小的路径前行。

一些人把现代经济学误解为一种“观点”或一个“学派”，然后发现其与中国改革之间的差距，并以此为依据论证现代经济学不适用于中国。中国经济改革的历程，特别是它的成功和特色，确实提出了许多新的问题，这些问题不能直接或马上与现代经济学文献中的结论挂钩。由此便引出各种对现代经济学的挑战。有的挑战现代经济学的基本原理，有的挑战现代经济学的分析框架和模型。只要是认真严肃的讨论和争辩，都属于正常。

的确，现代经济学是在不断发展的。比如，行为经济学就是对个人理性假设修正下的理论与实证。2017 年诺贝尔经济学奖授予这方面的贡献，就说明现代经济学的发展受到的认可。

2017 年，中信出版集团出版了《现代经济学与中国经济》，其中收录了我在 1995 年至 2017 年间发表的文章 78 篇。这次中信出版集团再版《现代经济学与中国经济改革》，其中收录我的文章 18 篇。这两本书加起来共计 96 篇文章，算是我作为一个伴随中国改革开放一起成长的经济学者，为纪念改革开放 40 周年的一份回馈。

钱颖一

2018 年 4 月 8 日

第一版吴敬琏序

钱颖一是我国留美学人中的一位十分关注中国经济改革、学有所成的经济学家。阅读他的这部论述中国经济改革问题的文集，不但可以从中领略现代经济学的魅力，而且可以看到一位身居异域的经济学家积极参与和推进中国经济改革的拳拳报国之心。

我初识钱颖一教授，是在1983年初。那时，许多中国经济改革的积极参与者深感学力不逮，纷纷到海外求学。我去了美国东海岸的耶鲁大学，追随比较经济体制学科（Comparative Economic Systems）的开创者之一蒙梯亚斯（John Michael Montias）研究东欧经济改革的理论和政策问题。这时，颖一已经取得了哥伦比亚大学的统计学硕士学位，正在耶鲁大学管理学院攻读管理科学和运筹学的学位。从那时起，我们保持了20年的友谊，有过许多交流和合作。1984年7月，我从耶鲁大学回国，从事为经济改革服务的咨询研究工作。颖一则从耶鲁大学到哈佛大学经济系攻读经济学博士学位。如今，他已成为一位被广泛认可的经济学家，任教于著名的美国伯克利加州大学的经济系。颖一虽然身在海外，但是心系中国的经济改革。这本书中收录的就是他十余年来有关中国经济问题的著述。在这些论文里，他凭借自己对现代经济学的深刻了解，透彻地分析了中国转轨时期的各种经济行为和经济现象，并据此提出了可供选择的解决方案和政策建议。

与坊间许多常见的论述中国经济问题的书籍不同，这本书的一个突出特点，是它把对中国现实问题的分析建立在现代经济学的基本理论和最新成果的基础上，显示了作者深厚的学术功底。本书的开篇论文《理解现代经济学》交代了作者所理解的现代经济学的分析框架。在本书收录的论文中我们可以看到作者如何像庖丁解牛那样熟练地运用现代经济学的研究视角、分析基准和分析工具，剖析中国转轨中的问题，对纠缠难解的问题给出言之成理、持之有故的回答。在掌握和运用现代经济学的分析框架的问题上，颖一特别强调掌握阿罗－德布鲁定理（Arrow-Debreu Theorem）这类分析基准的重要性。对于国内的研究者来说，这是一个切中时弊的提示。由于小农社会的历史背景，加之多年以“反教条主义”为名的反理论思维灌输，在这个问题上，无论在学术界还是社会上都存在巨大的认识误区。正像颖一在这篇文章中说到的，对于现代经济学中的这些基本定理有两种常见的误解：一种是以为理论描述与现实世界完全相同，因此将它们到处套用；另一种是因为理论与现实存在差距而认定它们都是胡言乱语，毫无用处。这两种情况在我们这里几乎随处可见。以阿罗－德布鲁定理来说，就存在这样两种截然相反的观点：一种是把阿罗－德布鲁定理简单套用到改革的实际工作中去，认为只要放开了市场（比如说资本市场），而不论它是什么样的市场和处在什么样的监管环境之中，稀缺资源（比如说资本资源）都会自然而然地得到最优配置。而当发现现实并不如此简单的时候，有些人又走向了另一极端，他们不去研究阿罗－德布鲁一般均衡模型的限制性假设（如信息的完全性和对称性），而是断言必须“彻底否定”一般均衡理论等现代经济学的基本理论，另外创造一套“全新的”理论体系去分析中国的经济问题；或者主张干脆抛弃任何理论思维，“有什么问题解决什么问题”。无论对于现代经济学的基本理论持有哪种错误的观点，都会导致全盘否定理论经济学存在的必要性和提倡实际工作的盲目性，给改革造成很大的危害。在将近半个世纪的中国改革历程中，我们已经为此付出了过多的代价。

颖一不但在掌握现代经济学的研究视角和分析基准上达到了很高的水平，而且亲自参与了20世纪末经济学通过寻找这些基准与现实生活的差异来发展理论的工作，与许多世界著名经济学家如青木昌彦（Masahiko Aoki）、哈特（Oliver Hart）、科尔奈（János Kornai）、拉丰（Jean-Jacques Laffont）、刘遵义（Lawrence Lau）、马斯－克莱尔（Andreu Mas-Colell）、马斯金（Erick Maskin）、米尔格罗姆（Paul Milgrom）、罗兰（Gérald Roland）、斯蒂格利茨（Joseph Stiglitz）、梯若尔（Jean Tirole）、温加斯特（Barry Weingast）有着师生关系或论文合作者关系。他们之间密切的学术切磋和思想交流，也使颖一对经济学新近发展起来的强有力的分析工具有很好的把握。

掌握了这样强有力的理论武器，加上对中国实际问题的深入了解，颖一就常常能够对中国改革面临的问题提出中肯的意见。我自己也经常能够从与他的合作和交流中获益。例如，我在1987年接受四通集团的委托，研究企业制度改革问题。在开始的时期，许多研究者包括我自己在内对企业理论和公司实践缺乏必要的准备，因此只能就事论事地提出一些不那么具有根本性质的改进建议。后来，在颖一加盟国务院发展研究中心四通企业改革小组以后，这个小组的工作便以讨论现在收入这本文集的《企业理论》一文和阅读颖一推荐的哈佛大学法学院院长克拉克（Robert Charles Clark）的新著《公司法》（*Corporate Law*）教科书为起点重新开始。由于小组从高起点出发展开工作，整个课题进行得分外顺利。改革小组在1988年得出的成果：《四通公司股份化改制方案》《四通股份公司章程以及招股说明书》等，都达到了比较高的水平。虽然由于我们所不能控制的原因，这套方案最终没能得到实施，但在若干年后四通成功实现改制时，事实终于证明这一课题的研究成果具有较高的学术水准和实用价值。

应当说，颖一的众多研究成果对中国经济改革的贡献，在学术界和经济界是有口皆碑的。这些成果中的许多重要篇章，也收录在这本文集中。它们十分值得关心现代经济学的进展和现代经济学在中国经济改革中的应用的人们阅读参考。

吴敬琏

2003 年 7 月 31 日

引言：论文写作背景

我同这一代的其他经济学家一样，对经济学的求学、研究过程是与我国的经济改革和开放同步的。20 世纪 80 年代初，我从数学转到经济学的动因就是那时我国刚刚起步的改革和开放。过去二十几年的改革和开放给中国带来的巨大变化，是 20 世纪后半期世界范围内最具影响的历史性事件之一。作为一名在海外学习、研究经济学，关注并参与中国改革进程的中国经济学者，我能够借助这一特殊的位置和时机在现代经济学和中国经济改革这两方面进行思考。

本书收录了 1987—2003 年 17 年间我在中文期刊和报纸上发表的 18 篇论文。这 18 篇论文的一个共同主题是连接现代经济学和中国经济改革。它们既包括用现代经济学分析研究中国改革中的问题，也包括基于这些分析提出的对改革战略和政策的建议，还包括对与改革相关的现代经济学学说的介绍。我的这些论文试图运用现代经济学的分析框架和论理方式，探讨我国在经济体制改革过程中遇到的一些重大理论和实践问题。其中的许多论文的写作初衷是出于综述、介绍和政策建议的需要，因此，这些文章中没有引用数学模型。但是其中的论理陈述很大程度上基于有数学模型的论文，包括我在国外经济学杂志上发表的一些论文。

开卷第一篇《理解现代经济学》是全书的入门篇。这篇文章试图说明现代经济学的理论分析框架，解释现代经济学中数学的工具性作用，并通过介绍现代经济学近年来的一些新发展澄清对它的一些常见误解。在此基础上，文章论述了运用现代经济学分析中国的经济改革问题不仅有用，而且必要。可以说，这篇文章提出的关于现代经济学的理论分析框架和用现代经济学研究中国改革的方法构成了全书的一条主线，贯穿于本书的所有论文中。

随后的 17 篇论文被分组为六个部分。第一部分从我国经济体制改革进程的实际出发，试图用现代经济学的视角和分析思路探讨向市场经济转轨的几个根本问题。《市场与法治》《政府与法治》《激励与约束》《目标与过程》4 篇论文写于 1999—2003 年，都是围绕从计划经济向市场经济转轨的基本理论问题展开的。

1998 年底正值改革开放 20 周年纪念，我国自 1978 年开始改革开放，到那时已经取得了举世公认的成就。然而，如何保证继续发展，需要提高认识，而不是停留在对“市场经济”的表面理解上。《经济社会体制比较》杂志的副主编肖梦约我谈谈改革回顾和展望，于是便产生了《目标与过程》一文。该文基于各转轨国家的实践和经验，以及在当时转轨经济研究中发生的基本变化——由过去简单的“稳定化、自由化和私有化”转向关注制度建设和分析制度影响，针对的是有关转轨的两种常见误解：一种是对目标的认识存在的误解，另一种是虽然目标清楚但不重视过渡过程，混淆了目标与过程。《激励与约束》一文写于1999年夏。当时，市场经济已经成为国内经济改革的共识，但思想理论的源泉来自新古典经济学对市场经济的简单描述，即认为市场经济只是资源配置的一种手段。此文强调市场经济与计划经济的区别不仅仅在于是否用价格实现资源配置，更本质的是激励与约束的机制不同。2000年2月在纪念吴敬琏教授从事经济研究50周年的题为“中国经济改革回顾与展望”的研讨会上，我就市场与法治的关系问题做了发言，在会上引起不少关注。《市场与法治》一文就是在这一发言稿的基础上扩展写就的，依然是针对深化对市场经济理解的讨论。进入2000年，我国的经济体制改革和发展到了再上一个新台阶的时候。经济学家往往只关注市场经济与所有制的关联，却尚未充分研究市场经济与法治的联系。而近年来，法律和法治对经济发展和转轨的影响正在成为国外主流经济学，特别是制度经济学的研究前沿。该文提出了“好的市场经济”和“坏的市场经济”的概念，并论证市场经济是否建立在法治基础上是判别“好的市场经济”和“坏的市场经济”的重要依据。到了2003年，国内对法治和好、坏市场经济已经形成了热烈讨论，我觉得有必要进一步延伸对市场与法治的探讨，于是便写了《政府与法治》一文。该文立论于政府与法治的关系对经济发展的作用，继续探讨好、坏市场经济的制度根源，着重论述法治如何造就有限政府和有效政府。以上两篇文章合在一起，便形成对法治、市场、政府这三者之间关系的一个比较完整的理论探讨。

第二部分讨论企业改革问题。这部分的3篇文章试图运用现代企业理论的分析框架分析转轨经济中企业改革的一些突出问题。“产权”“委托—代理”“不完全信息”“不完备合同”“公司治理结构”，随着企业改革不断深化，这些现代企业理论中的关键概念在我国的学术界、企业界和政界得到广泛传播。

1986—1987 年我在哈佛大学读博士时去麻省理工学院听奥利弗·哈特（Oliver Hart）教授的合同和企业理论课，引起了我极大的理论兴趣。之后在 1988 年夏，正值国内企业改革拉开序幕，承包制、股份制、交叉持股等各种改革方案受到热烈讨论之时，我参加了吴敬琏教授主持的关于四通、二汽等企业所有制改革课题的工作。理论和实践两方面的经历使我深感很有必要将前沿的现代企业理论引入我国的学术界。此时，留美经济学会恰好组织在美留学的经济学者编写一本介绍现代经济学前沿的论文集，就是后来由汤敏和茅于轼主编、于 1989 年出版的《现代经济学前沿专题》，我的《企业理论》一文被收入为该书的首篇论文。1993 年夏我回国参加了一个关于国有企业改革的国际研讨会。那时，人们已认识到国有企业改革面临着十分迫切而艰巨的局面，但是对什么是规范的公司制和如何进行公司制改造仍存在误区。会后经过与一些学者讨论，最后由我与吴敬琏教授合作写成《关于公司化》一文。20 世纪 90 年代初东欧国家和苏联在向市场经济转轨过程中都以不同方式实行了国有企业的私有化，但私有化后又都遇到了一个新的共同问题——私有化后的企业经营不尽如人意，究其原因，是公司的实际控制者——经理——并不为股东而为自己谋利益。在我国，国有企业并没有被私有化，但企业经理的实际控制权日益增大，同时政府对企业仍然行使很多权力。结果仍然是国有资产流失，公司治理结构问题突出。1993 年下半年，世界银行驻中国代表处委托我做一些企业改革现状的研究。1994—1995 年，我又参加了世界银行的一个关于转轨经济中公司治理结构的研究课题，部分文章译成中文后便形成了我和斯坦福大学的青木昌彦（Masahiko Aoki）共同主编的《转轨经济中的公司治理结构》一书。结合中国和东欧国家两方面的情况，又根据现代企业理论，我在此期间写了《公司治理结构改革》一文。

第三部分的3篇论文是关于金融改革的。同其他部门（如工业、农业）相比，市场经济中的金融部门更显得复杂和神秘。一方面，金融业与制造业有许多不同，分析金融领域问题的不少结论往往与一开始的直觉相反。另一方面，现代经济学（包括金融学）对分析金融现象提供了强有力的工具。

1994年财税体制改革和外汇体制改革取得初步成果之后，银行部门和企业改革就更显得相对滞后。我和斯坦福大学的刘遵义针对银行呆滞贷款和坏账，将企业财务问题一并考虑，拟写了《银行和企业的财务重组》一文，讨论实施银行与企业财务重组方案。这是当初政府考虑的债务重组的数个方案之一。由于种种原因，当时所有方案均未被采纳实施，此项改革被推迟到20世纪90年代末。这篇文章提出的一些思路，对后来的改革思考可能有些影响。1996年，国内有关金融改革的讨论非常热烈，对银行改革中遇到的问题也有许多讨论。《激励理论与金融改革》一文将20世纪90年代以来激励理论的新分析方法应用到金融领域，包括剩余控制权问题、动态激励问题、软预算约束问题、多任务配置问题等。这篇文章的目的是将激励理论这样一个研究工具为金融改革所用，使我们对深层次改革有比较系统深刻的认识。2001年国内学术界和政府部门针对我国即将加入世界贸易组织（WTO）有不少讨论研究。基于其他国家的先例，我感到在加入世贸组织后，金融风险问题值得特别关注。在此背景下，我和国际货币基金组织（IMF）的黄海洲共同拟写了一份意见，以我国加入世贸组织为背景提出了一些新思路和新建议，形成了《加入世贸组织后金融的稳定与发展》一文。

第四部分有关政府改革。市场取向的经济改革不仅仅要建立市场的制度，而且要改革政府的体制。在计划经济中，政府统管一切；在市场经济中，政府与市场也有千丝万缕的联系。中国和其他转轨国家的经历都表明，政府行为不改革，真正的市场经济无从建立。虽然现代经济学以分析市场为主，但它也提供了分析政府行为的工具。这一部分的两篇论文就是从政府体制结构的角度分析经济改革的特征。

1992 年，学术界对转轨经济中中国与东欧国家的比较研究遇到了很大的困惑，对中国经济取得的进展的流行解释不能令人满意。我和（当时任教于）伦敦经济学院的许成钢的论文《中国的经济改革为什么与众不同》提出了我国的政府行政组织的“M 型”层级制的概念。这是与东欧国家和苏联的政府行政组织的“U 型”层级制相对应的。用国内通俗的话说，就是“块块”为主与“条条”为主的差别。用这一视角分析问题，对一些问题就有了新的解释。比如，非国有经济（特别是乡镇企业）的进入与扩张是中国改革不同于东欧早期改革的显著特征，这与背后的地方政府的权力和激励有直接关系。又比如，地区实验也是中国改革的一大特征，它也与“块块”式的政府组织方式有关。我和斯坦福大学的巴里·温加斯特在 1994 年合写的《中国特色的维护市场的经济联邦制》是我们长期合作的开始。当时他正在研究历史上的维护市场的经济联邦制，比如 18 世纪的英国和 19 世纪的美国。我们讨论了中国改革中的一些特色，诸如中央向地方放权，财政承包，地方经济的蓬勃发展和地方保护主义倾向，宏观经济的不稳定问题，等等。我们发现这些现象并非中国独有，而是具有一般性。我们在这篇论文中通过“经济联邦制”这一框架分析中央与地方的关系，着重于分析政府的权力和激励对市场形成和经济发展的影响，超越了传统的单纯财政视角。

第五部分关于硅谷的论文论述的是技术创新的制度基础。1999 年春、夏我回国期间，正值新经济、高科技的热潮在全世界，特别是在中国掀起。如何在“热”的气氛下有冷静的思考？科技界和教育界习惯于把硅谷看成“高科技”和“教育兴国”问题，热衷于“政府加大投入”；而政府又比较习惯用计划经济思维“搞规划”，办园区，甚至靠“专家”审定高科技含量，用行政方法审批资金或政府直接办“风险投资基金”。许多人以为名牌大学加高科技园区加资金就可以复制出硅谷。在这样的背景下，根据我在斯坦福大学所在地——硅谷工作生活9年的经历，我先在深圳综合开发研究院做了有关硅谷和美国高科技发展的演讲，后又在北京的国务院发展研究中心做了同一题目的演讲。经济学家论说硅谷，不同于工程师、科学家和政府官员。我在文中并不是就科技论科技，而是探讨深层次的体制问题，这里当然就少不了市场与政府作为两种制度对科技发展的相对作用。以这两次演讲为基础便形成了《硅谷的故事》一文，于2000年初发表。

第六部分的4篇文章介绍了与我国的经济改革有直接关联的经济学学说。无论是雅诺什·科尔奈（János Kornai）的“短缺经济和软预算约束”，还是安妮·克鲁格（Anne Krueger）的“寻租理论”，以及“比较制度分析”和“信息经济学”，都在分析、研究改革的历程中有过不小的影响。

1985—1986年我在哈佛大学读博士时上科尔奈的课，同时又系统地研读了他的主要著作。当时他的《短缺经济学》开始在国内的经济学界受到关注。纽约的中文期刊《知识分子》约在美中国留学生写一组社会科学方面的学术文章，我就写了这篇关于科尔奈的经济理论与社会主义国家经济改革的文章。这也是我正式发表的第一篇中文论文，于1987年发表。1988年，中国经济体制改革遭遇腐败的挑战。腐败的根源何在？争论直接影响改革的方向。有观点认为这是市场惹的祸，是市场取向的改革引入了资本主义从而带来了腐败。另一种观点则认为，要走市场取向的改革，腐败不可避免，它是改革的成本。但也有学者从改革滞后的视角得出政府过度管制是腐败的根源。《经济社会体制比较》杂志希望能够在根源上寻找腐败的理论依据，并像当年世界银行对土耳其、印度所做的调查一样，对中国因管制造成的寻租活动做一些计算。我为该杂志上刊登的克鲁格文章的翻译做了校订，并写就了《克鲁格模型与寻租理论》一文，还参加了有关寻租理论的座谈会。此后，寻租理论被我国政府官员、学者和一般民众广为接受，成为一个在大众中流行的概念。1992 年我在《经济社会体制比较》杂志社做演讲，将当时刚刚兴起的“比较制度分析”（Comparative Institutional Analysis，CIA）的研究介绍给国内学者，引起了听众广泛的兴趣。根据这一报告摘要而成《比较制度经济学研究前沿》一文，对转轨经济学、市场经济国家不同体制的比较、经济组织的研究以及制度演进的分析在国内的传播起了一些推动作用。2001 年 10 月 10 日瑞典诺贝尔委员会宣布将 2001 年的经济学奖授予伯克利加州大学经济系的乔治·阿克洛夫（George Akerlof），斯坦福大学商学院的迈克尔·斯宾塞（Michael Spence）和哥伦比亚大学经济系、商学院和国际关系学院的约瑟夫·斯蒂格利茨（Joseph Stiglitz），以表彰他们为信息经济学做出的奠基性贡献。次日《财经》杂志特别向我约稿，介绍这几位经济学家的学术成就。作为研究信息经济学的学者，我对此次的颁奖由衷地感到兴奋。又因为阿克洛夫是我现在在伯克利加州大学经济系的同事，斯蒂格利茨是我过去在斯坦福大学经济系的同事，而斯宾塞是当年哈佛大学经济系的博士项目录取我时的系主任，我更觉得增添了一层亲切感。信息经济学自 20 世纪 90 年代介绍到国内以来，一直同我国的改革联系在一起。《信息经济学的奠基人》一文将他们三人得奖的主要研究工作做了比较全面、详细但又通俗的讲解，并将他们的理论与现今经济中的一些热门话题做了连接。

理解现代经济学

原编者按：本刊在2001年第6期发表了钱颖一教授的《经济学科在美国》一文，引起热烈反响，多家报纸和许多网站纷纷转载。一些读者表示，这篇文章对于他们了解美国经济学学科教育的情况是非常有意义的。在我国加入世界贸易组织的时代，教育部门不久前提出了"本科教育要创造条件使用英语等外语进行公共课和专业课教学"，目的是为适应经济全球化和科技革命的挑战，按照"教育要面向现代化、面向世界、面向未来"的要求，培养专门人才。经济学（包括金融学）显然是非常重要的学科。如何使我国经济学人才培养适应时代的需要，使我国的经济学学科建设与现代经济学接轨，是我们必须认真思考的。我们特邀约钱颖一教授讲述什么是现代经济学，如何理解现代经济学，作为祝贺《经济社会体制比较》杂志创办第100期之纪念。

以市场为导向的经济改革和开放是20多年来推动经济学作为一门社会科学在我国发生根本性变化的直接力量。20多年来，我国的

---

* 原载于《经济社会体制比较》，2002年第2期。

改革和发展取得了重大成就，市场经济体系正在全面建立。伴随这一过程，现代经济学科的各个分支领域逐步被介绍到我国，并在高校讲授。随着我国加入世贸组织，中国经济必然要全方位地与国际接轨并融入经济全球化的浪潮，经济改革和开放也将上一个新的台阶。这一大趋势呼唤着我们的经济学学科要适应经济发展的需要，与现代经济学接轨。为此，比较完整和准确地理解什么是现代经济学恰逢其时。

一、 现代经济学的分析框架

我们把最近半个世纪以来发展起来的、在当今世界上被认可为主流的经济学称为现代经济学。[①] 经济学是一门研究人类经济行为和现象的社会科学。现代经济学以研究市场经济中的行为和现象为核心内容，而市场经济已被证明是目前唯一可持续的经济体制。越来越多的经济学家认识到，经济学的基本原理和分析方法是无地域和国家之分的。“某国经济学”并不是一门独立学科，也不存在“西方经济学”与“东方经济学”或“美国经济学”与“中国经济学”的概念。然而，这样说并不排斥运用经济学的基本原理和分析方法来研究特定地区在特定时间内的经济行为和经济现象；实际上，做研究时必须考虑某地某时具体的经济、政治和社会的环境条件。

现代经济学代表了一种研究经济行为和经济现象的分析方法或框架。作为理论分析框架，它由三个主要部分组成：视角（perspective）、

① 本文中所指的经济学是按照国际惯例定义的经济学学科，即国内所说的理论经济学和应用经济学这两个“一级学科”名下的全部“二级学科”，包括宏观经济学、微观经济学、计量经济学、金融学、财政学、产业经济学、劳动经济学、环境经济学、国际（世界）经济学、发展经济学、比较经济学、经济史、政治经济学等。

参照系（reference）或基准点（benchmark）和分析工具（analytical tools）。接受现代经济学理论的训练，是从这三方面入手的。理解现代经济学的理论，也需要懂得这三个部分。

第一，现代经济学提供了从实际出发看问题的角度或曰“视角”。这些视角指导我们避开细枝末节，把注意力引向关键的核心问题。经济学家看问题的出发点通常基于三项基本假设：经济人的偏好、生产技术和制度约束、可供使用的资源禀赋。不论是消费者、经营者还是工人、农民，在做经济决策时出发点基本上是自利的，即在所能支配的资源限度内和现有的技术和制度条件下，他们希望自身利益越大越好。用现代经济学的视角看问题，消费者想买到物美价廉的商品，企业家想赚取利润，都是很自然的。①基于这样的出发点，经济学的分析往往集中在各种间接机制（比如价格、激励）对经济人行为的影响，并以“均衡”“效率”作为分析的着眼点。经济学家探讨在个人自利动机的驱动下，人们如何在给定的机制下互相作用，达到某种均衡状态，并且评估在此状态下是否有可能在没有参与者受损的前提下让一部分人有改善（即是否可以提高效率）。以这种视角分析问题不仅具有方法的一致性，而且常常会得出出人意表实际上却合乎情理和逻辑的结论，所以我们会听到人们惊叹：“我怎么没有想到?”经济学的这些视角起初是研究纯粹的经济行为的，后来被延伸到政治学、社会学等学科，研究诸如选举、政体、家庭、婚姻等问题。

第二，现代经济学提供了多个“参照系”或“基准点”。这些参照系本身的重要性并不在于它们是否准确无误地描述了现实，而

① 值得指出的是，“自利”动机并不排除经济人（如父母）将他人（如子女）的福利作为本人效用的一部分所表现出的“利他”动机。

在于建立了一些让人们更好地理解现实的标尺。比如一般均衡理论中的阿罗－德布鲁定理（Arrow and Hahn，1971；Debreu，1972），产权理论中的科斯定理（Coase，1960），以及公司金融理论中的莫迪格里亚尼－米勒定理（Modigliani and Miller，1958），都被经济学家用作他们分析的基准点。一般均衡理论的奠基人之一阿罗（Kenneth Arrow）曾经说过：一般均衡理论中有五个假定，每一个假定可能都有五种不同的原因与现实不符，但是这一理论提供了最有用的经济学理论之一。他的意思是这一理论提供了有用的参照系，就像无摩擦状态中的力学定理一样，尽管无摩擦假定显然是不现实的。把这些基本定理定位成参照系有助于澄清两种常见的误解：一种是以为这些定理描述的就是现实世界，因此将它们到处套用，却不知在通常情况下它们是用来做进一步分析的参照系，与现实的距离因地而异。另一种是因为观察到这些定理与现实的差距而认为它们都是胡言乱语，因此认为毫无用处，却不知它们本身的价值并非直接解释现实，而是为解释现实的进一步理论提供参照系。

参照系的建立对任何学科的建立和发展都极为重要，经济学也不例外。我在哈佛大学做博士生的时候，魏茨曼（Martin Weitzman）教授问我，受过现代经济学系统训练的经济学家和没有受过这种训练的经济学家究竟有什么区别？他研究比较经济制度，经常去苏联访问，问这个问题是从与苏联经济学家的交往中有感而发。魏茨曼的回答是，受过现代经济学系统训练的经济学家的头脑中总有几个参照系，这样，分析经济问题时就有一致性，不会零敲碎打，就事论事。比如讨论资源配置和价格问题时，充分竞争下的一般均衡理论就是一个参照系；讨论产权和法的作用时，科斯定理就是一个参照系。我们常见到，一些记者洞察力很强，有经济头脑，写的文章又非常有感染力。然而，他们与受过现代经济学训练的经济学家的不同之处往往是因为没有参照系而使自己的分析显得缺乏主线和深度。

第三，现代经济学提供了一系列强有力的“分析工具”，它们多是各种图像模型和数学模型。这种工具的力量在于用较为简明的图像和数学结构帮助我们深入分析错综复杂的经济行为和经济现象。试举几例说明。第一例是供需曲线图像模型，它以数量和价格分别为横轴和纵轴，提供了一个非常方便和多样化的分析工具。起初，经济学家用这一工具来分析局部均衡下的市场资源配置问题，后来又用它来分析政府干预市场的政策效果。不仅可以用它来研究市场扭曲问题，也可以用它来研究市场失灵问题和收入分配的福利分析等问题。第二例是萨缪尔森的叠代模型（overlapping generation model）（Samuelson，1958）。这一模型考虑到人的生命的有限性和代际市场的不完备性，因此成为研究经济增长、政府财政政策、社会保障等方面的有用的分析工具。第三例是 S. 格罗斯曼、哈特和穆尔的所有权—控制权模型（Grossman and Hart，1986；Hart and Moore，1990）。它是分析控制权配置对激励和信息获得的影响，以及对公司治理结构的作用非常有效的工具。第四例是拉丰和梯若尔的非对称信息模型（Laffont and Tirole，1986）。它用来分析在信息不对称的情况下，“配置效率”和“信息租金”之间存在的利弊得失交换。这一工具被用来分析组织内部的合谋问题、政府的行业规制（比如电信业）问题，以及集权和分权的利弊问题。第五例是戴蒙德和迪布维格的银行挤兑模型（Diamond and Dybvig，1983）。这一模型的主要特征是多重均衡点，除了好的均衡以外，还有类似于“自我实现的预言”（self-fulfilling prophecy）的坏均衡点：因为别人去挤兑，所以我也要挤兑。这一模型对研究金融危机和金融体制的脆弱性这类问题很有用。以上五个例子中的模型都被后来的经济学家广泛用作分析工具，并被证明是极其有用的。

这三部分合在一起便构成了现代经济学的理论分析框架。这是一个人受现代经济学理论训练时所接受的核心内容，也是理解现代经济学的关键所在。现代经济学提供的这种由视角、参照系和分析工具构成的分析框架是一种科学的研究方法。现代经济学并不是一些新鲜的经济学名词和概念的汇集，经济学家的工作也不是任意套用这些名词和概念，而是运用这些概念所代表的分析框架解释和理解经济行为与经济现象。

上述经济学分析框架是当代在世界范围内唯一被经济学家广泛接受的经济学范式。在这方面，经济学与其他社会科学不同。比如，社会学没有一个主导性的范式。多元化虽然可贵，但由于缺乏一致的分析框架，学科的发展会大受局限。政治学的现状则介于经济学和社会学之间。虽然目前政治学有明显的朝经济学方向发展的趋势，比如，“理性选择”（rational choice）学派运用经济学的分析方法研究政治学的问题，其影响正在迅速上升，但它在政治学中还不是唯一的范式。现代经济学趋同于一种范式，有利亦有弊，但到目前为止，经济学从中的受益远远大于损失：正是由于这一被广泛认同和使用的分析框架，经济学才相对于社会学和政治学发展得更快，应用范围更广，影响力更大。

二、 现代经济学中数学的作用

现代经济学的一个明显特点是越来越多地使用数学（包括统计学）。现在几乎每一个经济学领域都用到数学，有的领域多些，有的领域少些，而绝大多数经济学前沿论文包含数学或计量模型。从现代经济学作为一种分析框架来看，这并不难理解，因为参照系的建立和分析工具的发展通常都要借助数学。下面我们分别从理论研究和实证（empirical，又译作经验）研究两方面来具体看一下数学在现代经济学研究中的作用。

从理论研究角度看，借助数学模型至少有三个优势：其一是前提假定用数学语言描述得一清二楚。其二是逻辑推理严密精确，可以防止漏洞和谬误。其三是可以应用已有的数学模型或数学定理推导新的结果，得到仅凭直觉无法或不易得出的结论。运用数学模型讨论经济问题，学术争议便可以建立在这样的基础上：或不同意对方的前提假设；或找出对方的论证错误；或发现修改原模型假设会得出不同的结论。因此，运用数学模型做经济学的理论研究可以减少无谓争论，并且让后人较容易在已有的研究工作基础都上继续开拓，也使得在深层次上发现似乎不相关的结构之间的关联变成可能。

从实证研究角度看，使用数学和统计方法的优势也至少有三：其一是以经济学理论的数学模型为基础发展出可用于定性和定量分析的计量经济模型。其二是证据的数量化使得实证研究具有一般性和系统性。其三是运用精致复杂的统计方法让研究者从已有数据中最大程度地汲取有用信息。因此，运用数学和统计方法做经济学的实证研究可以把实证分析建立在理论基础上，并从系统的数据中定量地检验理论假说和估计参数的数值。这就可以减少经验性分析中的表面化和偶然性，得出定量化的结论，并分别确定它在统计和经济意义下的显著程度。

讲到现代经济学中数学的重要作用时需要澄清两点。一是确有不少好的经济学的初步想法或猜想一时还难以用精确的数学模型表示，因此用非数学语言写出。但值得注意的是，这些应视作“前期产品”。初步的原创思想往往需要后继者用数学模型表述，在此基础上做深入细致的分析，并取得明确的、可预测的理论结果后，才会影响深远。试举两例说明。第一例是张五常在 20 世纪 60 年代末有关佃农制（农民与地主用固定比例分成）的研究，他对交易成本对不同合同形式的选择作用提出了开创性论识（Cheung，1969）。后来，斯蒂格利茨 1974 年的数学模型精确地分析了激励与风险分担的交换对农民与地主在土地租赁合同选择上的影响（Stiglitz，1974）。一方面，张五常的想法是开创性的，后来的数学模型中相当多的成分都与那些想法有关。另一方面，如果没有后来的数学模型，人们的认识不仅只局限在农业土地问题上，而且对“交易成本”的论说也只是一种不大精确的概念。正是后来的数学抽象使得激励理论与合同理论迅速发展到其他领域。比如，詹森和梅克林于 1976 年发表的论文从公司经理的激励问题出发，研究公司债权和股权的分配问题（Jensen and Meckling，1976），成为现代公司治理结构理论的开创之作，公司金融中对激励的研究从此起飞。地主把土地出租给农民和投资人雇用经理看上去不相关，一旦上升到数学模型，便都是激励、信息和风险分担的问题，它们原来是相通的。第二例是法玛在 20 世纪 70 年代末提出经理市场竞争作为激励机制的开创性想法。法玛认为，即使没有企业内部的激励，经理出于今后职业前途考虑以及迫于外部市场压力也会同样努力工作（Fama，1980）。后来霍姆斯特朗等人用数学模型精确地分析了经理的职业生涯考虑（career concern）对其激励的影响，发现法玛的猜想有一部分是正确的，但是不完全（Holmstrom，1999）。这才导致了经理的职业生涯考虑和经理市场竞争这一课题成为目前公司金融学中的热门研究课题。以上例子说明，将经济问题转化为具体的数学模型，可以使分析变得具体，知道利弊得失所在，而且还可以把貌似不同但实质相近的问题连接在一起，从而把研究从初步的想法推向深入的探索。

二是经济学家经常在用数学模型推导或用统计方法估计理论或实证结果后，再用非数学语言来概括。这可视作“后期产品”，比如综述性、介绍性的论文和政策性的文章，特别是后者必须用非数学语言表述并落到实处才有受众，才可能有政策影响。但是需要指出的是，虽然这些文章是用非数学语言写成的，但是其中的视角、逻辑推理过程以及对经济现象和政策含义的解释，都是与作者受过的现代经济学训练，特别是数学模型的训练分不开的。美国经济学会主办的《美国经济评论》（*The American Economic Review*）上发表的是原创论文，而该学会的《经济文献期刊》（*Journal of Economic Literature*）和《经济展望期刊》（*The Journal of Economic Perspectives*）上发表的文章则都是综述性和介绍性的论文。后者虽然用非数学语言写成，但都基于已发表的有数学模型的论文，而且通常还是由在这一领域资深的权威经济学家撰写。受过经济学系统训练的读者可以将这样的论文“还原”成数学模型。

在肯定数学在经济学中的重要作用的同时，更需要指出：经济学不是数学。这里有两层含义。第一层含义是，在绝大部分论文中，经济学想法（idea）是最重要的，数学和计量方法只是体现和执行经济学想法的工具。经济学的主要领域是靠经济学知识而不是数学取胜，最终是经济学想法决定一篇文章的贡献，而不是数学推导。我们不能将经济学家与数学家混同，就像我们不能把物理学家与数学家混同起来一样。经济学家的工作毕竟不是为了开拓数学理论前沿，那是数学家的事情。因此，我们不能以数学水平的高低来衡量经济学家的水平，也不能以运用数学的多少和它的难易程度作为评判经济学论文质量高低的标准。

更深的一层含义是，经济学是一门以现实中的经济行为和经济现象为研究对象的社会科学，因此，一方面，所有的经济学理论最终都要接受现实的检验；另一方面，新理论的创立和旧理论的发展也要受现实的启发。现代经济学非常重视实证分析。现代经济学的实证分析，或对已有理论的检验，或发现已有理论尚不可解释的新的经验证据，都是以现代经济学理论为出发点和导向来进行的。这与其他一些社会科学中的实证分析不尽相同。比如，在社会学中，许多实证分析并没有一致的理论基础，又比如，通过估计变量间的相关系数了解事实。而现代经济学的实证分析大多基于经济学理论。经济学家应用统计回归方法，不仅关心变量的估计值和变量间的相关性，更关心变量间的因果关系、模型假定对预测的影响以及计量结果背后的经济含义，这是计量经济学不同于统计学的最重要方面。

因此，在本质上经济学不应同数学相类比。经济学同物理学相类比则更为恰当，因为物理学是研究自然界中的物质世界的自然科学，而经济学研究的是社会中的经济世界，两者都是科学，其理论都必须经过经验数据的检验。而数学理论是不需要用数据检验的。当然，经济学与物理学很不同的一点是，除极少数情况外，经济学无法像物理学那样做可控实验。因此，相对于物理学而言，经济学不得不更多地依靠假定和数学推理做推断。这可以解释经济学方法论上的两个特点。其一，经济学对假定的现实性非常关注。弗里德曼（Milton Friedman）著名的有关假定不重要、只要预测正确的经济学研究方法论之所以不可取，就在于它没有考虑到经济学研究不同于自然科学研究的基本困难是可控实验的不可行性和用经验数据直接检验结论的有限性。其二，这也说明为什么经济学中超越现实的数学推理有相当大的空间。但是最终而论，由于经济学是社会科学，经济学作为整体必须瞄准事实，与经济现实相关。

以上讲的经济学与数学的关系是一般而论，但特例总是存在的，两个极端的例子便是两位诺贝尔经济学奖获得者科斯（Ronald Coase）和纳什（John Nash）。在一个极端，科斯定理是一个被称作定理但是并无数学模型的原理。虽然它没有借助任何数学模型，但是逻辑推理步步严密、丝丝入扣。科斯定理改变了观察问题的通行视角，建立了分析产权和政府干预的新参照系。在另一个极端，纳什是一位数学家，“纳什均衡存在性”（Nash，1951）和“纳什谈判解”（Nash，1950）都是数学定理。但是它们在经济问题上应用广泛，成为博弈论的基本分析工具。有趣的是，科斯一直在法学院任教，而纳什从未离开过数学系。值得注意的是，这是两个极端的特例，不能任意推广，事实上，绝大多数经济学家的情况并非如此。在本文的30多篇参考文献中，不少是半个世纪以来现代经济学中的经典论著。我们从中不难发现，第一，除个别外，这些论著都运用数学（或基于运用数学的论文）；第二，除个别外，它们都论述经济学而非数学问题。

三、 现代经济学在发展

除了抱怨它的数学化，常见的对现代经济学的批评还有以下两种。第一种批评认为它的研究领域狭窄，并由此把它归为一种或一类观点。比如，认为现代经济学只研究市场运作，不研究非市场组织（如企业和政府）的行为；只研究资源配置问题，不研究政治经济学问题；只探讨效率，不注重研究平等。现代经济学起源于新古典经济学，侧重的是市场中的资源配置问题。资源配置问题当然是市场经济中的一个核心问题，但其本身的研究范围并不包含经济学的其他许多领域。现代经济学经过这几十年的发展，已经扩展到经济问题的几乎所有领域。我们从当前国际经济学界的一些热门研究课题便可见一斑，比如，公司内部组织结构的设计、经济政策的形成与政治利益集团的关系、经济发展与政治制度演变的关系、社会资本对经济行为的作用、收入分配如何影响效率，等等。下面举两个例子来具体说明现代经济学的研究范围正在迅速扩展。

第一个例子是有关公司金融学（corporate finance）内容的大幅扩展。在20世纪50年代的莫迪格里亚尼－米勒定理之后的20多年里，公司金融学中的主要内容——公司融资结构的确定——不外乎取决于公司和个人的不同税率以及公司破产（包括濒临破产）成本。直到70年代中期，詹森和梅克林从公司经理的激励问题出发研究公司股权和债权的结构问题，才使公司金融学理论有了新的发展方向。这一方向性转变的核心是经济学超越传统上只研究市场的局限，把公司作为一种非市场组织加以研究。由此便引出一系列新的问题，比如委托代理问题、激励机制问题、公司治理结构问题，等等。在研究这些问题时，信息与合同理论就成为强有力的分析工具。到了80年代中期，S. 格罗斯曼、哈特和穆尔又进一步运用不完备合同理论这一新的分析工具研究公司融资和治理结构问题，取得了理论上的新突破。在经验实证方面，施莱弗和维什尼在八九十年代对公司的融资结构、经理行为和公司业绩之间的关系做了大量研究，对实际中的公司治理结构提供了不少经验实证论据（Shleifer and Vishny，1997）。比如，他们发现，现实中重要的委托代理问题并不是简单地发生在股东和经理之间，而是在于大股东伙同经理一起侵犯小股东的利益。90年代末，他们及其合作者又进一步从经验数据中比较世界各国的法律体系，研究各国公司法和证券法在保护小股东方面的差别，并由此确定法律对公司融资的影响（La Porta et al.，2000）。最近，他们正在比较法庭裁决和行政监管这两种执行规则的方式在维护金融市场有效运作中的利弊。由此可见，近20年来，公司金融学深受微观经济学发展的影响，其内容已经发生根本性的变化。

第二个例子是现代政治经济学（political economics）作为经济学中一个独立的研究领域正在兴起。新古典经济学为了集中探讨市场的资源配置问题，撇开了一切对政治因素的考虑。但是人们在实际中发现，脱离政治因素是无法解释许多经济行为和经济现象的，特别是那些明显低效率的经济政策和经济制度。比如，经济学理论早已论证了关税保护的低效率，但是许多国家仍然高筑关税壁垒。经济学家很清楚通货膨胀对宏观经济造成不稳定的危害性，但是不少国家的宏观稳定政策却不断被拖延。经济体制改革、向市场经济转轨和经济结构调整经常出现放慢、停滞甚至倒退，都很难从经济效率角度来理解。于是，经济学家把政治因素引入他们的经济模型。值得注意的是，新政治经济学或称现代政治经济学至少在两点上不同于以往的政治经济学。第一，它的出发点不是“规范的”（normative），即研究“应该怎样”，而是“实证的”（positive），即先研究“是怎样”。具体地说，它的研究目的是为了先理解在现实社会中政治对经济的影响，特别是政府的经济政策和经济改革决定的形成和实施。第二，它的分析方法就是现代经济学的分析方法。具体地说，它是在现代经济学的分析框架内引入政治因素。

现代政治经济学有两大类分析工具。一类是基于“选举”（voting）的、以少数服从多数来决定经济政策的模型。在这类模型中，政治家的利益是为了赢得选票，经济人根据自身利益投票，而经济政策的制定由多数人的利益决定。另一类是基于“利益集团”（interest group）竞争从而影响经济政策制定的模型。在这类模型中，不同利益集团动用可支配的资源游说、影响甚至贿赂政治家，而政治家的决策确定经济政策。这两类模型以不同方式引入政治运作机制，目的是为了更好地理解在不同政治背景下经济决策制定的原因。

布莱克早在20世纪50年代末证明的“中位选举人定理”（median voter theorem）为选举模型做出了奠基性贡献（Black，1958）。而奥尔森在60年代中期出版的《集体行动的逻辑》一书可称为利益集团模型的开山之作（Olson，1965）。但是直到八九十年代，现代政治经济学的发展才突飞猛进，并在经济学科中逐渐形成一个独立领域。刚刚出版的两本新书：一本由佩尔松和塔贝里尼合著（Persson and Tabellini，2000），另一本由G. 格罗斯曼和赫尔普曼合著（Grossman and Helpman，2001），集中体现了现代政治经济学在这期间的新进展。

第二种对现代经济学的批评是关于其模型中的假定。任何理论都要做假定，因此任何理论的成立也都会有约束条件。自然科学（如物理学）如此，社会科学（如经济学）也是如此。历史表明，任何科学都是在对现有理论的批评中发展的，但历史还表明，建设性的批评最有价值。仅仅指出和批评已有研究中的某些假定与现实的差距是不够的，关键是看能否提出新的体系，不仅它的假定与现实更相符，还能解释更多现象，并能够包含已有理论。举一个物理学的例子。当年人们之所以接受爱因斯坦的相对论，是因为它既能比牛顿力学解释更多现象，还能把牛顿力学作为它的特例。现代经济学的分析框架在不断发展和扩充。下面我举两例说明，在过去30年的历史中，现代经济学如何不断修改基本假定使之与现实更接近，同时修改后的理论不但能更好地解释现实，而且能够包含已有理论。

第一个例子是20世纪70年代信息经济学的崛起。新古典经济学理论原本都假定信息是对称的。1970年伯克利加州大学的阿克洛夫发表了关于“次品市场”的论文，开创性地把不对称信息引入对市场的研究（Akerlof，1970），带来70年代信息经济学突飞猛进的发展。有趣的是，阿克洛夫在完成该文后向经济学期刊投稿，连续被四五家杂志拒绝，包括美国经济学会的《美国经济评论》、芝加哥大学的《政治经济学期刊》、欧洲的《经济研究评论》等一流经济学杂志。几经周折，终于在哈佛大学的《经济学季刊》上发表，立刻引起巨大反响，成为主流经济学的一部分。值得注意的是，虽然引入不对称信息改变了不少已有的结论，但是阿克洛夫的模型是在现代经济学的基本分析框架下发展的，并将对称信息作为一种特例。而且，它的结论可以用实证方法检验。事实上，在不同市场，信息不对称的程度不同，它对人的行为的影响也不同。在对称信息假设下的理论并不是被推翻，而是被扩展和补充了。因此，不对称信息理论被主流经济学接受并成为其一部分，为信息经济学做出奠基性贡献的阿克洛夫、斯宾塞（Spence，1973）和斯蒂格利茨（Rothschild and Stiglitz，1976；Stiglitz，1974）一起荣获 2001 年的诺贝尔经济学奖便是明证。

第二个例子是 20 世纪 90 年代行为经济学（behavioral economics）的起步。心理学的经验结果发现，在一些情况下人的决策与经济学的理性假定有系统性偏差。行为经济学［包括行为金融学（behavioral finance）］结合了经济学和心理学，吸收了现代心理学中的经验证据，修改了经济学中有关人的理性的某些基本假定。它研究在这种修改后的理性的条件下市场中人的经济行为，由此得出很多与已有理论不同的结论，并能够解释一些令人困惑的经济现象。行为经济学之所以正在逐渐被主流经济学接受，也正是因为它运用现代经济学的基本分析方法，并且将通常的理性假设包含其中。通常的理性假设在某些情况下是合适的，而在另一些情况下，修改后的理性假设下的理论更能解释现实。20 世纪 90 年代，行为经济学（包括行为金融学）在理论和实证方面的研究都取得了重大进展。在行为金融学方面，塞勒（Thaler，1993，1994）和施莱弗（Shleifer，2000）

对人的有限理性行为对金融市场的影响做了很多重要研究。在行为经济学方面，阿克洛夫又有新贡献（Akerlof，1991）。但最有意义的事件是2001 年美国经济学会将该学会的最高奖——每两年一次、授予对经济学发展影响最大的 40 岁以下的美国经济学家的克拉克奖（Clark Medal）——颁发给为行为经济学的基础理论做出开创性贡献的伯克利加州大学的拉宾（Rabin，1998）。这是该奖在过去 12 年来首次授予一位研究基础理论的经济学家，它说明了经济学界对行为经济学的一种认可。同时它也表明，行为经济学的兴起恐怕是 20 世纪 90 年代经济学基础理论发展历程中最有意义的事件。

四、 用现代经济学分析中国的经济改革

中国由计划经济向市场经济的转轨以及在世界经济中的崛起是一个历史性事件。然而，中国的改革开放和发展并不是孤立的，它是当今世界范围内经济体制向市场转轨、经济全球化和经济发展之中的一部分。因此，中国与其他转轨国家和发展中国家一样，面临很多相似的问题。当然，由于历史、经济、政治和社会背景不同，各国的具体经历和路径会表现出不同。这些年来，各国在转轨和改革中面临的共同问题以及采取的类似的和不同的解决办法，对经济学提出了一系列新的课题。我们不难发现，虽然不少已有的经济学理论适用于改革时期的中国，但不能一概而论。一些在成熟和常规市场经济中的经济学“常识”在转轨过程中并不成立，有些改革时期的经济行为和经济现象甚至与已有理论的预测背道而驰，比如东欧国家在市场自由化后出现的生产大衰退和中国在产权尚未规范化前的经济持续增长便是已有经济理论事先没有预料到的突出例子。因此，直接套用现代经济学已有理论的结论很难或不能完全解释由

计划向市场转轨过程中的一些重大问题。这并不奇怪，一来现代经济学以往的研究对象偏重于成熟经济和规范市场中的经济问题，二来由计划向市场的大规模制度转型在历史上尚属首次。

什么是研究中国经济改革的可取方法呢？首先，研究要瞄准中国的现实，经济学家要懂得中国国情。如果不懂得中国的经济、政治和社会环境的历史和现状，研究就很容易遇到困难：第一，很难识别并确定改革和发展中的主要问题及症结；第二，不易做出与现实相符或相近的假定；第三，更难提出既遵照经济学的基本原理又适合中国国情的政策建议。因此，懂得中国国情是研究中国改革问题的必要条件。但是，仅仅懂得中国国情是不够的。为了研究中国经济改革过程中的经济行为和经济现象并提出适合中国国情的政策建议，还需要运用现代经济学的基本原理和分析方法，它们是研究人类经济行为和经济现象的知识的结晶。方兴未艾的转轨经济学正是如此来研究包括中国在内的转轨经济中的新现象的。伯克利加州大学罗兰教授的新书《转型与经济学》概括了在这一领域中到目前为止的主要理论和实证研究成果（Roland, 2000）。事实上，现代经济学正是在探索新的经济问题中发展的。前面论及的公司金融学、政治经济学、信息经济学和行为经济学是这样，转轨经济学也是这样。

运用现代经济学分析中国经济改革过程中的经济行为和经济现象为什么有用且必要呢？最根本的原因是中国经济改革的方向是建立与国际经济接轨的现代市场经济体制。而现代经济学的核心内容正是研究现代市场经济的运行。因此，它给我们提供了一个有关现代市场经济的参照系，使我们在分析中国向市场经济转轨问题时能够站在这一参照系的高度来观察貌似纷乱无序的现象。有了现代经济学提供的这一参照系，我们就可以把中国的情况放在国际比较中的合适位置上，以便准确地识别中国的情况中哪些具有一般性，哪些具有特殊性。否则，无论是对现实的分析还是对政策的建议，我们在研究中国改革时都会缺乏方向感，丧失大视野。

进一步说，现代经济学的理论分析方法和框架适用于研究中国的改革。这可以分别从它的三个组成部分来看。第一，中国的消费者、企业家、经理和政府官员同其他国家的经济人一样，在资源、技术和制度的约束条件下受利益驱动。用现代经济学的这一视角看问题，我们可以在分析中国正在经历的复杂转轨问题时，对人的行为做出一致的和近乎实际的假定。第二，由于中国的改革大趋势是纳入国际通行的市场经济体系，所以，把现代经济学研究市场经济的理论参照系作为研究中国改革问题的理论参照系不仅合适而且必要。第三，在研究的初级阶段，引用现代经济学的一些名词、概念和结论的确能帮助研究人员拓展思路。但是，由于改革是错综复杂的过程，任何比较系统、深入、精细和经得起推敲的研究都必须超越概念的解释和措辞争论的层次。深入的分析需要借助前人制作的工具，而现代经济学发展出来的各种数学模型提供了这样的分析工具。虽然它们本身并不是为研究中国改革而发明的，但是其中一些模型经过适当的修改，纳入中国的历史和制度因素，是可以被用来分析中国改革中的经济行为和经济现象的。

下面从市场、企业和政府这三个不断深入的改革层面具体说明运用现代经济学分析中国改革的有用性和必要性。第一个例子是市场作为资源配置机制的问题，它是改革中“计划”与“市场”之争的基本问题。现代经济学的一般均衡理论是关于市场价格作为资源配置机制的最基本的理论参照系。这一理论让我们理解为什么不受管制的价格能反映商品的稀缺程度并在市场经济中起到调节供需的作用，以及在什么情况下个人的自利经济行为通过没有政府干预的市场可以达到社会的经济效率。它对于以市场取代计划，让市场在资源配置中起作用具有根本的理论意义。无论是评估以往改革的路径和目前的改革措施，还是提出新的政策建议，凡是探讨资源配置问题，这一理论都是讨论的基础。我国在20世纪50年代中期的改革尝试，由于缺乏对市场在资源配置上的作用的认知，单纯强调行政性放权，结果导致改革尝试的失败。到了80年代，一般均衡理论被介绍到中国，市场价格和市场机制在资源配置中的核心作用逐渐成为中国经济改革者关注的焦点。但是，即使在市场经济的改革方向已经确立之后的今天，各种扭曲价格、限制竞争、抑制市场在资源配置中起作用的政府政策仍然层出不穷。诊断这些政策的后果、提出改进的方法，都离不开基于一般均衡理论的分析。这一例子说明了现代经济学中那些看上去很抽象和不现实的理论参照系，在研究中国改革时却具有重要的实用价值。

第二个例子是20世纪90年代成为中国深层次改革热点问题的企业问题。一般均衡理论是关于价格的理论，不是关于企业的理论。70年代以来，特别是80年代和90年代，随着博弈论、信息经济学、合同理论的发展，现代经济学对企业的产权、所有权和治理结构问题的研究有了突破。现代企业理论以激励问题为出发点展开对企业内部经理层、大小股东和其他利益相关者之间的利益冲突和调节机制的分析，而基于这一理论的实证研究发现了很多现实中的公司治理结构的规律。这些现代经济学中正在蓬勃发展的理论和实证结果以及分析方法在80年代末至90年代被及时地介绍到中国，对于研究中国的企业改革非常有用，至少表现在两方面：一方面，中国的企业改革方向同发达经济中的现代公司模式接轨，所以现代经济学对发达经济中公司的研究有助于通过比较发现中国企业改革中的问题，并提出具有远见的政策建议。另一方面，考虑到转轨中的企业与成熟市场经济中的企业在自身特性和所处环境上的重大差别，而这些差别又不易在短期内消除，已有企业理论中的现成结论便不可直接套用。但是其中的分析工具仍然有用，因为它们抓住了具有一般性的企业问题的本质。运用这些工具，对已有的模型做出修改，加入特殊的历史和制度因素（比如企业所有者不全是私人，产权的安全性得不到保障，合同和法律无法被有效率地和公正地执行），就会得出既符合中国现实又有分析深度的结果。这样就可把对转轨中的企业的研究提升到一个新高度，并对症提出符合中国国情的政策建议。这一例子说明了现代经济学中那些关于成熟市场经济的研究结果，在研究中国的改革时或可被直接应用，或可被修改和发展后运用。

第三个例子是转轨过程中政府的行为及其对经济影响的问题。这是较前两例——市场和企业——更为深层次的问题，因为政府的行为对市场功能的发挥和企业活力的展现都有着基本的（正面或负面的）影响。不同于前两例的是，现代经济学对政府经济行为的研究相对有限，远不如对市场的资源配置和企业问题的研究那样深入和成熟。根本原因是发达的市场经济以法治为基础，政府的任意行为受到法律约束，使得政府不易侵犯产权和限制企业的自由组建与发展，而政府的主要经济职责是提供公共品，如基础教育和公共卫生服务。而转轨经济和发展中经济的情况非常不同：通过建立法治约束政府行为往往需要较长时间才能实现。在完善法治之前，政府的行为，特别是地方政府的行为，对经济影响最大和最突出的方面还不在于提供传统的公共品，而在于政府对待本地新兴非国有企业的行为是“养鸡生蛋”还是“杀鸡取卵”，这往往决定了某地的经济活力。哪些因素决定地方政府的行为并进而决定地方经济的盛衰无疑是转轨经济提出的新问题，而现代经济学并没有现成的答案。但是，现代经济学提供了有用的视角，即地方政府官员同其他经济人一样，其行为与所提供的激励紧密相关。同时，现代经济学在研究其他问题时发展出来的分析工具可以被借用，比如，研究企业组织内部管理中的集权、分权利弊的模型可以被用来研究政府组织内部中央与地方政府的权力配置关系，以及它如何影响地方政府的激励和行为这一问题。因此，我们可以运用现代经济学的分析框架评估地方政府行为的变化，进而解释在转轨过程中各地甚至各国经济表现的不同。

用这样的方法可以深入研究中国在20世纪80年代实行的中央向地方放权和财政包干制对地方政府行为和它们所管辖的地方经济的影响。一方面，众所周知，财政包干制加剧地方保护主义，伴随中央财政收入下降等问题。但另一方面，它给予地方政府很高的边际财政留成率。实证研究发现，在实行财政包干制期间，地方政府的边际财政留成率越高，其财政激励就越高，它们的自身利益与本地的经济繁荣就越紧密地结合在一起，它们表现出更愿意帮助和支持而不是阻止和扼杀本地有活力的非国有经济，结果本地的非国有经济发展越快。这与20世纪90年代俄罗斯的情况形成鲜明对比。由于俄罗斯地方政府的财税收入与本地经济发展几乎不挂钩，地方政府没有财政激励发展本地经济，相反却不断骚扰、掠夺新兴的私有经济。俄罗斯地方政府的这一行为被认为是阻碍新兴私有经济发展的重要原因。①

这一例子说明即使研究中国改革中特有的那些问题，也可以借用现代经济学中为研究其他问题而发展出来的分析工具。反过来，

① 有趣的是，与当前中国政府的财政收权、税收不断提高的情况相对照，最近俄罗斯的财税改革取得重大突破，实行了在成熟的市场经济都因政治原因无法实行的单一税率的个人所得税制。中国的财政收权是否加速了它近年来经济增长的减缓，俄罗斯的财税改革对个人的激励是否有助于它当前的经济复苏，都有待进一步的研究。

不仅转轨经济和中国改革的现状为现代经济学研究提供了有意思的素材和经验数据，而且运用现代经济学的方法研究转轨和中国改革还丰富和发展了现代经济学。由于政府行为及其对经济的影响是转轨经济中最突出的和最受关注的问题，也是经济发展中带有普遍性的深层次问题，对这一问题的研究自然而然地成为近年来转轨经济学的一个核心内容。而转轨经济学的这一研究也影响和刺激了经济学其他领域的研究。它对发展经济学有直接影响——毕竟在制度环境方面发展中经济与转轨经济有相似之处——比如推动了研究政府行为与民营经济发展的关系。它还引发了 20 世纪 90 年代形成的一些新的经济学（包括金融学）研究热点，比如比较世界范围内（包括发达国家）的财政体制、法律体系和金融监管体制并分析它们对政府行为、企业融资和经济表现的影响，而这些都不是以往研究的焦点。由此可见，对转轨经济和对中国改革的研究确实也会为现代经济学的发展做出贡献。

参考文献

Akerlof, George. "Procrastination and Obedience." *American Economic Review Papers and Proceedings*. Richard T. Ely Lecture, 81 (1), pp. 1-19, May 1991.

Akerlof, George. "The Market for Lemons: Quality Uncertainty and the Market Mechanism." *Quarterly Journal of Economics*, 84 (3), pp. 488 - 500, August 1970.

Arrow, Kenneth, and Frank Hahn. *General Competitive Analysis*. Amsterdam: North-Holland, 1971.

Black, Duncan. *The Theory of Committees and Elections*. Cambridge: Cambridge University Press, 1958.

Cheung, Steven N. S. *The Theory of Share Tenancy*. Chicago: University of Chicago Press, 1969.

Coase, Ronald. "The Problem of Social Cost." *Journal of Law and Economics*, 3, pp. 1-44, October 1960.

Debreu, Gerald. *Theory of Value*. New Haven: Yale University Press, 1972.

Diamond, Douglas, and Philip Dybvig. "Bank Runs, Deposit Insurance, and Liquidity." *Journal of Political Economy*, 91 (3), pp. 401-419, June 1983.

Fama, Eugene. "Agency Problems and the Theory of the Firm." *Journal of Political Economy*, 88 (2), pp. 288–307, April 1980.

Grossman, Gene, and Elhanan Helpman. *Special Interest Politics*. Cambridge, MA: MIT Press, 2001.

Grossman, Sanford, and Oliver Hart. "The Costs and Benefits of Ownership: A Theory of Vertical and Lateral Integration." *Journal of Political Economy*, 94 (4), pp. 691–719, August 1986.

Hart, Oliver, and John Moore. "Property Rights and the Nature of the Firm." *Journal of Political Economy*, 98 (6), pp. 1119–1158, December 1990.

Holmstrom, Bengt. "Managerial Incentive Problems —A Dynamic Perspective." *Review of Economic Studies*, 66 (1), pp. 169–182, January 1999.

Jensen, Michael, and William H. Meckling. "Theory of the Firm: Managerial Behavior, Agency Costs and Ownership Structure." *Journal of Financial Economics*, 3 (4), pp. 305–360, October 1976.

Laffont, Jean-Jacques, and Jean Tirole. "Using Cost Observations to Regulate Firms." *Journal of Political Economy*, 94 (3), pp. 614–641, June 1986.

La Porta, Rafael, Florencio Lopez-de-Silanes, Andrei Shleifer, and Robert Vishny. "Investor Protection and Corporate Governance." *Journal of Financial Economics*, 58 (1), pp. 1–25, October 2000.

Modigliani, Franco, and Merton Miller. "The Cost of Capital, Corporation Finance and the Theory of Investment." *The American Economic Review*, 48 (3), pp. 261–297, June 1958.

Nash, John. "Non-Cooperative Games." *The Annals of Mathematics*, 54 (2), pp. 286–295, September 1951.

Nash, John. "The Bargaining Problem." *Econmnetrica*, 18 (2), pp. 155–162, April 1950.

Olson, Mancur. *The Logic of Collective Action: Public Goods and the Theory of Groups*. Cambridge, MA: Harvard University Press, 1965.

Persson, Torsten, and Guido Tabellini. *Political Economics: Explaining Economic Policy*. Cambridge, MA: MIT Press, 2000.

Rabin, Matthew. "Psychology and Economics." *Journal of Economics Literature*, 36 (1), pp. 11–46, March 1998.

Roland, Gérard. *Transition and Economics: Politics, Markets and Firms*. Cambridge, MA: MIT Press, 2000.

Rothschild, Michael, and Joseph Stiglitz. "Equilibrium in Competitive Insurance Markets: An Essay on the Economics of Imperfect Information." *Quarterly Journal of Economics*, 90 (4), pp. 629–649, November 1976.

Samuelson, Paul. "An Exact Consumption-Loan Model of Interest with or without the Social Contrivance of Money." *Journal of Political Economy*, 66 (6), pp. 467–482,

December 1958.

Shleifer, Andrei, and Robert Vishny. "A Survey of Corporate Governance." *Journal of Finance*, 52 (2), pp. 737–783, June 1997.

Shleifer, Andrei. *Inefficient Markets: An Introduction to Behavioral Finance.* Clarendon Lectures in Economics. New York: Oxford University Press, 2000.

Spence, Michael. "Job Market Signaling." *Quarterly Journal of Economics*, 87 (3), pp. 355–374, August 1973.

Stiglitz, Joseph. "Incentives and Risk Sharing in Sharecropping." *Review of Economic Studies*, 41 (2), pp. 219–255, April 1974.

Thaler, Richard (editor). *Advances in Behavioral Finance.* New York: Russell Sage Foundation, 1993.

Thaler, Richard. *The Winner's Curse: Paradoxes and Anomalies of Economic Life.* Princeton: Princeton University Press, 1994.

第一部分

市场转轨

市场与法治

一、引言：法治对经济发展的影响

“法治”（rule of law）一词通常与“民主”一词相连，即人们所说的“民主与法治”。而我在这里把“法治”一词同“市场”一词相连，提出“市场与法治”。法治与现代市场经济体制有极为密切的关联，但是经济学家至今还没有对此做过深入研究。任何一种经济体制都有特定的有关经济活动的游戏规则（rule of game），而现代市场经济作为一种体制的根本游戏规则就是基于法治的规则。我在本文中将分析法治如何对经济发展和经济效率起促进作用。由于法治与现代经济发展的密切关系，法治不仅仅是法律专家也应是经济学家，特别是制度经济学家，需要大加研究的领域。同时，它也应该受到所有关注和从事经济发展和经济改革的人们的重视。

我国自1979年改革开放以来，经济改革和发展取得了举世公认的巨大成就。进入2000年后，我国的经济体制改革和发展到了再上

---

* 原载于《经济社会体制比较》，2000年第3期。

一个新台阶的时候。加入世贸组织是与国际经济接轨的一个重要步骤。开发西部是将沿海的发展扩展到内地的一项战略举措，但要进一步搞好开放，开发好西部，其核心是要把国内的体制改革推向一个新的阶段。这就是要全面完成向市场经济体制的转轨，即按照对2010年的远景规划，在未来10年内初步建成规范的市场经济体制。这一体制涉及企业、财税、金融、外贸、社会保障、市场流通等多方面，但是要找出一个“纲”的话，这个纲便是法治。法治是建立现代市场经济体制的制度基础。

党的十四大提出了“社会主义市场经济”作为转轨的目标。十五大又进一步提出了“非公有制经济是社会主义市场经济的重要组成部分”和“依法治国”。到目前为止，经济学家往往只关注市场经济与所有制的关联，却尚未充分研究市场经济与法治的联系。毋庸置疑，所有制问题很重要，但是，法治是更为深层次的制度问题。现代市场经济是以独立自主的企业为主体的自由交易经济，但是它是不会“自我维持”（self-sustained）的。我将论述，现代市场经济作为一种有效运作的体制，其条件是法治，而法治则通过其两个经济作用为市场经济提供制度保障。法治的第一个经济作用是约束政府，约束的是政府对经济活动的任意干预。法治的第二个经济作用是约束经济人行为，其中包括产权界定和保护、合同和法律的执行、公平裁判、维护市场竞争。这通常要靠政府在不直接干预经济的前提下以经济交易中第三方的角色来操作，起到支持和增进市场的作用。如果没有法治的这两个经济作用为制度保障，产权从根本上说是不安全的，企业不可能真正独立自主，市场不可能形成竞争环境并高效运作，经济的发展也不会是可持续的。

近年来，法律和法治对经济发展和经济转轨的影响正在成为国外主流经济学，特别是新制度经济学的研究前沿。过去，制度经济学往往流于泛泛地论述法律和法治对经济的影响，虽然它提供了一些很好的想法，但由于缺乏理论分析框架和系统的经验证据（empirical evidence），对主流经济学的影响有限。这些年来，无论在理论分析还是在经验证据方面，研究都有很大突破。在理论方面，经济学运用博弈论、合同理论、信息经济学等分析工具对法律和法治在经济发展中的作用做了比较准确的并与主流经济学接轨的分析。在经验证据方面，经济学家也已经具体地定量研究不同法律体系、不同类型的公司法、证券法和对金融及其他市场的规制（regulation），如何影响公司融资、公司治理结构、证券市场发展、中小企业发展以及整体经济增长。理论分析和经验证据的结果大多表明法治和适当的规制有利于经济发展。相反，缺乏法治和“过度规制”（excessive regulation）往往是窒息经济活力和妨碍市场发育的重要原因。

这些最新研究取得了两大进展：一是理论分析和经验证据都具体化了，超出了泛泛论述的旧的研究方式。法治为何有作用以及不同法律规定为何产生不同结果，既取决于政府与经济人的自身利益和既得利益集团的影响，也受制于文化、历史等诸方面的因素。而其中的因果关系可以用主流经济学中的工具来分析，由此产生的理论也可以用系统的数据通过计量经济学的方法来检验。二是发现许多过去研究的某些制度因素背后还有更深层次的法治和法律因素。比如在转轨经济中，产权的不安全往往比资本市场的缺陷对企业发展的阻碍更大。又比如在没有法治的保障条件下，市场很难持久地保持自由开放。由于这两个进展，这些研究反过来对主流经济学亦有贡献。有趣的是，不少这一领域的研究是从转轨经济中受到启发，然后引申到其他发展中国家和发达国家。这是因为转轨经济中关于法治和法律对企业乃至整体经济发展的影响最显著，因此也最受关注。

目前在我国，虽然“市场经济”一词可以说已经深入人心，但还远不能说我们已经比较准确和全面地理解了作为一种经济体制的市场经济。相反，因为几千年传统小农经济的意识，长期的计划经济实践，以及多年来一些经济学家对市场经济的非全面诠释，我们对现代市场经济体制还存在不少误解。在这一背景下，充分认识市场与法治的关系，是我们比较准确、全面和深刻地理解现代市场经济体制的关键一环。

二、 传统市场经济与现代市场经济

市场经济的显著特征是分散的经济决策者根据市场价格自主决定资源的配置。市场经济作为一种体制，并不是新事物，它早就存在于计划经济之前。但市场经济又可分为两类，即传统市场经济和现代市场经济。在人类发展的相当长的时间内，经济体制是传统市场经济，而迈向现代市场经济体制是人类近代史上的重大突破。即使现在被炒得十分火爆的所谓“新经济”，就其体制而言，仍是现代市场经济的延续。

传统市场经济的特点不仅仅是经营规模小。从新制度经济学的角度看，它有两大制度特点。第一，在传统市场经济体制中，经济实体之间的交易多为“现货市场交易”（spot market transaction），即一手交钱一手交货，而非现货市场交易的实现主要依赖所谓“隐含合同”（implicit contract），它的执行主要靠交易双方的声誉（reputation）而非第三方，比如国家。在这种传统经济中，经济人私人之间的合作和信任对交易成败至关重要。当经济活动仅限于小的社区时，这种“人格化交易”（personalized transaction）的成本很低。但一旦超出熟人或社区的圈子，仅靠声誉和关系进行交易的成本急剧上升，以至于很多交易无法实现，结果限制了企业和市场的规模。因此人格化的交易方式有很大局限性。

第二，对经济人及其产权而言，政府（或国家）不受制度的约束。比如，政府可以随意增加税种，提高税率。又比如政府可以任意干预经济活动，限制交易。这就导致经济实体的产权得不到制度保障从而易受政府的侵犯。当然，在传统市场经济中，政府的行为并不是完全不受约束的，它会受到技术的制约，比如，信息和交通，以及地理因素都会在不同程度上限制政府干预经济的能力。尤其是当生产技术只能勉强维持大多数百姓的温饱时，如果横征暴敛就会动摇政权的稳固。对政府的另一个非制度约束是政府对自己声誉的考虑。特别是当政府有长期执政的预期时，眼前对经济的宽松可以换取长期的利益。但是这种声誉作用在多数情况下效果有限，因为执政者任期的不确定性很大，而且执政者并非一人，高层决策者和地方官员在对政府声望的考虑上并非完全一致。

现代市场经济与传统市场经济在以上所说的两个方面都有本质上的差别。第一，虽然现货交易和人格化交易仍然在相当的范围内进行，但"非人格化交易"（impersonal transaction）已成为重要的交易方式。在这种交易中买卖双方不一定熟悉对方，甚至不认识对方。因此仅靠双方信任而完成交易往往是行不通的。这就需要第三方（通常是政府）来公平地执行合同。第二，虽然政治与经济仍然密切相关，但政府与经济人的关系发生了重大变化，使得政治与经济的关系变成了"保持距离型"（arm's length type）。许多经济史学家，如诺思和罗森伯格，都把西方的崛起归因于国家和经济人的关系从政经不分到政经保持距离型这一根本转变。众所周知的一个重要的历史事件是1688年的英国光荣革命。从那时起，英国皇家的财政和经济权力开始让位于议会并逐渐退出商业经济领域。这是现代市场经济体制的起源。

三、 法治的两个经济作用

现代市场经济体制不同于传统市场经济体制的制度基础是什么呢？根本的一条就是法治。当然，法治的含义很广，远远超出经济范畴。比如法治与民主政治很有关联，法治本身也有独立的道德价值，如平等、正义和公正。我在这里不讨论这些问题，而是集中讨论法治在现代市场经济中对经济发展和经济效率的作用。我认为，具体而言，法治有两个经济作用。法治的第一个经济作用是约束政府，即约束政府对经济活动的任意干预。法治的第二个经济作用是约束经济人的行为，其中包括产权界定和保护、合同和法律的执行、公平裁判、维护市场竞争。这通常要靠政府在不直接干预经济的情况下以经济交易中第三方的角色来操作。如果说法治的第一个经济作用往往意味着放松规制（deregulation）的话，那么其第二个经济作用往往意味着引入某些规制。正是通过法治的这两个经济作用，现代市场经济在制度上确定了政府与经济人（企业或个人）之间的保持距离型关系。这是现代市场经济发展有活力、有创新，而又可持续的制度基础。

法治的第一个经济作用是约束政府，这是“以法治国”（rule by law）与“依法治国”（rule of law）的根本区别所在。在经济领域内，以法治国是政府通过法令的形式来管制企业和个人。以法治国的概念在中国传统文化中早就存在。春秋战国末期的法家就是主张用法管理百姓，但法是不约束统治者的。而现在的依法治国中的重要一条是老百姓可以通过法律约束政府行为。当法律可以约束政府行为时，经济实体就有了经济自主权。反之，如果政府行为不受法律约束，独立的企业制度和自由交易就没有根本的保障，那么现代市场经济的基础就不存在。

下面我用经济学分析为什么约束政府对经济发展至关重要。第一，政府的权力天然地大于企业或个人，因为政府可以有老百姓没有的各种手段，比如征税、调用警察和军队。第二，给定这一权力，政府对经济随意干预的倾向很难自我抑制，乱收费就是一例。第三，经济人理性地预期政府的这种行为，便没有激励进行投资或者进行扭曲性投资，比如上短、平、快项目，甚至贿赂政府官员以换取政府干预的减少。这就构成对经济发展的障碍。究其根源，乃是在政府行为不受约束的情况下，政府对经济人的承诺（commitment）变得不可信（not credible），这就是通常老百姓所担心的“政策多变”。在经济学上这种现象被称为政府的“不可信承诺问题”。事实上，这往往是一种“双输”局面：由于激励下降，经济不发展，政府的税收往往会减少而非上升，所以政府不受约束最后也会有损于政府的自身利益。

反过来，通过法治约束政府的行为则可以达到政府的“可信承诺”（credible commitment），并造成“双赢”结局。它的逻辑正好与上段中分析的情况相反。第一，政府受到法律约束，不能对经济随意干预，比如，政府不可以随意收费，也不可以随意限制经济活动，经济政策也不可以朝令夕改。第二，预期到稳定的政策环境，个人与企业就会理性地放心投资。第三，由于经济人有积极性并由此产生经济活力，不仅经济人受益，而且政府也可以从中收取更多的税，因此是“双赢”的。这有点像降低税率反而增加税收总额，但在这里并不是简单的税率问题，而是政府的承诺可信与不可信的问题。政策多变对经济人激励带来的损害往往比高而稳定的税率要严重得多。

从以上的分析中我们看到了一种“权力的悖论”。政府的权力越大，政府越可以我行我素，就使得它的承诺都变得不可信。当老百姓不相信政府承诺的政策时，他们就没有生产的积极性，最终反而使政府自身的利益受损。反过来，通过法治限制政府的权力，约束政府的行为，就会使政府的承诺变得可信。结果老百姓积极性提高，不仅老百姓受益，政府也从中受益。这不仅仅是逻辑推导的结果，也有历史证据可寻。比如英国的光荣革命削弱了皇家收税权力，权力转向议会，在后来的英法战争中，英国反而通过发行国债募集大量军费，因为其政府的还债承诺可信性增强。而中央集权的法国却没有做到这一点，因为投资者不相信其不受约束的政府的承诺。

法治的第二个经济作用是约束经济人行为，这就需要政府依照法律发挥其支持和增进市场的作用。为了达到此目的，政府在经济交易双方中应充当不偏向的第三方的角色。运用经济学的分析我们会理解法治的第二个经济作用的重要性。如果经济人的行为不受约束，为了获利，一个人总是会事后“机会主义”，即想尽办法占他人的便宜。但问题是他人也是理性的，事先知道你事后不付钱或不交货，或交次品，他就不同你做生意了，或者少同你做生意。这是经济人之间的“不可信承诺”问题，其结果是“双输”局面。在经济活动中，企业和个人追求利润和效用的行为要化为社会福利和经济效率，政府就必须明确规定产权，保护产权，执行合同，执行法律，维护竞争，部分地规制市场，当好裁判，等等。通过政府的这些作用，交易双方约束自己的经济行为而达到“可信承诺”，进而创造“双赢”结果。这似乎又是一个悖论：一个自由的市场要靠政府创造条件。

关于法治的第二个经济作用中政府支持和增进市场的内容和程

度，经济学家有不同的看法。有人认为政府管得越少越好，也有人认为政府要管得宽一些。泛泛的讨论并没有意义，为了具体化，我把主流经济学中讨论的关于政府维护市场秩序的内容分为三类。第一类是无争议的，即所有经济学家公认的内容。它包括定义产权、保护产权、执行合同。这就是通常所说的政府的“守夜人”职能。第二类是较少争议的，即大多数经济学家认可的内容（至少在原则上）。它包括某些法律和规制，比如反垄断法和一些与人身健康安全、环境保护、金融市场、金融机构、公司治理结构有关的规制。虽然比较极端的自由派经济学家反对政府在这些领域的干预，但大多数经济学家认为对这些领域的适当规制的正面作用大于干预带来的成本。第三类是很有争议的内容。比如政府对价格（房租、工资、股价、汇率等）的管制，对贸易的限制，有倾斜的产业政策，等等。之所以有争议，是因为没有充分的证据证明这些干预对经济发展有明显的正面作用，但其负面作用（比如市场扭曲、寻租、腐败）常常十分明显。因此，我认为，对第一、第二类的内容，政府可以发挥积极的作用。对于第三类，则应极为慎重。而对任何除此之外的市场规制都应视为过度。

在市场规制问题上，国际经验值得我们借鉴。我们来具体地分别看产品市场、资本市场和劳动力市场。关于产品市场，除了与人的健康安全和环境保护有关的规制外，目前的国际总趋势是放松规制。比如非上市的非金融公司登记注册，程序越少越好。又比如很多原来被规制的产业，如电信、民航、电力等都不再被规制了。资本市场的情况则不同。尽管发达国家均实行资本项目下的货币可兑换，但它们对金融机构和市场的规制相当多，诸如信息披露、债务风险管理、银行审慎规制等。在产品和资本市场的规制上，各发达国家大同小异。但是劳动力市场则不同，欧洲国家相对于美国有过多的规制。这也许能解释为什么美国的劳动力市场流动性较好，使它的经济结构调整较为迅速，而欧洲较为僵化的劳动力市场不仅造成失业率较高，其经济结构调整也较慢。

需要指出的是，法治的两个经济作用之间有着有机的联系。法治的第二个作用是以第一个作用为前提的。也就是说，只有当政府行为受到约束而与经济保持一定距离时，政府才可能成为不偏向的第三方来支持和增进市场的有效运作。有些人反对政府的干预作用，并不是因为他们就相信自由放任的市场是完美的，而是因为他们认为当法治的第一个作用不能保障时（即当政府不受约束时），政府干预市场时难免滥用权力，结果反而降低市场运作的效率。显然，政府规制市场需要受到法律约束（比如政府不可以随意定义什么是不正当竞争，也不可以随意指令什么经济活动需要由政府管制），以防止过度规制。然而，法治的两个经济作用又不是一个简单的关系。事实上，这两者之间常常存在矛盾：一方面，赋予政府过大的权力约束经济人往往导致政府滥用其权力；另一方面，过度约束政府又可能削弱其支持和增进市场的积极作用。这就是温加斯特所称的“经济体制的根本性两难问题”（fundamental dilemma of an economic system）。

四、 双层司法体制与打破地方保护主义

在一个大国内，法治有更复杂的一个层面。任何一个大国都不可避免地实行地方分权以发挥地方政府的积极性。因此，法治不仅仅是政府与企业和个人的关系问题，还涉及各级政府之间的关系问题，而后者对经济的发展亦有重大影响。这里的一个突出问题是地方保护主义。地方保护主义很难通过地方的立法、执法和司法来解

决，因为地方政府通常都会偏向本地区的生产者和消费者。那么如何解决这个问题呢？一种制度安排是双层（two-tier）司法组织体制。

美国的双层司法体制是一个突出的例子。在地方这一层次上，美国各州都有自己的一套司法体系，它依靠的是州财政。独立于各州司法体系之外的是联邦司法体系，它依靠的是联邦财政。联邦司法体系，从下至上包括地区法院（District Court）、上诉法院（Court of Appeals）或称巡回法院（Circuit Court）和最高法院（the Supreme Court）。地区法院的设置不完全与州重合，在50个州共有约90个联邦地区法院。而巡回法院是跨州设置的，共13个（第一巡回法院至第十一巡回法院，外加设在首都华盛顿的两个巡回法院）。最高法院只裁判与宪法相关的少数案例，包括通过联邦巡回法院和各州最高法院上诉的案例。所有联邦法官均由总统直接任命，完全不受州政府的影响。

这种双层司法体制对打破地方保护主义形成统一的国内大市场起了相当大的作用。极为重要的是美国联邦宪法第一条第八款中关于国会权力的如下规定：联邦政府的“国会有权力规制与其他国家、州与州之间，以及与印第安部落的商务”。这一条款通常被称为“商务条款”（Commerce Clause）。正是宪法赋予的这一权力，使得联邦政府可全权决定所有涉及州与州之间的商务关系，而各州政府无此权力。这一条款经过几次最高法院的著名判例得以贯彻执行，它是美国成为世界上最大的统一的国内市场的法律基础。

一个著名判例是1824年的基伯斯诉奥格登（Gibbons vs. Ogden）。哈得孙河是位于纽约州与新泽西州之间的一条河。纽约州政府曾立法授予两位纽约商人弗尔顿（Fulton）和莱文斯顿（Levingston）在哈得孙河上运行蒸汽船的垄断权力。结果美国最高法院裁决纽约州的这一立法违宪，因为这条河连接两个州，而纽约州的这一立法阻碍了新泽西州蒸汽船的运行。这一裁决引用的就是宪法中的商务条款，这一条款说得很明白，只有联邦国会才有权力规制州与州之间的商务。

另一个著名判例是1827年布朗诉马里兰州（Brown vs. Maryland）。马里兰州曾立法对本州内销售的进口货物征收50美元的许可证费，最高法院裁决任何州政府都不得对进口到本州的货物收取这样歧视性费用。这一裁决同样根据宪法中的商务条款。

美国的双层司法体制和宪法中的商务条款以及后来的最高法院判例对打破美国国内的地方贸易保护主义起了决定性作用。从此以后，美国跨州经营的公司再也不会被各州政府的歧视性政策所困扰。这就使得任何产品、资本和劳动力可以在全国范围内跨越州的边界自由流动，确保了美国国内统一的大市场形成。这一例子也从一个方面说明了一个现代市场经济是不会自然形成和自我维持的，而在一个大国内要建立统一的大市场，司法制度的组织安排十分重要。

我们过去几十年的经验教训说明，在中央和地方的行政权力关系上，完全放权和完全集权都不利于经济发展：只有充分下放一般权力，但同时又将某些专门权力归属中央，才会最有利于经济发展。在法治问题上也是一样的。双层司法组织体系有其经济学逻辑。虽然多数司法问题应属地方政府司法范围，但涉及地方之间的经济问题时，地方政府的保护主义倾向永远会存在，这是利益所驱动的。我们不能指望地方政府（包括司法）自我约束，它们的自然倾向是保护地方的经济利益。如果每个地方政府都实行地方保护主义，那么全社会的利益必然会受到损害。打破地方保护主义只能靠中央政府解决，而独立于地方的中央层面的司法体制是打破地方保护主义，维护国内统一大市场的一种有效的制度安排。

五、 好的市场经济与坏的市场经济

20 年来我国改革的大方向是由计划经济向市场经济转轨。计划经济体制在实践中已被证明是失败的，它给人类的三分之一的人口带来了几十年的经济发展困惑甚至贫穷。我们以如此巨大的代价最终选定了迈向现代市场经济是一个历史性转变。计划经济注定是坏的经济，但我们并不能天真地认为市场经济就注定是好的经济了。事实上，当今世界上既有好的市场经济，也有坏的市场经济，而后者多于前者。因此，建立一个好的市场经济，防止滑入一个坏的市场经济是我们应该认真思考的问题。

一个坏的市场经济体制不同于一个好的市场经济体制的基本原因是国家（或政府）与经济人（企业与个人）的关系定位不对，而问题的根源正是由于没有好的（即较完善的）法治基础。对照前述的法治的两个经济作用，产生坏的市场经济的原因有二。首要的原因是政府权力没有有效地受到法律的约束，由此带来一系列窒息经济活力的问题。由于技术进步，政府在现代经济中可支配的权力远远大于在传统经济中，因此不受约束的政府行为带来的后果也更为严重。这在当今的一些发展中国家和转轨国家中尤为突出。当政府行为不受法律约束时，政府部门和官员便会侵犯产权，乱收税费，搞摊派，任意干预或限制企业和个人的经济活动。有时政府的用意是善良的，却不了解其不利后果。但有很多时候，某些政府部门以“规范市场”和“社会福利”为名，大搞寻租活动，结果导致腐败。无论出于善意还是私心，政府对经济的任意干预的结果都是增加市场交易成本，阻碍经济发展。

产生坏的市场经济的另一个原因是政府未能较好地履行其约束

经济人的职责。这有多种表现：政府未能维护经济和社会稳定，结果产权受强盗或“黑手党”的掠夺；个人和企业产权不明晰使经济效率低下；合同无法有效执行和纠纷不能得到公正解决；政府规制不力导致金融危机甚至经济崩溃；中央与地方政府责权利划分不明确陷入财政困境；中央政府不能打破地方保护主义造成市场分割；等等。这些问题在一些转轨国家中尤为突出。俄罗斯近几年的转轨经历在上述这几方面都出现过问题，而捷克证券市场发展的不成功则是另一个例子。

需要说明的是，在现实世界中没有一个完美的市场经济。但是，一个好的市场经济不必是一个完美的市场经济。即使在发达国家，法治也并非完美，比如寻租和过度规制也是问题。但是近一二十年来，由于放松规制，情况大有好转。又比如，政府规制不力也使金融危机时有发生。但总的来说，发达国家的市场经济体制是建立在较为完善的法治基础上的。而多数发展中和转轨国家或地区的法治建设仍较为落后。但是这也不能一概而论。比如我国的香港特别行政区就是一个基于法治的市场经济的突出典范，其法治完善程度甚至超过很多发达国家。又比如一些国家和地区法治建设进展较快，使得经济发展迅速，它们包括东亚的不少国家和地区，也包括东欧的一些转轨国家如波兰和匈牙利。

当我们具体分析法治中存在的问题时，有必要区别两类问题。一类是通过立法形成的法律文字。法理学家和经济学家通常会比较四种基本法律体系，即英美法系、法国法系、德国法系和北欧法系。英美法系主要基于判例，而其他三种法系都是成文法系。我国的法律受德国法系影响较多，但近年来在不少经济法中正在更多地受到英美法系的影响。不同法系中的法律规定（如对产权保护和公司治理结构）对经济发展有不同影响。一些经济学家发现英美法系的影响最为正面，法国法系最为负面，而德国法系和北欧法系介于中间。即使在同一法系中，不同国家的具体法律和执行情况的差别也很大，它们对经济发展的影响也大为不同。

法治的另一类问题是执法和司法。特别是在发展中国家，执法和司法的差别比写在文本上的法律的差别对经济的影响更大，这往往是因为执法和司法比立法更困难。从原则上讲，一个国家的法律可以简单地照抄他国法律（现在甚至可以从网上下载），但是执法和司法就是另一回事。首先是人力资源问题。警察、检察官、律师和法官是不能从国外进口的（民主德国是一个例外），因此一个国家往往要用相当长的时间培养法律人才。其次是执法的力度问题。提高执法力度不能只靠“抓”，更不能搞不按法律程序的“大检查”式的“运动式执法”。加强执法必须在执法者受法律约束的情况下实现，这显然是不易的。第三是司法公正问题。执法会出错，裁判纠纷也会出差错。这可能是政府判断失误，也可能是某些官员因图谋利益而有意为之。为保障司法公正，经济人应当具有通过法律程序起诉或上诉政府部门和官员的权利。这更是困难的。最后，守法又是社会文化的一部分。人们是否守法取决于他们对别人是否守法的期望。众所周知，法不责众。因此守法要使全社会对法治有信念，而信念的建立需要相当长的时间。

从以上分析可见，要真正完善法治以建立好的市场经济，执法和司法的难度比立法要大得多。比如近年来我国的立法进展相当快，相比之下，执法和司法的问题就更显突出。执法，特别是司法改革往往是法治建设的关键，因此也就成为建立一个好的市场经济的关键。

六、 用法治视角分析我国当前的四个例子

下面我应用前面的理论分析我国当前面临的几个现实问题。我

从法治这一视角分析四个不同领域中的例子，并由此提出一些具体的政策建议。

第一个例子：对产品和劳动力市场的过度规制应减少。

近年来，一些政府部门打着“规范化”的旗号，大搞“加强规制”，“加大市场管理力度”，新规定种种“许可证”“上岗证”“资格认定书”，等等。我们的粮票、油票、工业券已经进入历史博物馆，现在也许是开始收集许可证和上岗证的时候了。这些证除了少数是必要的外，大多数是与基于法治发展市场经济的精神相违背的。试举几例。某交通管理局本应代表乘客利益，鼓励竞争，实际上却理直气壮地通过行政手段搞价格垄断拒绝降价，引起群众强烈不满。又比如，不少城市为限制农民进城，制造各种障碍，包括发明创造各种“证”。据报道，某大城市把不许外地人在本市工作的行业扩展至上百个，甚至包括旅馆服务业。再比如，一些科技部门和地方政府在高科技开发中热衷于搞高科技含量认定，据说某一应用软件经过三年才被认定为高科技。我在《硅谷的故事》[①] 中写道，盖茨和乔布斯当年恐怕都拿不到我们颁发的工程师证书，因为他们是大学和中学的辍学生；而最初的苹果电脑也不会被我们的专家评定为高科技产品，因为它在当时根本就是玩具！

我们的某些法律和政府的一些部门对民营中小企业的营业注册设置了种种障碍。《中华人民共和国个人独资企业法》和《中华人民共和国合伙企业法》对最低注册资本没有要求，因此被形象地描述为一元钱注册资本。但是这两类企业都要承担无限责任，因此它们进入的行业和经营的范围必然受到极大限制。从国际经验来看，有限责任公司是中小企业最广泛采用的组织形式。而我们的有限责

① 参见《经济社会体制比较》2000 年第 1 期。该文已收入本书。

任公司法要求其最低注册资本为30万～50万元，在全世界属最高之列。最近经济学家对70多个国家的比较研究还发现，在我国注册一个有限责任公司所需的“公章”和“证明”的个数，办理各种手续要花费的时间，以及按官方规定应缴纳的费用都远远高于绝大多数国家，在东亚各国中，仅略低于越南。这还不包括请客送礼，更不要说开业后的各种干预、强制性赞助等。对发展民营中小企业中存在的问题，我们常常听到政府部门责备企业家素质差和融资渠道不够多，因此不少政府部门总想热心“帮一把”。但是，殊不知政府对企业太热心恐怕正是问题的要害。难怪不少企业家认为，多减少些政府部门制造的障碍比多给企业一些贷款对企业更有帮助。简而言之，“松绑”比“给钱”更有用。

值得一提的是，目前“规范化”一词在不少场合被滥用，正在成为过度规制和政府任意干预的时髦护身符。我们不能脱离法治讲规范。有些规制要搞，有些许可证也要发。但是以法治为基础的现代市场经济的基本特点——特别是对我国目前的实际情况而言——首先是政府与经济要保持相当的距离。因此，绝不能层层政府搞“宏观调控”，各个部门都“加强管制”。事实上，一些政府部门是打着“全面加强管理”的旗号搞大规模的“造租”活动以谋取自身的利益。我们不能一方面大力打击腐败，一方面又为造租和寻租创造条件，从而为腐败开新的方便之门。这样下去的话，将不可避免地滑入坏的市场经济。现在许多国家，包括印度，都在放松规制，减少政府干预，近年来印度软件业的突飞猛进的发展就是明证，其软件出口一项已超过其GDP（国内生产总值）的1%，而且增长趋势继续看好。有趣的是，印度改革的理由之一正是中国十几年改革的成功带来的示范效应，而我们现在却有走回头路的倾向，这不能不令人忧虑。

第二个例子：对金融市场的规制不够和不当应改进。

金融市场不同于其他市场有众多原因，至少包括以下几点：一是投资者投入资金与取得回报之间有相当的时间差，这就给企业和金融机构很大的机会从事不利于投资者的活动，即所谓道德风险问题。二是存款者和股民人数多而且分散，由于搭便车问题，他们很难集体行动，结果他们的利益容易受到侵犯。三是金融市场中的定价往往依据投资者的期望而存在多重均衡（multiple equilibria），因此市场价格可以与经济基本面无关。这几条足以造成潜在金融风险，一旦演变为金融风暴，又很容易导致经济危机乃至政治危机。

由于金融市场的这些特殊性，在发达国家，对金融市场及与其有关的机构的法律和规制都相当多。这里主要包含公司法和证券法中对上市公司和金融中介机构（如银行、证券公司和互助基金）及金融市场交易的规制。经济学家特别注意到信息在金融市场中的重要作用。为了化解金融风险，政府的规制要求上市公司披露其财务信息和投资者利益、保护股东权益特别是少数股东的权益；对商业银行审慎规制（prudential regulation）包括债务风险管理和资本充足率规定；要求投资银行和证券公司的透明化操作并限制其投资范围；要求证券市场中的交易符合严格的程序；等等。这些规制是发达国家根据以往金融危机的教训总结而成的。近年来东亚和俄罗斯的金融危机也都说明了金融规制的重要性。

就我国的情况而言，目前的金融规制存在两大问题：一是不够，二是不当。金融规制不够是明显的，比如，考虑到我国银行状况普遍较弱，对商业银行的资本充足率要求最好高于《巴塞尔协议》中规定的最低限度8%，比如，可提高到15%甚至更高。又比如我们的上市公司对小股东的保护极为不够，公司内部人伙同大股东往往可以自行其是。再比如，我们的证券公司都是国有的，很多受政府部门和地方政府控制，业务操作极不透明，结果少数公司操纵股市的行为不易被及时发现并受到处罚。

近年来，我国金融规制得到不断加强，值得肯定。但有些规制方法不当也非常值得关注和商榷。我们确实应该化解金融风险，但是用行政手段不加区分地关闭中小金融机构和过多限制它们的经营范围不利于金融市场的发展。较恰当的办法是通过风险管理等间接规制防范金融风险，同时积极发展民间金融机构。我们显然不能指望美国的花旗银行向我国的中小企业，特别是农村的中小企业融资，同样，要求“零风险贷款”和“贷款人终身负责制”也不是市场经济中规制金融机构的合适做法，因为它们削弱了金融机构贷款的积极性，结果既不利于金融市场，也不利于企业的健康发展。

第三个例子：打破地方保护主义应加强中央一级司法体制。

我国是一个大国，改革以来地方性分权极大地调动了地方政府的积极性，这是我们改革成功的一大重要支柱。但是地方性分权同时也在某种程度上造成了地方保护主义，这也表现在立法、执法和司法问题上。不少省、市政府纷纷通过法律和行政手段限制外地劳动力进入本地区，并对外地产品（比如汽车）加以歧视（比如征收较高的税，或干脆不给上牌照）。秉承本地政府旨意，执法往往偏向本地企业。同样，司法也是站在本地政府和企业一边。比如，属于两个地区的两个企业之间的纠纷，法院通常偏向于属于本地区的企业，这就使得司法公正成为空话。一个省、一个市这样做，其他的省市只好效仿，不然就不利于自身利益，其结果是全输局面。在我们日益扩大对外开放的同时，国内的地方保护主义却仍然严重。

改革司法体制的组织方式可以打破地方保护主义。我们 1994 年以来实行的财政分税制可以为此提供有益的借鉴。在改革前，全部税收由地方征收，然后与中央分成。1994 年改革后，分设国家税务局和地方税务局，各收其税。原则上讲，地方财政负责地方的公共品支出，中央财政负责全国的公共品支出。为了打破司法地方保护主义，我们可以考虑类似的司法体制改革，即现有的地方一层司法只裁判本地内的纠纷，而跨省的纠纷由中央一层的司法机构处理。这就有必要设置直属中央一层的司法机构处理涉及全国性法律的案件。目前最高人民法院只处理重大案件。为了适应现代市场经济的需要，应当根据案件性质（即法律归属）而非案件大小划分中央一层的司法和地方一层的司法。在设置直属中央的司法机构时，我们可以借鉴1998年中国人民银行设立跨省大区分行的改革经验。中央一级的司法可以在最高人民法院下设立跨省大区法院，这样可以使中央一层的司法不受或少受地方政府的影响。

第四个例子：解决收入分配不均问题应先从法治建设着手。

目前我国收入分配不均正在成为严重的社会问题。这一问题不仅是公平问题，也对经济效率有负面影响。过度收入不均会造成社会动荡，影响经济的持续发展。无论从公平还是从效率角度，收入分配不均问题都应受到极大重视。但对此有两种完全不同的解决思路。

一种办法是通过加强政府干预，实行激进的累进税，抽肥补瘦，以此缩小贫富差距。但这可能是很危险的，因为这样做有可能又回到吃“大锅饭”的时代，我们曾深受其害多年，为之付出惨重代价。个人累进所得税在西方多数发达国家实行，似乎是国际惯例。但我们要知道，很多经济学家都意识到了激进的累进税对激励、储蓄等带来的不利后果，以及由此产生的过于庞大的寻租行业（如税务律师和会计师）。所有这些都大大降低了经济效率，只是出于政治原因，即某些利益集团的反对，而无法改变。同时值得注意的是，在美国有效税率远不像名义税率那样累进，因为富人往往通过各种税法漏洞和抵扣项目（deduction）合法避税。但普通人较难这样做，因为他们或雇不起好的会计师和律师，或无钱从事多项经营以更多地利用抵扣项目避税。因此我们不能盲目与国际“接”那些别人要改的或想改的“轨”。

另一种看法则强调收入分配不均与机会不均之间的关系，特别是由政府权力造成的机会不均。由权力形成的机会不均导致的收入分配不均是最令老百姓不满的。的确，人们对分配不均成因中最不满的是权钱交易即腐败造成的分配不均。而腐败的根源正是政府官员不受法律约束，任意权力过大，从而提高了其手中权力的货币价值，进而增加了权钱交易的机会。因此解决收入分配不均问题首先应从反腐败下手，解决的办法不是增加政府干预，而是相反，应该限制政府部门和官员的任意权力以减少他们的干预能力，降低其权力的货币价值，进而减少他们造租和寻租的机会。因此，在我国目前的情况下，加强法治应是减少腐败、减少收入分配不均的首要一步。

七、 总结： 有限政府与有效政府的关系

我国在成功的经济体制改革 20 年后应有新思维：建立以法治为基础的现代市场经济体制是我们下一个 10 年至 20 年的奋斗目标。外部条件如加入世贸组织和经济全球化，内部压力如经济缺乏活力，就业压力增大，腐败、收入分配不均等社会问题突出，都使得我们对实现这一目标充满紧迫感。所有这些问题最终要靠建立法治来解决，而不能靠走回头路解决。

本文通过理论分析、比较研究和实际例子说明了法治是现代市场经济体制的基础。法治的核心是确定政府与经济人之间的保持距

离型关系以利于经济的发展。那么在法治下政府在经济领域内的性质是什么呢？我们可以概括为它是一个有限的（limited）和有效的（effective）政府。有这样的政府才会有一个好的现代市场经济，没有这样的政府就会导致一个坏的市场经济。有限政府和有效政府有如下关系：首先，有限政府是有效政府的必要条件。经过计划经济的惨痛教训，又有了20年改革的经验，我们深刻体会到，一个无限政府，即一个无所不管的政府，必然压抑企业与个人的活力和经济的生命力。因此，有限政府才可能成为有效政府。但是，另一方面，并不是所有的有限政府都是有效政府，有限政府也不会自动成为有效政府，在政府权力受到法律约束，政府与经济保持一定的距离之后，政府作为不偏向的第三方要有所作为，应该充分发挥其支持和增进市场有效运作的积极作用。

我们目前推动的“转变政府职能”改革就是把原来的无限和无效政府转变为一个有限和有效政府。从当前的情况看，本文列举的四个例子具体建议了为完成这一转变在四个重要领域中的改革方向。第一，在政府对企业和市场的规制方面，要有进有退，以退为主。我们要以加入世贸组织为契机，大幅度放松规制，给企业松绑，给市场发展创造空间。第二，要有选择地用适当方式加强一部分规制，特别是金融规制，以防范金融风险，尤其是因加入世贸组织可能带来的额外风险。第三，司法的组织体制要改革，建立司法双层结构对打破地方保护主义和发展国内统一大市场将有重大促进作用。最后，解决收入分配不均问题不应只盯住对收入的再分配，而应首先从约束政府部门和官员的任意权力、反腐败和促进机会平等入手。

在进一步经济改革中，经济学家和政策制定者需要做许多技术性和操作性的工作。但是除了提供细致的政策建议外，经济学家更应该思考大事。建立以法治为基础的现代市场经济就是一件大事。

这里既有克服既得利益的阻碍问题，又有观念和知识更新问题。就观念而言，我们不仅要打破几十年计划经济的思维框架，还要打破几千年来中国传统文化的一些思想束缚。中国传统文化中缺少法治基础上的有限政府这一概念。但是，华人地区的中国香港和新加坡在法治建设上的成功使得经济腾飞，给我们开了先例，可为我们提供借鉴。

现在，“市场经济”和“依法治国”这两条都已载入我国宪法，这说明国家的大政方针已定。在此背景下，我们应进一步深入研究市场与法治的关系，努力推动以法治为基础的现代市场经济体制的建立，真正把我国经济建成一个好的现代市场经济。这恐怕是我们完成向市场经济体制转轨的最关键的一步。回首往事，我们在过去20年间取得的经济改革和发展成就，世界上没有人曾在20世纪70年代末甚至80年代初预见到。尽管过去的成绩不能保证未来的成功，尽管完成这最关键的一步将面临艰难曲折，但只要我们按照既定的方向，继续解放思想，创造宽松局面，调动全民积极性，那么，在我国尽快建成基于法治的现代市场经济体制将是充满希望的。

政府与法治

原编者按： 钱颖一教授在2000年发表的《市场与法治》一文中，提出了“好的市场经济”和“坏的市场经济”的概念，并分析了市场和法治的关系以论证好坏市场经济的成因。这里发表的他的《政府与法治》一文，立论于政府与法治的关系对经济发展的作用，继续探讨好坏市场经济的制度根源。我们相信会对读者有所启发。

“政府与法治”是“市场与法治”的延伸。无论是在对市场与法治关系的探讨上，还是在评判市场经济的标准上，政府这一角色在研究中都占据着关键地位。政府可以说是市场与法治相互关系中的核心纽带。在当前中国经济发展和改革的实践到了以实现“全面建设小康社会”为目标的时刻，深入地在理论上探讨法治、市场、政府这三者之间的关系，推动政府角色在市场和法治背景下的转变，不仅是学者关心的问题，也是我们面临的现实问题。

---

* 原载于《比较》第5辑，2003年3月。

一、 市场经济有好坏之分

“好的市场经济和坏的市场经济”这一概念在2000年初提出是缘于我国当时的环境转变。我国自20世纪70年代末改革开放以来到90年代初，理论界的注意力一直集中在计划与市场之争，因为这是当时经济现实中的主要矛盾。因此，那时候要论证的是为什么市场经济比计划经济在整体上具有优势。理论和政策争论的焦点是计划经济制度的弊病，好的市场经济国家或地区的经验，以及市场经济的潜在制度优势。当时比较经济学研究的主要是计划与市场这两种经济体制的优劣。

20世纪90年代情况发生了变化。计划经济在全世界范围内基本结束，而且以失败告终。苏联及东欧各国全面向市场经济转轨，中国也在1992年9月正式确定要建立“社会主义市场经济”。接下来的问题是如何从计划经济转轨到市场经济。但是在90年代，人们对市场经济的认知还比较含混。对于经济中出现的问题，当时流行的说法是归结到改革不彻底，市场经济体制不完善。但事实上，这样的说法回避了较深层次的理论问题和现实问题。如果我们看一看世界范围内的市场经济，就会发现市场经济有好坏之分，虽然好的市场经济表明了市场经济体制的优越性，但有许多市场经济搞得并不好。因此，我们不能仅仅停留在改革不彻底这样的层次上，而是需要进一步研究不同市场经济的差别。这时，比较经济学研究的对象就变成了不同类型市场经济的优劣。

人们对“好的市场经济和坏的市场经济”这一概念没有争议，而且都希望建立一个好的市场经济。但是究竟哪些因素决定市场经济是好的还是坏的呢？这就不是一个简单的问题了。经典的经济增长模型预测穷国的增长速度会高于富国，最终所有国家的收入水平会趋同。但事实并非如此。经济增长的源泉可以分为两个层次。根据新古典的经济增长理论，经济增长的直接源泉是资本和劳动的投入以及“其他因素”，后者包括技术进步。有关经济增长最初的实证研究都是把经济增长率对资本增长率和劳动增长率做回归，其中的“剩余”便归功于技术进步。这是我们认识经济增长的有用的第一个层次。但它没有回答深一层的问题，比如什么因素决定资本和劳动的投入以及技术进步？除了技术进步还有什么因素包含在“其他因素”中？经济学家现在把潜在地决定经济增长（或经济发展水平）的第二层次的因素概括为三类：地理、开放和制度。

第一，地理因素。一个国家或地区的地理位置会影响它的经济发展。纬度决定气候，气候又影响生产环境和人的生产力；地理条件决定资源储备；地理位置（离出海口的距离）还决定运输成本。因此，地理与经济发展有密切关系。地理因素很大程度上是人力无法改变的，但也不完全如此，比如国家疆界的变动会改变是否有出海口的状况；技术进步会改变气候对经济发展的影响力，比如空调的发明就极大地提高了热带地区的人的生产力。

第二，开放因素。国际贸易和投资与经济发展有关系，开放不仅可以使现有资源得到有效配置，而且可以促进新思想的交流，引入新产品和竞争。开放既与政府的政策有关，也与地理有关，比如地处交通要塞的岛国显然比一个远离国际市场的内陆国家在开放上更有利。开放的实际效果又受到国内制度的制约，比如同样实行开放政策的国家，有的能吸引外资，有的就不能，其原因很大程度上是各国国内制度环境的不同。

第三，制度因素。广义的制度包括正式的和非正式的规则，这些规则不仅约束人的行为，决定人的激励，还影响资源配置的效率，从而与经济发展相关。制度与地理和开放也都有关联。比如，当地理环境使经济回报较高时，一个有利于经济发展的制度就更可能建立；反之，便不大可能建立。开放则使得制度变化更有可能朝国际通行的方向发展。

总而言之，地理、开放和制度是目前经济学家探讨经济发展较深层次原因时的三类因素。虽然制度不是决定经济发展的唯一因素，但是，它是一个非常重要的因素，也是本文分析好的市场经济和坏的市场经济的焦点。

二、 观察政府与经济人的三种视角

在讨论制度如何决定市场经济好与坏之前，我们首先要认识政府与经济人的行为（一种形象的说法是认识“市长”与“厂长”的行为）。经济学家对这个问题的认识差别很大。但根据观察问题的出发点不同，经济学家大致有三种视角。

第一种视角的出发点是“善政府，恶经济人”，即政府的动机是秉公的，目的是为了使社会福利最大化，但经济人的动机不仅是利己的，而且为了达到利己的目的不顾他人甚至不惜损人，经济人在做决策时是机会主义的。以这种视角看问题往往对市场持怀疑态度，对政府行为却比较乐观，相信政府都是为人民的，政府的行为在本质上是好的。在讨论问题时，具有这种视角的人倾向于论述应该如何大力发挥政府在经济中的作用。

第二种视角的出发点是“恶政府，善经济人”，即虽然经济人有利己动机，但他们的机会主义行为会被神奇的市场规范好，从而达到好的结果。不能指望政府是为人民的，因为政府行为的本质可以是坏的或愚蠢的，政府失灵是普遍的。以这种视角看问题往往对政府行为很悲观，但对政府远离市场后的市场很乐观。在讨论问题时，具有这种视角的人通常坚持政府撤出后市场会自然地进入美好状态。

第三种视角的出发点是“恶政府，恶经济人”，即政府的行为和经济人的行为本质上都可以是机会主义的。因此，如果没有某种约束，政府的行为会是恶行为，同样，经济人的行为也会是恶行为。政府和经济人之所以表现为善的行为，是因为受到了某种约束。在看待政府行为方面，第三种视角比第一种视角要悲观，因为它不自动假定政府是善的。在看待经济人的行为方面，第三种视角比第二种视角要悲观，因为它不自动假定抛开政府后市场会自然而然地进入美好状态。

与现实相对照，第一种视角对政府动机和行为的假设在很多情况下显得过于乐观了，这种视角较难解释大量存在的政府失灵现象。虽然第二种视角对市场的信任在很多情况下是正确的，但它没有追究市场之所以运行的原因，也就较难解释为什么市场在另一些情况下运作不好。第三种视角更接近现实。如果说政府是为人民的，我们要理解其中的条件。如果说市场会规范经济人的行为，我们也要理解其中的条件，而不是假定市场一定会这样。

三、 制度要解决的市场经济的两大问题

以下我们从第三种视角来分析制度要解决的市场经济中的根本问题。根据这一视角，政府的行为和经济人的行为从本质上来说都可以是利己的和机会主义的。只有约束政府和经济人的行为，才能使他们的行为达到好的结果。

市场经济的基础是分散决策，经济人（企业和消费者）根据自己掌握的信息，为了自己的利益做出决策。把个人的自利行为化为

共同的社会福利，并不是显而易见和自然形成的。亚当·斯密把市场形容为一只“看不见的手”，指的是市场可以把个人的自利行为化为共同的社会福利的奇妙结果。当我们进一步研究时，就会发现市场并不是总能实现这一结果。要实现市场的“看不见的手”的效果并不简单，需要条件。用第三种视角，我们可以分析出市场这只“看不见的手”的形成条件。

经济人的天性是机会主义的：只要有可能，总想扩大自己的利益，即使这样做会损害其他经济人的利益。如果抢东西、偷东西不受惩罚，抢和偷就有吸引力。如果违反承诺不受惩罚，守信就没有吸引力。自由竞争能解决问题吗？不一定，因为竞争可以提高福利，也可以减少福利，后者就是经济学家描述的“寻租”现象，关键是看产权和竞争规则的确定。

因此，为了实现市场的“看不见的手”的功能，市场经济必须解决的一大问题是经济人必须被约束。这种约束至少包括三项内容：产权的界定和保护、合同的实施、适当的监管。没有这些，经济人的行为不受到约束，市场就是无秩序的，经济人为自己利益的努力将互相伤害，而不是互相帮助。

由谁来约束经济人？一种可能是经济人自己，经济人为了自己的利益也许会遵守秩序，比如他在乎自己的“声誉”，因为坏的声誉会导致将来别人的不合作，丧失图利的机会。如果短期的损失小于长期带来的利益，经济人基于声誉的考虑会遵守秩序。另一种可能是社会的非正式习俗，比如“诚信”。它是一种“社会资本”或共有信念。在现代市场经济中，虽然个人声誉和社会诚信起很大作用，但它们对维持大量的复杂交易是远远不够的。产权保护、合同实施、适当监管需要一个执行规则的第三者，这个第三者便是政府。为了维持市场秩序，引入政府是必然的。

人们习惯于对政府的“守夜人”职责轻描淡写，实际上，政府要做到使市场有秩序是非常不容易的。它不仅保护产权不受侵害，特别是不受强势的侵害，还要保障合同公正地实施。它还要做适当监管，保障竞争的秩序。经济史学家认为，历史上大多数国家——今天还有许多国家——的政府完成不了“守夜人”应该完成的任务，为此，经济付出了沉重的代价。因此，并不是把政府推到一边，市场经济就自然是好的。经济人，如果没有制度的约束，都是机会主义者。企业家并不是天生就是伟大和高尚的，只有在一系列制度的约束下，才能使他们在自己利益的驱动下行动，又在客观上对社会负责任。

但是，引进一个强大的政府马上会引出另一个问题：当这个政府用它的权力保护产权，实施合同，并做有利于市场的监管时，这个政府也可以用它的权力破坏产权，不公正地实施合同，做不利于市场的管制。有两个基本原因使人们对政府的滥用权力极为忧虑。一是政府的垄断性强制权力。本来，赋予政府垄断的“守夜人”职责是为了节省成本，但是这一垄断性强制权力自然会使经济人受到政府的威胁。二是政府并不是由一个人组成的，而是一个庞大的组织，即使不少官员是维护公共利益的，却不能保证所有官员都这样。

因此，为了实现市场的“看不见的手”的功能，市场经济必须解决的另一大问题是政府必须被约束。如果政府不受到约束，它就容易用自己的权力换取利益，它所做的事情就会对社会不利。政府的行为可以通过非制度原因，比如考虑自己的声誉、意识形态，以及技术条件受到制约，但这些都是有限的。通过制度的方式约束政府，是现代社会的创新。解决这两大问题是不容易的，它往往反映了两难：太弱的政府不好，因为它不能解决第一个问题；太强的政府也不好，因为它不能解决第二个问题。

四、法治造就有限政府与有效政府

什么制度可以较好地解决这一两难问题：既约束经济人，又发挥政府的作用，但同时又约束政府呢？没有完美的制度，但目前人类发明的最好的制度叫作法治。从历史上看，这是英国的制度创新，对全世界做出的贡献。从1215年的自由大宪章起，到1688年的光荣革命，在英国经过400多年，中间有很多反复，最终法治的框架基本形成。所谓法治，就是经济人和政府都置身于法治的框架之下，都受到法律的约束。法律通过政府保护产权，实施合同，维持市场秩序，但同时法律也约束政府。

法治约束政府的作用是区别“以法治国”（rule by law，或称“法制”）与“法治”（rule of law）的试金石。“以法治国”是政府以法律为工具来管制经济人，但是政府自己在法律之上，不受法律的约束。因此，“以法治国”下的政府本质上是无限政府。与此相反，“法治”下的政府在法律之下，受法律约束，是有限政府。我在《市场与法治》一文中特别强调法治的第一个作用是约束政府，第二个作用才是约束经济人，是针对常见的误区提出的。重要的是，法治造就一个有限与有效政府。因此，法治是建设好的政府、好的市场经济的制度保障。在法治下，政府与经济是一种“保持距离型”的关系（arm’s length relationship）。

目前，研究一国的法律制度对经济的影响和政府的治理结构问题是国际上比较经济学的热门题目。这与国内研究热点的转移有所呼应。国内对企业的研究，20世纪80年代初的热点是“管理问题”。80年代末开始转为“产权问题”，到了90年代又进一步转为“体制问题”，现在又上升为“法律问题”。这说明问题在深入。过去，正确处理政府与企业的关系总是处于两难境地，不是政府对企业干预太多，就是企业没有约束。在法律和法治的框架下讨论问题，就有新思路，那就是一个有限和有效政府作为不偏向的第三方发挥支持市场的作用，这是实现政府职能转变的关键所在。

法治通过预先制定的规则划分政府和个人的权利范围，建立决策和解决纠纷的程序。通过这种方式，政府受到约束。当然，法治并不是约束政府的唯一方式。公民社会和民主是约束政府的另外两种方式。公民社会通过非政府组织、舆论、媒体等渠道约束政府。民主是以投票的方式，根据少数服从多数的原则确定政府人员，决定事情，从而约束政府。

虽然法治和民主之间的相关性很高，但并不一定总是一一对应。从历史上看，在英国，法治框架的形成先于现代意义下的民主的形成。前者形成于 1215—1688 年，后者则形成于 1832 的改革法案之后，选举权在 19 世纪后半期逐渐扩大，到了 1919 年所有成年男性获得了投票权，直到 1928 年所有成年女性才获得投票权。

民主的基本原则是 49% 的人服从 51% 的人的偏好。因此在民主下，政府行为受多数人偏好的左右。由于民主本身不能防止 51% 的人要求平调 49% 的人的财产，所以哈耶克非常强调法治。他认为，单纯的民主原则，即多数人原则，是会侵害产权的。法治确定什么事务是不能用民主过程来做的，这很重要。比如公司治理结构中法律要保护小股东的利益，就是说即使多数人也不能侵犯少数人的利益。所谓保护小股东就是保护弱势者的权利。法治的重要内容之一是保护弱势群体免受强势群体的侵犯。因此，民主需要同法治结合在一起，对产权的保护和对经济的发展才有效。这就是在有些人看来，没有法治的民主对经济发展极为不利。南美的阿根廷是一个例子。20 世纪初，阿根廷的经济发展在全世界名列前十位（按人均收入)。它的资源丰富，也是欧洲移民国家。虽然它难同美国相比，但绝不比加拿大、澳大利亚和新西兰差。但到了 20 世纪末，它就完全不能同这些国家相提并论了，其中的一个制度原因是法治不断被侵害。特别是在 20 世纪 40 年代末选举出来的民粹主义的政府，为了讨好多数选民，开始了一系列侵犯产权的政策，阻碍了经济的发展。法治的削弱最终也不利于民主，导致了政治的不稳定。

在我国目前的经济发展阶段，法治建设可以比较直接而且效用比较高地推动好的市场经济的建立。用法治约束政府应该排在优先顺序上。法治是独立于公民社会和民主的约束政府的方式，并非不先建立民主就不能在法治建设上有建树。虽然三者之间确实有联系，但是这种联系并不能推导出没有民主，没有公民社会，就不能去建设法治。实际中存在很多空间，努力推动法治建设是可以有所作为的。

五、 违背有限政府的两类情况

法治下的政府是有限政府，法治的一个重要作用是约束政府。为什么要把约束政府放在首要位置，这跟我国的历史和现状有关。因为我们的历史是从计划经济走过来的，我们的现状是一个发展中的国家。从职能和体制上讲，政府习惯的是无所不包，而且我们的历史上又没有有限政府的概念，没有政府行为要受约束的概念，所以约束政府应该作为法治建设的重点。

在现实中，违背法治的突出表现正是法治没能约束政府，即政府没能成为真正的有限政府。这里有两类情况，需要分别讨论。

第一类情况是政府颁布的限制经济人活动空间的法律太多。有法律的国家并不一定是法治国家，立法多并不意味着朝法治国家迈进。事实证明，众多的限制经济人活动的法律，往往是造成很多坏的市场经济的主要原因。这在中国虽然是新出现的问题，但是在其他一些国家是老问题了。

法治国家不是法律国家，在其他的发展中国家，早已发生了这种情况，非常值得我们借鉴和警惕，比如所谓的“拉美病”和“印度病”。同中国相比，拉美各国和印度不能不说是法律“健全”的，但我们不认为它们是法治国家。拉美国家在 19 世纪 20 年代就独立了。秘鲁人德索托（Hernando de Soto）在其 1989 年出版的《另一条路》（*The Other Path*）一书中，生动记载了秘鲁过多的法律和法规赋予政府种种权力对民营企业的创建和进入市场制造种种障碍，造就了一个整体寻租的社会，窒息了秘鲁经济发展的活力。申请一个个体户的营业执照需要经过无数道手续，拜访无数个机构，花费几年时间才能办下来。太多的法律完全阻碍了人们进入生产性的经济领域，迫使企业家转入地下。印度最初的法律体系是从英国移植来的。独立后印度的劳动立法对劳动市场有极强的管制。在我国，国有企业曾经是“铁饭碗”，但后来国有企业用工制度也比较灵活了。在印度，有法律规定，即便私人企业，在雇佣人数达到 50 人后也不得解雇工人。印度劳动力市场的烦琐法律对经济发展很不利。不过，这种情况正在开始改变。

秘鲁的例子说明，法律对企业进入的管制会造成企业创业的困难，窒息经济的活力。印度的例子是讲法律对劳动力市场的管制也是妨碍经济发展的。因此，有法律的国家不等于法治国家，关键要看法律是否有利于经济发展。现在我国的情况是，一些政府部门学会了以法律或法规作为自己的工具捆绑别人，规制别人。把别人捆绑起来，自己的权力就大了。以法律为工具扩大政府的权力，符合以前的惯性，又与现在一些政府部门的利益相一致，因此是非常值得警惕的倾向。

第二类情况是限制政府任意权力的法律太少。在计划经济时代，政府说什么就是什么，政府的任意权力是无限的。现在虽然强调法治，但是限制政府任意权力的法律还远远不够。政府的任意权力反映在各个方面。比如企业建起来以后，各种骚扰、摊派、赞助等蜂拥而至，没有法律约束政府的这些权力。又比如执法是运动式的，没有法律程序的约束，这样的例子有偷税漏税大检查、扫黄打黑等。再以 2002 年底中国电信调价为例。先是突然调高海外接入价格，然后迫于压力又调低价格。它说明政府监管部门的电信定价没有程序上的约束，政府任意权力过大，想干什么就干什么。实际结果是政府监管部门被电信公司"俘获"，企业的目标成了政府的目标，又没有法律约束政府的任意权力，于是政府的调价决定造成了市场的无序。

政府的滥用权力引起人们预期政府的政策多变，非常不利于经济发展。如果是一个法治环境，就有认定的程序。比如电信价格属于被政府规制的价格，调整时就需要举行听证会，就会有公众的声音，并不仅仅是电信公司的游说。法治中非常强调程序，其作用就是对政府任意权力的限制，政府做事的时候必须遵循一定的规则，不能随意行事。但是，目前我国限制政府任意权力的法律欠缺，比如，迄今为止尚未出台约束行政垄断权力，保障公平透明决策的《行政程序法》。因此，调查程序、听证程序和决策程序都无法可依。

这两类情况，一是政府给经济人施加过多的约束，二是对政府的任意权力约束不够，都会干扰有限政府的实现，不利于好的市场经济的形成。将这两类问题区分开来是有意义的，因为它们的表现形式不一样，但是都反映了法治在约束政府方面的偏差。中国要警惕可能走上拉美国家和印度的老路，从法律不健全会走向颁布法律过多，但在约束经济人的法律过多的同时，约束政府任意权力的法律却很不够。因此，政府对经济发展的不利影响往往是双重的：一方面是法律太多的弊端，使政府干预有了法律依据，对企业生存和发展造成困难；另一方面是政府做事可以不按程序，干预的任意性仍然很大。

法律太多和政府干预的任意性是偏离有限政府的两个方面，虽然表现形式不同，但都反映了同一种根本性的观念误区，即法律的政府工具论。这种观念误区普遍存在，它是出现政府违背法治的两类情况的根源。法律不是政府的工具，法治的实质是政府和经济人都受法律的约束。因此，只有彻底改变法律的政府工具论，才能使政府成为真正的有限政府，才能建成真正的法治。

六、 有效政府与政府规制

在法治国家，政府行为受到法律的约束。在此条件下，政府如何成为有效政府，是能否建立一个好的市场经济的重要因素。

产权保护和合同实施是经济学家一致认同的政府职责。除此以外，对经济人在市场中的行为要不要有所“规制”（regulation），则有不同声音。“regulation”这个词中文有多种译法——规制、监管、管制、控制、干预等。在产品市场的场合（比如电信），常翻译成“规制”；在金融市场的场合，常用“监管”；在劳动力市场上，常用“管制”。“控制”和“干预”也是常用的翻译。

对要不要规制这一问题，三种观察政府和经济人的视角有三种不同的回答和建议。依照“善政府，恶经济人”的视角，市场中的经济人的行为需要广泛受约束，因此政府要大力规制，规制会提高社会福利。而具有“恶政府，善经济人”视角的人则持相对立的回答和建议。在他们看来，政府规制是为了制造障碍以便向经济人索取好处，即“寻租”的表现。出于自利而非为公的动机，政府总是倾向于过度规制，但实际结果却是无效规制：政府被受规制者“俘获”，依照后者的意愿“规制”，结果并不是提高社会福利。此外，他们相信没有政府出面约束，市场自然会令经济人自己做到行为规范。因此，他们的建议通常都是政府规制越少越好，甚至不要规制。

持“恶政府，恶经济人”视角的人认为，有些时候约束经济人的行为仅仅靠保护产权和实施合同是不够的。比如，在产品市场中，维持竞争秩序和保护消费者权益（比如产品安全性）需要对生产者有所约束。在金融市场中，保护投资者的权益也需要对用资者有所约束。在这种情形下政府规制有潜在的收益。在这一点上，第三种视角与第一种视角有相同之处。另一方面，第三种视角与第二种视角也有共同之处，那就是对政府行为出发点的怀疑。“过度规制”和规制者被“俘获”都说明政府并没有在为人民谋利益。因此具有这种视角的人并不建议规制越多越好，主张具体情况甄别对待。只有当规制的成本（重要成本之一是来自政府失灵的成本）小于规制的收益时，规制才有意义。因此，对规制者——政府——要有约束，有效政府只有在有限政府的条件下才能实现。

第一种视角和第二种视角的共同性是不区别市场和情况，一概提倡大力加强规制或削弱规制。第三种视角则不同，主张适度规制，而规制内容在不同市场针对不同问题。在产品市场中，规制的重要内容之一是建立和维护竞争秩序，比如在电信、航空等产业。起初，人们想到的是简单的反垄断。现在经济学家开始在“对垄断的规制”的说法上有一个转变，因为规制很容易让人误解为干预，而且这样的说法比较静态。现在更多的是说政府实施“竞争政策”（competition policy）。这是一个更向前看的说法，更多强调的是促进市场竞争。从促进竞争这个角度来讲，可以面向未来，考虑到将来的技术变化，持一种开放的态度。

金融市场的监管情况就不同。那里的问题主要是如何通过监管让公司和金融机构（后者包括银行、基金、券商、保险公司）的经理把“圈来的钱”掏出来还给投资者。对金融市场的经验研究表明，在没有政府监管的情况下，金融市场的发展并不成功。比如在20世纪90年代，捷克金融市场的发展就远不如波兰的成功，而捷克政府奉行的正是不监管的政策。政府的适度监管，比如强制信息披露和限制关联交易，对发展金融市场有促进作用。

在现实中，政府规制在任何国家都不是或者是零或者是一。即使发达国家，也在两者之间不断做出微调，“钟摆”在一个时期向加强规制摆动，另一个时期则向放松规制摆动。20世纪八九十年代，钟摆向放松规制的方向摆动，这是因为70年代的政府管制过头了，压制了经济的发展。进入21世纪后，钟摆又有点往回摆了，原因在于发现了一系列问题，包括公司治理结构问题、会计问题、电力市场问题等。这些问题说明我们不能假定政府退出以后市场就可以自动解决问题，一个有效且有限的政府在此至关重要。

七、 推动法治建设的力量

建立法治社会的推动力来自哪里？不外乎来自内部利益、外部压力和知识的力量这三个方面。

第一，内部利益可以从经济人和政府两方面看。消费者和生产者从自身利益出发有建立法治的需求。随着经济发展，这种需求在上升。经济人看到自己的长期利益，希望约束自己同时也约束别人，尽管这样一来短期利益会下降。经济人也希望约束政府的行为。但法治需要通过政府来实现。约束经济人通常符合政府的利益，那么约束政府自己呢？经济发展的结果不是零和博弈，是潜在的双赢和多赢，因为把“饼”做大后经济人和政府都受益。因此，政府从自己的角度来看，也需要固定的、可预测的、透明的制度规则，它们对政府自己的利益（比如税收、经济发展、社会稳定）也有好处。法治对经济发展有直接效益，它要解决的一个问题是如何让“饼”做大。所以，我们会有所谓“权力的悖论”：约束政府的权力可以使政府受益。

第二，外部环境的压力可以推动法治社会的建立。除了上述的内部利益之外，我们不能忽视外部压力对建立法治和有限政府的作用。比如中国加入世贸组织，这是非常重要的。世贸组织的规则是法治的规则。世贸组织的这么多规定，几乎全是用来约束政府的。开放带来的新的竞争规则是硬道理，这就使得以前政府部门的很多做法行不通了。比如继续遵循有关劳动的限制性法律，在开放的条件下，国家的竞争力就会不够，因此就需要对其加以改变。

第三，知识的力量。独立的经济学家和法学家更多地关注整体利益，关注较弱群体的呼声，他们的优势是推进人类的知识。在历史变革中，利益问题和认识问题都是重要的。知识的力量在于提高人们的认识，就是要让人们懂得历史，明白现实，知道自己的根本利益所在和目前遇到的瓶颈。也因为这些人利益比较超脱，看问题的时候视野会宽一些。社会需要所谓代表“公共利益”的声音，它是建立法治社会的重要力量。虽然人人都有自己的利益，但不一定什么时候都能把自己的利益看得很清楚，因为自己的利益往往会同其他很多因素交织在一起。经济学家和法学家经过细致的研究，有时会看得清楚一些。他们会告诉人们，法治是人类的制度创新，是约束政府和经济人的有效方式，是好的市场经济的制度基础。从长期看，人们的整体经济利益在法治下是最大的。因此，知识也是推动法治建设的一种独立力量。

这三种力量——内部利益、外部压力和知识——都是法治建设的推动力。法治建设不仅仅是法律部门和法学界的事。各政府部门、企业家、消费者、知识分子都可以，也应该在推动我国的法治建设上有所作为。

激励与约束

一、 对市场经济的理解

经济改革20年来，我们对市场经济的理解不断深入。首先，人们认识到：市场经济是通过价格实现资源配置的分散决策机制。这种对市场经济的理解是根据对商品和要素的供给与需求框架，理论上是阿罗－德布鲁一般均衡模型的分析框架，这个模型在理论上非常好地分析了通过市场价格实现有效率地配置资源的功能。

但是，这一分析框架有许多限制性的假设。比如说它假定，企业的行为就是利润最大化，信息是完备的，市场是完全竞争的，等等。因此，这个分析框架有两个问题：一是没有研究市场经济中人的行为的深层次机制。供给需求对研究资源配置虽是非常强有力的工具，但是掩盖了供给需求背后的形成机制。比如这后面的产权体制等一系列问题都是很重要的。二是即使在研究资源配置上也有很大局限性，原因是假定信息是对称的、充分的，在这种情况下给出

* 原载于《经济社会体制比较》，1999年第5期。

的资源配置的预测常常与现实不符。比如信贷市场中，利率低于市场出清的利率时会发生配给，市场不能出清。对于第二个问题，经济学家已经和正在做大量的工作。我这里着重讲第一个问题，即供给需求背后深层次的制度问题。

先让我们回顾一下经济思想史。自19世纪末马歇尔等人分析供给与需求以来，资源配置问题就成为经济分析的主流。但并不是唯一的，也有非主流的，比如奥地利学派，包括熊彼特和哈耶克，他们对市场经济的理解并不局限于资源配置，而是从另外一个角度看市场经济。熊彼特认为资本主义的活力就在于创新和企业家精神。哈耶克则是侧重经济自由、信息和制度。原本经济学都是政治经济学。但马歇尔等人分析经济学时并没有研究人和人之间的关系，只是研究供给与需求的关系。现在人们又回过头来问深层次的问题：供给和需求的背后是什么？我们不能不考虑政治因素、利益集团、制度因素。经济学的热点经过近一个世纪又回到政治经济学。但是同旧政治经济学不同，新政治经济学并不是描述性的，而是运用现代经济学的工具进行分析。

从转轨经济的历程和经验来看，我们深有体会。在东欧经济改革初期，很多人非常表面地把计划经济的问题看作是计划手段不行，或者说因为没有运用价格作为资源配置的手段，于是就把计划经济的失误看作资源配置的失误。这肯定是对的，也确实是计划经济的问题，但是不深刻。当时东欧也提出改善计划的决策过程，用模拟市场价格来配置资源以提高效率等。像兰格等人提出的“市场社会主义”，理论上基于一般均衡模型。如果认为一般均衡模型能准确地描述市场经济，计划经济也是行得通的，只不过换一下计划指标就是了。在转轨初期提出的“大爆炸”药方，仔细追溯其理论源泉，是类似的对市场经济过于简单的理解。

通过一些转轨国家的经验我们发现，那些特别简单地认为自由化、私有化和民主化足以实现转轨的想法显然有好多问题。现代主流经济学已经拓展到研究制度和政治因素，近来在经济理论的发展上，新古典经济学引入了博弈论、信息、合同和产权等。1999 年是哈耶克诞辰 100 周年，哈耶克的影响很大，特别是对信息经济学的研究。哈耶克的思想为什么深刻？因为他的许多论文都是在 20 世纪二三十年代关于社会主义计划经济的争论中写出来的。哈耶克研究市场机制如何利用信息和知识，他从分散决策和经济自由的角度批评计划经济。

现在的经济学在过去二三十年里有了极大的发展，已经不是简单地认为市场经济只是资源配置的一种手段。市场经济与计划经济的区别不仅在于是否用价格实现资源配置，更本质的是激励与约束的机制不同。简单来说，市场经济通过制度安排对广大人民在生产和创新方面提供了非常强有力的激励；同时它又对每一个经济决策者有约束，这种约束使得他要对自己的经济决策的后果负责。这是双方面的，干好了有奖励，可又不能乱来；造成了坏的经济后果，就要受到相应的惩罚。本文就是要强调在市场经济中激励与约束的重要作用，以及对人们行为的影响。

激励与约束两者缺一不可。但首先是激励，没有激励就没有人的积极性，没有积极性，一切经济发展都无从谈起。激励就像汽车的发动机，汽车要开必须要有发动机，但是仅有发动机汽车也不能开上路，还必须要有刹车装置。每个人要对他的经济后果负责，也就是说，他要受到约束。从激励与约束角度分析问题，我们对市场经济的理解就会深化一步。

二、 激励

计划经济的失败不仅仅是因为资源配置上的无效率。市场经济的重要特点是分散的决策过程，而这一过程的背后是每一个人都可以充分利用他观察到的信息。世界上没有任何一个计划者——不管他能力多么强，不管他多么勤奋，也不管他多么廉洁——可以有效地利用经济中的全部信息。而人们之所以愿意发现信息，利用获得的信息，是因为他可以从中得到回报，这就是市场经济背后的激励。

我要特别强调的是，这里讲的信息，绝大部分并不是“专家知识”，这是非常重要的一点。我们平常一讲到知识，往往就理解为专家知识——大学教育、博士教育，博士、院士的知识都是专家知识。专家知识非常重要，它是人类对规律的总结。但最重要的知识（尤其在经济活动中）是那种分散在大众中的、非专业的、非常本地化的知识，哈耶克称之为“本地信息”（local information）。大众包括民工、家庭妇女、地方官员等，他们的知识是关于当地、当时、变化万千的各种知识。而这种知识是创造财富的重要源泉。即使在高科技领域，也是分散在各个工程师那里，而不仅仅是几个得诺贝尔奖的人或几个院士。只有发挥每一个人的积极性，让他们自己去创造，经济才有活力。计划经济的失败证明了哈耶克论点的正确。就是在法国和德国这样非常成熟的资本主义制度中，由于清规戒律很多，所以那里也没有产生出硅谷。

以发展高科技为例。国内都非常关心知识经济，发展高科技的劲头十足，学习仿效硅谷这一全世界公认的成功典范。但是硅谷是怎么形成的呢？从本质上讲根本没有计划成分，也不是美国科学院的院士们搞规划搞出来的，它是由很多很多的工程师、企业家，甚至没有完成大学学业的人搞出来的。谁都知道比尔·盖茨和乔布斯，两个人都未完成大学学业，但是他们创造的财富十分巨大，比尔·盖茨的个人财富现在是900亿美元。但是如果按照我们规定的颁发工程师资格证书的办法，当初他连工程师资格都得不到。在美国，正是在市场经济的激励机制下，涌现了无数的人才和财富。以前我们认为股票市场的作用仅仅是筹集资金，而没有想到的是什么呢？在硅谷，那么多人之所以愿意创建新企业，把他们的知识商业化，是因为最终这些创业者能通过企业上市实现自身的价值。所以股票市场的建立不仅起到筹资作用，而且起到激励作用。中国要搞自己的高科技企业，如果没有同样相应的激励作用是不可能的。创业者把一个产品开发出来以后，或者转让给另外一个公司，或者上市。这些公司基本的模式是多给股票少给工资，公司上市以后在市场上认定的价格是对其成就的承认。很多工程师或者创业者追求的就是事业上的承认，这是他们最大的激励。当他们满足了，把投入的钱收回来以后，又投资到下一个企业。他们的消费可能很少，但是他们要得到承认。承认靠什么？就是靠市场，不是靠官僚。而股票市场是提供激励的非常重要的组织形式。

为什么中央集权不能提供激励呢？组织内部为什么不可以给予奖励？事实上人们发现，大的组织（不要说是政府了），即使大企业提供激励的承诺往往也是不可信的。承诺的本质是可信不可信的问题。大组织的承诺往往不可信，因为它受到组织内部的许多制约。这也说明为什么很多新的发明、新的发现往往不能在实力很强的大企业内部完成，而在外部完成，其中一个重要的原因是大企业内部要摆平关系，不能给你这么多权，也不能给你额外的奖励，顶多能给一部分奖励，但那些奖励与一个小公司上市得到的奖励是无可比拟的。公司办得太大了，内部提供的激励会受到很大限制。比如一些美国的投资银行和商业银行合并以后，马上就出现了问题，因为投资银行是按期权给奖励，而商业银行是按工资奖金。按照米尔格罗姆（Paul Milgrom）和罗伯茨（John Roberts）的“影响活动”（influence activity）理论，在任何组织中，只要有一个上级，大家都要在里面做很多“寻租”活动影响上边的决策。既然是这种集权的决策结构，影响活动就无法避免。因此在这个意义上讲，因为大家都事先知道，你在这个组织里面会受到很多制约，既会受到各个部门的制约，又会受到各个利益集团的制约，因此，当初承诺的一些激励在权力比较集中的机制下，往往是不可行的。这样的承诺不可信，也就没有了激励效果。而在相对分散的决策机制中，上边没有这么多科层结构。只要有股民愿意买企业的股票，愿意花这么多钱，这个激励就在，大家都相信这个激励是可信的。所以在讨论激励的时候，很重要的一点就是承诺的激励是否可信。

从这个观点看，计划经济给予激励的形式很大程度上不可信。这就是所谓的“权力悖论”：既然一个人有权力答应你一件事，他也有权力取消它。权力往往都是这样的双刃剑，因此，权力过于集中的一大弊病就是承诺的激励不可信。

要有效地利用分散在大众中的知识，就必须给大众经济决策的自主权，这就是所谓的经济自由。因为如果个人（包括地方官员）没有经济决策的自主权，他们就不可能运用信息，也没有激励向计划者披露他们掌握的信息。那种以为靠专家支持、靠加强科学决策过程、靠好人的勤奋加能力，以及廉洁的政府就可以把经济计划好的想法，是根本不可能实现的。我们以前经常说的话，比如群众中蕴藏着巨大的积极性，相信群众的创造力，调动群众的积极性，其实都客观地反映了“信息是分散的，而人的激励对于经济发展有至关重要的作用”这样一个基本事实，这都是非常准确的判断。我们改革以来，特别是改革的前 15 年，非常强调调动个人和地方政府的积极性。用“松绑”“搞活”等放权让利的办法，目的在于给予各种各样的激励。尽管存在一些问题，但大方向是正确的。

然而，近年来在加强管理、规范市场的口号下，似乎出现了忽视激励的偏差。一味地收权，而很少强调甚或完全没有考虑激励是市场发展的重要动力，这就可能导致一些方向性的失误。特别是在当前经济不景气的条件下，如果一方面讲扩大需求，另一方面出台一个接一个限制经济自由、不利于发挥人的积极性的措施，就更加有问题了。

在国内经常听到人说“我们的很大问题是没有企业家精神”。甚至将此归于儒家学说，说我们没有创新精神，这是经不起推敲的。从来外国人都说中国人是天生的企业家，没有人怀疑中国人的企业家气质。不是中国人缺乏企业家精神，而是各种体制上的制约，窒息了中国人的企业家精神，这才是问题的实质。所以责任不在我们的企业家身上，而在于制度。

市场经济研究激励问题是和研究信息、产权联系在一起的。激励机制是市场经济中很重要的一点，这一点经过我们自己的改革深有体会。改革以来，人的积极性同改革前比，其变化天翻地覆。改革的前15年通过放权让利，使人们追求利益，激励起到了非常大的作用。但也存在问题，主要有两个：第一个问题是，很多办法是临时性的，并不规范。比如，当时财政搞了承包制，承包制的目的是为了提高地方积极性，也确实提高了地方的积极性。但是它的问题在于需要不断地重新谈判。第二个问题是，光有激励还不够，还要有约束。下面要讲的就是关于约束的问题。

三、约束

20世纪80年代，我们搞放权让利，提供了很多激励，但同时出现了所谓“包盈不包亏”。仅有激励没有约束是不行的。在市场经济中，不仅有激励也有约束和纪律。约束问题在简单的生产活动中是非常明确的——你只能花你有的钱，亏了钱自己要负责。但是，现代市场经济日益复杂，政府的作用加大，有很多机构投资者，债务关系普遍，税收关系复杂，等等，这就使得约束问题、纪律问题变得不那么简单明了。现代经济学讨论的“道德风险”问题，就包含了两个方面：正向激励和负向激励，后者指的往往是约束。权力要受到制约，人对决策后果要负责任，预算要硬。在这方面科尔奈教授做了非常大的贡献。他认为计划经济的失败不仅仅是因为计划水平不高，领导人不够聪明或者其他因素，最大的问题在于所有决策都集中到中央以后，就不可能给个人或下级组织以硬约束，都是软预算约束，这才是计划经济失败的主要原因。同时他指出，现代市场经济中，在政府干预非常强烈的情况下，照样会有软预算约束，而软预算约束造成某人做决策时可以不对其财务后果负责，因为一旦决策者做了错误决策，总有其他的人或机构把他解救出来，为他弥补损失。计划经济有大量错误投资，但之所以能沿袭下去，是因为亏本以后国家给补贴，或者再追加贷款，或者通过其他办法救助。在人们对这些有预期以后，可以对任何决策根本不负责任。因此，软预算约束的后果是十分严重的。

约束的核心问题是承诺的可信问题。事先任何人都会说预算是硬的，但问题的实质是既成事实之后会怎么样：约束是否可信要看事后项目不好是否会下马和企业经营不善是否会关闭甚至破产。那么，这又是由什么决定的呢？研究发现有多方面原因。第一，施加约束的人和机构的目标和动机。如果政府在乎就业或有其他的政治动机而非纯经济考虑，那么政府就更可能事后软化约束。第二，权力的结构。如果某人或机构的权力过大，他就有能力在事后重新谈判，这就导致约束软化。第三，资源的集中程度。当某人或机构控制的资金太多时，资金使用的灵活性会导致对他人预算约束的软化。

第四，信息的集中程度。信息多有时会使约束软化。基本原因是事后信息多使得事后交易成本下降，从而使得事后重新谈判的空间增大，这又使得事先制定约束容易被改变。约束的可信性由多方因素决定，如动机、权力、资源和信息。研究表明，政府的政治动机往往使经济约束软化。研究也表明，权力、财力和信息的过于集中也会使预算约束软化。

因此，有效的约束要通过适当的制度安排来实现。我们在此分析一下“债转股”问题。破产法是市场经济中的重要制度，其内容之一就是通过权力转移的安排使得约束可信。事实上，企业债务比企业股本对企业的行为更有约束力。这是因为举债企业必须定期支付利息，如果付不出，企业就会破产，其控制权将转移到贷款人手中。在这种压力下，企业经理会努力工作。但是企业发股本的红利则是软性的，即使不发也不会导致破产，这样对经理的威胁就小。因此，债务是提高对企业约束力的重要机制。用这个观点看目前的“债转股”，就会发现这可能导致企业约束软化，因为企业经理的付息压力在债转股后会降低。我们应对此后果有清醒的认识。

讲防范金融风险，我们有一个趋势是拼命把小的金融机构合并成大的，却不知道这一做法正是走向软化约束和提高金融风险。因为机构越大，就越难强调纪律、强调处罚、给予关闭，因为这样往往造成较大的社会后果。不错，小的机构容易倒闭，正因为如此，它的约束机制往往比大的要硬得多。如果金融机构比较分散，银行也不是特别大，破产的社会成本并不高。由于事先知道破产的成本不高，所以让它破产或整顿时，这个承诺是可信的，所以人们才很当一回事。如果把所有小的全都关了，都变成几个大的了，则会出现所谓的大而不倒（too big to fail）。如果是这样的话，潜在风险是极大的。因为在约束软化的情况下，大金融机构更容易积累问题。

一旦崩溃，对整个经济的危害是致命的。因此合并金融机构反而会增加金融风险。

这些年来一直强调纪律和约束，这是正确的，跟改革的前15年相比是一大进步。然而，也要注意两个问题：一是对激励仍然要强调，不把调动积极性作为经济发展的根本，将是危险的。二是讲约束要着重在机制上。加强纪律和监督是必要的，但从体制上讲，很重要的一条是要避免资源的管理过分集中。

总之，激励和约束都是市场经济中非常本质的机制，在有效资源配置背后起根本性作用。产权也好，公司治理结构也好，最终还是为了要提供非常强有力的激励机制，同时对决策人提供约束机制。激励起“发动机”的作用，约束起“刹车”的作用。这两者缺一不可，但不是对称的。在当前情况下，纪律约束应该继续加强，但是，“债转股”有使企业财务约束转弱的倾向。金融风险要继续防范，但不能靠以小并大解决。

四、 竞争的作用

竞争在市场经济中起基本作用。在资源配置模型里，没有充分竞争就会出现价格扭曲，导致效率低下。极端的例子是垄断，垄断导致价格扭曲。如果是从激励和约束的角度看，竞争还有更深刻的意义。熊彼特认为，资本主义的本质是一种创造性毁灭。发现新的产品就会有超额回报，由此推动经济发展。竞争和激励与约束是相互作用的。比如说，现在你有一个产品，我可以发明比你更好的，发明更好的产品以后，我就可以占领市场，我的回报就会很高。这样竞争就提供了激励。竞争另一方面也提供约束。我如果不好好干，保持现状，以为自己是老大，当别人进入以后，我就会失去很多的市场份额。对我来讲，竞争是非常强的纪律，容不得偷懒。不是赚更多钱的问题，而是落后就会被淘汰出局的问题。所以竞争对我是一种约束。约束也可以被认为是负激励。为什么是负激励？因为如果不这么干的话，我就被人吃掉了，就出局了。所以在这种意义下，竞争就使得约束更加厉害。正如希克斯所说的，垄断者最大的受益是安宁的日子。

竞争可以使约束变得可信。对垄断企业来说，再加强纪律，要求它保证上交多少，可能都是一句空话！因为非他莫属呀。只有在竞争环境下，关闭的威胁才是真实的。只有允许进入，才使得惩罚失败者的机制变得可信，不然是不可信的。如果全国只有一家电话公司，没有第二家进来，惩罚是不可信的。比如国内开始实行的“政府采购”制度，道理是一样的，要有不同的货源，只向一家买，成本再高也得买。政府必须同时有几家供挑选，哪怕其他家技术上不如你的，也要在那里采购一些，这才对你构成潜在的威胁，不然的话，你可以偷懒。

这里需要说一说所谓重复建设的问题。在某种意义上说，没有重复建设就没有市场经济，重复建设是竞争的基础。去看看硅谷，有成百上千家计算机公司，这样才形成竞争。没有重复建设的话，就不可能对任何已有的企业形成威慑力。在美国，商业网点早已饱和，但又出现了各种各样仓储式的网点。像书店早就有了，可又出现“亚马逊”。但是这种重复建设不是简单的“复制”，而往往是有一点跟别人不一样，或者比别人的价格低，或者质量、性能比别人的好。为什么会有这种良性循环的“重复建设”呢？根源就在于企业的预算是硬的。硅谷每年有几百家新的企业出现，但同时也有几百家企业破产、关闭，这就是淘汰机制，这就是市场经济的约束机制。重复建设之所以成为我们关注的焦点，问题的本质在于计划体制下投资主体是政府部门或地方政府，它们受软预算约束。所以在软预算约束没有得到根治的同时，中央政府只好限制地方政府、部门或企业上项目，在这个意义上有一定道理。

但是这样限制重复建设治标不治本。这会形成恶性循环：给定没有可信的破产机制，你就必须限制重复建设；你限制了重复建设就限制了竞争；没有了竞争又反过来使约束硬化不可信，激励也不可信。所以就走进了死胡同。这是计划经济的通病。解决这个问题，临时办法是下项目。但这不能解决根本问题，根本是要有一套很好的激励、约束、竞争机制，这是问题的本质。而一旦这个机制建立了，市场经济应有很多重复建设，大量的进入和大量的退出，最后剩下的才是真正效益高的企业。对什么是市场经济，什么是问题症结所在，我们需要有一个比较深刻的理解，而不应该仍然用计划经济的看法、办法来向市场经济过渡。

五、 总结

对市场机制的理解不应当仅局限于资源配置，虽然它十分重要。我们还应该看到供给与需求背后的激励和约束机制，这是市场经济为什么有活力的根本原因。

当前，激励和约束都应该强调。我们改革历史中前 15 年通过放权让利的形式，调动人的积极性是应该肯定的。在过去 5 年中，对金融约束的加强也是应该肯定的。但是在这两个阶段都有偏颇。在改革的前 15 年缺乏对约束的强调；在过去的 5 年，比较偏颇地强调管理和约束，对激励没有给予充分的重视。放权让利的方向没有错，第一调动积极性是对的，第二在当时有一定的局限性。当时连市场经济的目标都没有确定，还能谈什么规范化呢？现在我们应该搞规范化、制度化，但是其目的有二：一要调动积极性，二要建立约束机制，抛开这两个中的任何一个都不行。

在当前，经济不景气时特别应当关注激励问题。可是近年来，一些部委打着规范化旗号不知创造了多少个资格证和许可证。电视台是从正面报道的，可我觉得这是很有问题的。有些证是应该的，但大多数的证纯属限制竞争和“设租”，限制人的经济自由，扼杀积极性。盖茨和乔布斯都是中学毕业，如果都要工程师证的话，还有没有今天的微软和苹果呢？所以在这个意义上讲，我觉得认识到调动人的积极性，给人经济决策的自主权是非常重要的。还是那句老话——人民群众当中蕴藏着无限的积极性。窒息我们经济发展的关键是我们自己的思想，是我们干部的思维方式。

我国20年来经济搞得好，一是归于稳定，二是归于调动人的积极性，给地方政府、企业和个人非常大的激励。我们不能否认这个本质上的东西，应该在这个基础上进行改进，很多东西应该规范化，但不能本末倒置。搞规范化也好，搞制度化也好，是为了调动人的积极性和为了人对其经济行为负责。我们对市场经济的理解还有很长的路要走，不能说我们确定了要搞社会主义市场经济，就大功告成了。事实上市场经济有运行得好的，也有运行得糟的。重要的是看那个经济有没有激励，有没有很好的约束机制，是不是有竞争的环境。这就涉及一系列深刻的问题，诸如经济决策过程是分散的还是集中的；政府和市场的关系；政府干预市场的形式；等等。目前我国的经济改革已经走到了这样一个阶段，我们必须对这些深层次的问题加以思索，从而对市场体制有较为完整准确的理解。

目标与过程

原编者按：本刊编辑准备了一些问题专访钱颖一教授——一位多年来活跃于比较制度分析和转轨经济研究领域的经济学家，我们的问题涉及回顾观察中东欧和中国的转轨经济，可以得出一些什么样的阶段性理论。运用政治经济学和经济学理论前沿的框架来比较转轨的改革道路，向中国经济学界以及关心转轨经济发展的读者做一个比较有深度的评介，同时在此基础上谈谈中国当前最重要的是做什么。

一、 值得关注的三个地区

中国的改革开放走过了两个10年，在中国进入经济改革的第三个10年的时候，世界上有三个地区的经验或教训对中国来说是特别值得关注的：一个是发达的资本主义市场经济，领头的当然是美国。除了市场和资金以外，它们拥有最领先的技术，特别是在信息和知识方面。在美国近年来信息工业飞速发展、持续增长的同时，还没

---

* 原载于《经济社会体制比较》，1999年第2期。

有通货膨胀，这一块值得研究。

第二个和我们休戚与共的地区是亚洲，特别是亚洲金融危机给经济学提供了无穷的研究源泉。比如在我们周边国家中，印度尼西亚是人口较多的，它是世界第四人口大国。在过去的30年里，印度尼西亚是世界银行推举的发展样板，成绩确实显著真实，它在减少贫困方面甚至做得比中国还好。这样的国家可以毁于一旦，不仅在经济上倒退，在政治上也处于很不稳定的状态。再比如日本，它在20世纪80年代的发展令美国人瞠目，现在却陷入10年衰退，这也值得研究。

第三大块跟我们有直接关系的，就是所谓的转轨国家，转轨国家有30个左右，人口占世界的三分之一。它们与我们过去有着相同的体制，我们的改革受到过东欧国家早期改革的启发，而我们与其他转轨国家在向市场经济转轨的过程中也是一种竞争关系，应该注意总结它们的经验和教训。俄罗斯的危机也可以让我们学习到很多经验和教训。

我想重点围绕转轨经济来讨论。

二、 转轨经济的基本情况

中国的改革已经有20年了，东欧国家的改革从1989年算起，也有近10年了。这些年这些国家的发展到底是怎样的过程，人们是怎么看待这些问题的？一年前（写作本文前）有些人说，东欧国家的转轨很快就结束了，但1998年8月份俄罗斯的丘拜斯说，“过去我们以为向市场经济转轨需要四五年，最多需要八年，现在看来是不对的，俄罗斯的转轨需要几十年。”的确，转轨还需要相当长的时间。

从计划经济向市场经济的转轨经济有大约 30 个欧亚国家，涉及世界人口的三分之一。按人口分，最大的五个转轨经济国家是：中国（12 亿），俄罗斯（1.5 亿），越南（7 000 万），乌克兰（5 000 万），以及波兰（4 000 万）。其他国家均不足 2 500 万人。从 GDP 来看，最大的三个转轨经济国家，第一是中国，第二是俄罗斯，第三是波兰。这三个国家是非常有代表性的，因为它们分别位于三个有代表性的地理区域：亚洲，前苏联各加盟共和国，以及中东欧各国。到目前为止，从经济增长率来看，表现最好的转轨经济国家是中国，而东欧转轨经济中表现最好的是波兰。到 1997 年，波兰是所有东欧转轨国家中唯一的按官方统计的 GDP 恢复并超过 1989 年水平的国家，其他国家仍然低于 1989 年水平。俄罗斯的表现相当不理想，虽然还有比俄罗斯差的国家，但俄罗斯是一个大国，它在 1997 年本来已有一些起色，却在 1998 年和 1999 年又出现负增长。这是转轨国家的基本概况。

三、 最近转轨经济研究中的变化

在过去的一两年里，对转轨经济的研究发生了一个基本变化，由过去简单的公式化转轨即诸如稳定化、自由化和私有化转向关注制度建设，以及分析制度的影响。有的人把前面的这种认识说成是“华盛顿共识”，把后者说成是“后华盛顿共识”，这是一种说法，并非所有人都接受这种说法。从简单的“三化”公式转变为注重制度建设和微观改善，很大一部分原因是人们观察到东欧国家，包括苏联，虽然过去都按照这“三化”做了，结果表现却低于期望，特别是俄罗斯，问题成堆。于是人们开始怀疑，所谓的“华盛顿共识”可能存在毛病，至少这些条件是不充分的，不足够的。

这种经济学的传统认知出了什么错？经济学家可能犯了两个基本错误。

四、 传统经济思想的第一个基本失误

关于现实市场经济是如何运行的，经济学家的认识有根本上的缺陷。

经济学家在谈到向市场经济转轨的时候，都以为他们很懂市场经济是如何运作的。但是事实上经济学在解释价格机制运行方面有非常好的研究，相对而言，在制度作用、激励机制、政治经济学影响和历史的作用方面，特别是历史为什么与现在和未来是相关的，直到最近才开始理论上的研究。所以，有的经济史学家说，经济学家以为他们知道市场经济是如何运作的，但实际上他们的知识很有限。在很大程度上，绝大多数经济学家视这些制度为当然。也许经济史学家除外，比如诺思在 1997 年的文章中说："只有少数西方经济学家认识到创造市场所必需的制度条件，因为其他人简单地视制度为当然。"例如，阿罗－德布鲁一般均衡模型就没有信息不对称，并假设了私有产权的前提。哥伦比亚大学米什金教授的那本金融与银行业的教科书，是每一个学金融和银行的本科生都要学的，但是这本书直到最近一版才加进道德风险导致金融危机的问题。我在 1998 年 9 月份参加了一个研讨会，会上大家向米什金提出此问题，为什么这么流行的书直到最新的版本才加进金融危机和道德风险等问题，他的回答是："我也是刚学会的。"在市场经济里，许多交易的完成是需要靠一系列法律的力量来保障或实施的。然而，在绝大多数情况下无须打官司，因为法律的威慑力量已经足够了。在对策论中称之为"均衡之外"的路径，你不会走到那里，因为你知道如

果走到那一点，你就违反了法律，就会有人告你，所以一定程度上人们不做违法的事。在正常运作的市场经济里，人们不会意识到这有多重要，但实际上它非常重要。而对于转轨经济国家，你不能假定这些隐含的制度自然存在，所谓“转轨”就是要创造这些制度，支持许多常常未予觉察的“均衡之外”的“点”。确实，在转轨经济里是不存在这样的法律制度的。虽然在1990年，萨默斯（Lawrence Summers）和费希尔（Stanley Fisher）写的文章曾说过，转轨需要法治等等，但对制度的作用没有给予足够的重视确是事实。经济学家要么忽视了制度的重要性，要么特别天真地认为，这些市场经济的制度会自然而然地产生。比如萨克斯（Jeffrey Sachs）曾经说过：“一旦中央计划经济的官僚们腾出了场地，市场经济就会自然萌发。”

遗憾的是，市场经济没能“破字当头，立在其中”。事后大家来检讨，为什么像俄罗斯、捷克等国家，稳定化做了，自由化做了，私有化也做了，却没有获得预想的成功？现在许多人都认识到当时经济学家确实对制度建立重视不够。

五、 传统经济思想的第二个基本失误

第二个重要的失误是相当多的经济学家混淆了最终目标与转轨过程。

如果忽视制度建设的重要性，目标与过程混淆是非常自然的。自由化、稳定化和明确的产权制度化全是最终目标。前面讲到，我们对最终目标的认识是有欠缺的，即使你对目标完全清楚，也还有一个过渡问题，怎么达成目标？麻省理工学院的经济学家索洛（Robert Solow）1990年时曾说，没有人告诉你转轨应该怎么走。哈

佛大学的弗里曼（Richard Freeman）说，制度在成熟市场经济中的作用我们都弄不清楚，在转轨经济中，怎么建立这些制度我们就更不清楚了。所以，哪怕经济学家确切地知道目标在哪里，但是，如何到达那里是另一个问题。可惜，绝大多数西方的经济学家认为他们知道，他们的建议都是关于“目标是什么”而不是关于怎样达到目标。比如萨克斯的书名就是“波兰跳跃到市场经济”，所谓“跳跃”就是没有过程的。

这个问题之所以重要，是因为人们对转轨的衡量标准都是用最终目标来做贴标签式的评判，其方法是“非黑即白”。只要你做的事情与美国的经济模式相比有差距，就是不够正确的。我认为这就大有问题。比如只要一国在关税、资本流动等方面的开放程度不如美国，不是他们心中的理想模型，就一概被视为不行。许多人受这种思维方式的影响，不能认识制度变迁在过渡过程中与目标相比一定是不完美的。他们不研究转轨的细节，不知道在转轨过程中“过渡”与目标的一个主要区别是会有许多“次优”选择，既然是“次优”就会有很多不完美的地方。而恰恰是这些次优选择在转轨体制中往往能发挥重要作用，因为它们反映了起点是扭曲的，过渡是在制度不完善、政治妥协和历史延续中进行的。相反，看上去完美的东西，也许带来的是不好的结果，因为其他制度没有建立。但是，大多数经济学家不仅忽视它们，而且因为它们的不完善而批评它们。

以上两个失误合起来使这些经济学家可以被称为“天真的资本主义改革者”。“天真的资本主义改革者”带来的问题使许多转轨经济受到损害。

六、 天真的资本主义改革者

有趣的是，科尔奈（János Kornai）在 20 世纪七八十年代批评过东欧国家的“天真的社会主义改革者”，他们认为只要取消了直接命令式的计划经济，而以间接调节取代，就可以模拟市场，即国内经济学家都知道的所谓从1A到1B。既不要市场价格，也不要所有制改革，只要模拟市场。他说自己在50年代也是一个“天真的社会主义改革者”，匈牙利的改革证明这条路是走不通的，东欧国家早先的改革尝试失败了。从这个意义上说，“天真的社会主义改革者”与“天真的资本主义改革者”都没有给东欧国家和苏联的改革带来太大的成果。

在东欧，波兰是一颗明星。一些波兰经济学家认为，其原因正是1993年起波兰放弃了“休克”疗法。当然还有另一派观点。按照最乐观的估计，20世纪末大多数转轨国家都不会恢复到1989年的水平。例外的是波罗的海沿岸的几个小国家和波兰、匈牙利等积极加入欧盟的国家，而多数国家，包括苏联的绝大多数加盟共和国以及保加利亚、罗马尼亚等，经济上依然非常衰弱。所以不能把波兰一个国家拎出来就说转轨成功了。转轨国家作为一个整体来看，成功还早着呢！这些年来的转轨成本相当高，现在来责备什么人或抱怨并无大的意义。当然，历史不可逆转，现在重要的是我们需要很认真的反思。

七、 对失误的反思

为什么会有这样的失误，会有这样的问题？为什么经济学家错了？

总结一下，尽管事实上经济学家的知识有限，但多数提供政策指导的西方经济学家觉得他们有答案，他们认为转轨是很简单的。更糟的是，东欧转轨经济中的改革者真的相信“顾问”有答案。只要他们告诉转轨国家的改革者转向市场经济的灵丹妙药，改革就能一蹴而就。事实证明这是危险的，一边是有人自己觉得有答案，一边是其他人觉得西方真的有答案。

然而，我不同意“阴谋论”的说法。经济学家包括大多数知识分子的最大利益，往往并不是“钱”，也不是政治利益，而是他们的“信仰”，即一辈子相信的“理论”，他们要捍卫与之相处终生都感到舒坦的理论，如果事实证明他们错了，那将是他们不可忍受的痛苦。比如，20 世纪 80 年代日本的经济发展使很多人感到不舒服。哈佛大学的魏茨曼（Martin Weitzman）就说过，日本的经济发展挑战了本来完美的西方经济理论。当日本经济在 90 年代陷入困境时，他们不见得幸灾乐祸，但是他们是那么舒畅，因为他们终于可以说：你看！我们的理论还是对的。对于东欧国家的转轨经济也是如此，经济运行只能是一种模式，按照我说的一定对，如果没有按他的做又取得了成功，就会使他们很不舒服。中国是其中让他们特别不舒服的一个重要例子。

除此之外，当然也有意识形态的原因。有些人是首先要问“姓资姓社”的，有些人真的“宁要资本主义的草，不要社会主义的苗”。英国《经济学人》杂志是一个非常典型的例子。它认为前几年所有俄罗斯做的都是好的，任何中国做的都是不对的。俄罗斯通货膨胀控制到每月百分之十几是伟大的成就，而中国通货膨胀在每年百分之十几就是非常糟的。它批评中国不敢搞私有化是因为害怕失业，说应该看看俄罗斯，俄罗斯的私有化做得好，好得都没有失业，它不知道这恰恰是俄罗斯私有化带来的内部人控制问题。

经济学家对一小套在正常条件下被证明有力的理论过于有信心，例如价格理论。他们把这些理论视为“经济学常识”。然而，它们恐怕只是在最终目标上是常识，在转轨时期则不是。例如，在软预算约束的条件下，提高价格就会降低需求并不正确，尽管它被称为常识。

但是，经济学家从“政治因素”那里找到了安慰。经济学家有一个“解释”其政策建议没能达到预期结果的简单方法，那就是“愚蠢的政治”。经济学从来不会错，只有政治会错——或者因为反对改革的保守派，或者因为改革者做出太多让步以致犯了错误。政治经济学教授温加斯特曾说过，有讽刺意味的是，经济学家要人们在经济决策时追求自我利益，在政治决策时则别这样。

八、 对中国改革的看法

虽然中国的改革和转轨受到了一些关注，但对于许多经济学家来说，他们对中国的改革成功不能理解。抛开意识形态不论，中国的成功与已有理论的许多方面相违背。面对中国的成绩，他们的反应是什么呢?

第一，是数据错了。中国的增长被高估了，东欧国家的衰退也被夸大了。这里隐含的是理论不会错，一定是数据错了。俄罗斯衰退的数据是不对的，因为有很多增长的因素没有被统计进去，因为改革前计划经济的成就是高估的。中国的经济增长数据一定被夸大了，通货膨胀的数据是被低估的，增长的数据是被高估的。

第二，虽然中国改革取得了成就，但因为中国是一个贫穷的农业国，因此改革比东欧国家容易，甚至说中国是发展问题，不是转轨问题。

第三，中国的高增长源于农业和出口，没什么了不起的，与其他东亚经济一样，中国没有教给我们新东西。

第四，中国虽然做得不错，但是本来可以做得更好，如果中国听从西方的建议，比如早早开始私有化，现在搞得一定更好。

第五，中国的成绩是不能维持的，早晚要崩溃，或已经到了崩溃的边缘。

九、 转轨理论的新认识

但是，也有一些人看到了中国改革对主流经济学理论的挑战。比如改革启动时利用已有的体制为市场服务，特别注重试验，注重照顾各方面的利益，争取社会的支持等，很多方面都是非常实用的。又比如中国不是先讲“破”，在“破”之前就注意到要“立”，确实与其他转轨国家的想法不一样。有些人认为中国的经验不容忽视。把中国、俄罗斯和波兰这三个最大的转轨经济国家放在一起研究，“天真的资本主义改革者”的许多观点正受到越来越多的质疑。

但是，我要强调的是，我们并不是要回到国家干预的“国家发展论”。那种市场与政府相互替代，大政府还是小政府，或资本主义还是社会主义的简单分析的阶段已经过去了。重要的是应该更注重制度建设和转轨次序。转轨经济理论的新认识指的是，必须弥补被“华盛顿共识”忽视的三个方面：

第一是制度的作用。第二是政治经济学，所谓对改革的政治或社会的支持，说的是改革需要得到人民的拥护，各种利益集团的利益在改革中不受太大的损害。经济学家只看效率，看“饼”有多大，而不管分配。政治支持指的是不仅看“饼”有多大，而且每个人得到的那一块不能减少。如果减少，就会有人反对，改革的起步就得不到支持。俄罗斯就是实例，接受国际货币基金组织的援助，条件是还给西方银行家钱，缩减国内支付，这导致国内工人的工资水平降低，这在政治上就没有得到支持，这样的改革就要失败。第三是历史的作用，即路径依赖。一国的历史是很重要的，转轨要考虑历史条件和状况，波兰与俄罗斯不一样，中国与别国也不一样，经济学家老是认为经济学是全球通用的，放之四海而皆准。原则上是这样的，但是具体做法不一定。目前这三点越来越受到学者的注意。

可以看到，我绝对不能认同从新自由派转到国家干预派的看法，而是要在分析中加进这三点：制度、政治经济学和历史的作用。

十、回顾：从“次优”角度看中国改革历程

对中国的评价是两个极端，一种认为中国很糟糕，因为你把中国的任何一个方面与理想状态比较都相距甚远。比如中国的乡镇企业、集体企业与公司制相比，是很不规范的。还有一种认为中国的改革很有特色，就得这么干。持这种观点者没有看到实际上中国的情况是一个过程，过程中的东西有一定作用，但是不能停留在这里，应该继续往前走。所以我更期望的是第三种观点。中国一开始对制度很重视，很多制度有它的次优性，次优性包括了两个含义：第一个含义是给定你的起点，给定你当时的许多限制，你这样的安排是有相当大的改进和相当大的道理在其中的（第二个含义我们在后面要谈到）。让我来举几个例子。

第一个例子是乡村集体企业。从所有制上说，它既不是私有企业也不是国有企业，而且产权也不规范，却填补了空白，对经济增长起到了非常大的作用。第二个例子是中国对金融的管制，对利率的控制，银行业不许自由进入。中国对工业企业的进入非常宽容，但对金融控制得很严，这对中国的转轨其实起了非常大的作用。俄罗斯收不上税，中国也收不上税，但由于中国对金融控制得很严，而且奉行低通货膨胀政策，人们不交税，但是把钱都存在银行里了。

我们虽然批评银行干了许多财政的事，但从经济整体上看，却正因此保证了中国财政和金融的稳定性，虽然这样的体制没有效率。俄罗斯就是因为财政金融的崩溃而产生危机的。第三个例子是中国的价格双轨制，遭到很多人的批评。双轨制作为过渡性措施的最大好处就是赢得了政治支持。中国政府的领导人当时说，“我要照顾各方面的利益”，这保证了既得利益不受到特别大的损害，因此比较容易启动，市场的一轨放开了，一下子就走到了匈牙利前面。匈牙利搞了那么多年，始终没有市场那一轨出来。双轨制虽然在经济上会有不少问题产生，但为了获取政治支持很快出台了，当然很重要的是要赶快并轨。第四个例子是很多人批评的财政承包制。确实，财政承包与理想的分税制有很大差别，但你要想一想：20 世纪 70 年代末是“大锅饭”体制，为了保证中央的财政收入，调动地方的积极性，改变地方政府行为，财政承包是起了非常大的作用的。一些研究东欧国家、俄罗斯转轨的学者，对其他的中国经验都不承认，但对财政承包调动地方积极性相当肯定。俄罗斯的地方政府没有积极性，仍然是统收统支，中国的地方政府就对发展有积极性，为什么？作为一个过渡性的办法，财政承包对刺激积极性有很大的帮助。

考虑上面的四个例子，没有任何一个传统的经济学家会在 20 年前指导中国做其中的任何一项改革，回过头来看，这几项改革措施保持了稳定，保证了改革得到广泛支持，促进了经济增长。总而言之，制度上的功劳是第一位的。

十一、展望：市场经济的目标和进一步改革

然而，现在我要说的是，这些措施都是次优的，不是最优的，这就是次优性的第二个含义。在当前中国的条件下，情况发生了变

化，如果我们对社会主义市场经济的目标是认同的，中国就必须继续改革，完成向市场经济体制的转轨。下一步改革的内容是什么？我以为，刻不容缓的是推动建立一个法治的基础，市场经济必须建立在一个规范的基础上才能最好地运行，才能达到与国际接轨。我不认为中国应该停顿，比如乡镇企业就是最好的公司治理结构吗？我认为不是。双轨制已经结束了，但是许多市场依然是很不自由的，不开放的，金融体制的效率很低，虽然我们抵御了亚洲金融危机，但实际上金融体系在本质上是脆弱的。这些改革是深层次的，国内叫改革攻坚战，如果把这看成是一个过程，其实 1994 年的几项改革已经朝这一方向做了。但是还不够。有些方面还有倒退的倾向，误认为规范化就是管制，误认为次优的办法是最优的办法。改革 20 年的放权让利、调动地方积极性原则是正确的，没有错，起步的时候没有办法规范，现在要做的是建立法治，改变那种经常谈判的基础。市场经济的基本原则是分散决策，毛泽东最大的遗产是从来都强调调动地方积极性，事情要让省里去办。中国的改革大大得益于地方的积极性。

其实中共十五大报告里花了非常大的篇幅讲法治。法治的约束有两层含义：一是约束政府干预；二是约束个人和企业在生产和交易中的行为。首先，政府的行为应该受到约束，比如我们老讲“乱收费”，这就是很好的例子，没有约束，政府对各种新兴企业肆无忌惮的骚扰就会阻碍经济发展。解决的办法不是靠收权，不是地方的费变成中央的税就行了，而是要按照法律的基础给地方应有的收税权利。再比如对中小企业的支持，对腐败的惩治，增加透明度，等等，这些说法都是与政府的约束连在一起的。有行政诉讼法，同时有法律的基础，乱收费就可以起诉，不然企业的账透明了，不是更容易被乱收费而白白拿走吗？所以第一条重要的是各级政府在经济行为上要有约束。第二条是政府在市场交易中扮演什么样的角色。比如政府的监督也好，规制也好，应该从支持市场的角度，而不是限制市场的角度定位。这就是比较制度分析中有关政府行为的“增进市场论”，而不是“国家推动发展论”。这是两种不同的看法，后者认为市场是混乱的，所以要管它；前者是为了让市场有效运作，所以政府施以一定的规则和约束。如何采取一整套措施使得政府能够增进市场作用，的确是非常大的挑战。

在许多人看来，中国现在已经从最困难的地方走了出来，离成功就差一步，当然这一步并不容易。所谓这一步就是把市场建立在坚实的法治基础上。现在许多措施方向是对的，比如不让军队从商、打击走私等。市场经济是靠两个东西运作的：一是约束，一是激励。这好比汽车的刹车和发动机，人没有约束，经济就会出轨；但是人没有激励，经济根本不会增长。后者比前者还基本。干得好要有回报，负盈也要负亏，这两条是缺一不可的。中共十五大报告的突出贡献是两条，外国都只报道了所有制改革的突破，其实非常大的突破是法治。在制度建设中占有重要地位的是法治的作用，这是中国经济改革往下走的重要保证。从法治的角度来讲，合同的订立、合同的履行以及公平的市场竞争、反垄断，都是极其重要的。顺便提一下，近来常看到所谓不正当竞争的问题，当价格下降时，各部纷纷出来限制最低价格，政府公开出面搞寡头价格，这是典型的政府破坏市场的行为，在市场经济中应是非法的。所以眼下最重要的是建立反垄断法。

我们要有远见，想到10年后比较规范的市场经济，不能丧失目标。在今后的10年里如果能大体建成基于法治的市场和效率高而不腐败的政府，那么，中国就真的转轨成功了！

第二部分

企业改革

企业理论

摘　要

本文将介绍的“企业理论”，是现代微观经济学的一个分支。它有以下特点：（1）近10年来发展迅速，是经济理论的前沿；（2）大部分论文的数学性较强；（3）与其他学科交叉，如公司金融、公司法及垄断法，等等；（4）多种学派争鸣。

企业理论始于20世纪30年代。科斯（Coase，1937）发表的论文《企业的本质》，及伯利和米恩斯（Berle and Means）1933年出版的《现代公司与私有财产》开了本领域研究的先河。70年代以来，这一领域重新活跃的学术原因有两个：一是交易成本学派在科斯影响下的发展，特别是威廉姆森的工作；二是微观经济学的基础理论，继一般均衡论后，在70年代的革命性突破，即以严格数学模型为基础的信息经济学（information economics）、激励理论（theory of incentives）、合同理论（theory of contracts）、委托代

---

* 原载于汤敏、茅于轼主编：《现代经济学前沿专题》，北京：商务印书馆，1989年。

理理论（principal-agent theory）的兴起。以上不同名称概指同一理论。

企业理论的研究对象是市场经济中的企业。主要内容包括四个方面：

1. 企业的本质和界限（the nature and limits of firm）。企业与市场的边界在哪里？决定两个企业合并的因素是什么？企业为什么不能无限制地合并？企业的定义是什么？企业所有权的经济含义是什么？在有现代大公司的经济中，这些都是极难回答的问题。因为一般地说，分权与集权各有利弊。

2. 企业内部的层级制（internal hierarchies）。在一个企业内部，如何有效地利用信息，激发雇员的积极性？如何设计竞赛、晋升规则？如何发放奖金？如何防止雇员合谋行为？这是内部组织结构设计问题。

3. 企业的资本结构（capital structure）。在企业的全部资本构成中，股票（equity）和债券（bond）的比例是如何决定的？它对经营者有何影响？特别是，破产的经济含义是什么？为什么破产有清算和重组的区别？最终的问题是：为什么要有破产？

4. 企业所有权与控制权的分离（separation of ownership and control）。这种分离既是现实，又是公司法的要求。在这种情况下，市场（资金市场、劳动力市场和产品市场）如何制约经营者？经理行为有何变化？不同类型的所有者的利益如何协调？

引 言

本文介绍的“企业理论”是研究在私有财产和市场经济条件下

的企业组织的理论。[①] 现代企业理论在近一二十年迅速发展，已经成为现代经济学的前沿和热门领域。正像任何新兴学科一样，企业理论至今还未形成一套公认的系统结构。为了使读者对这一领域有较全面、正确的了解，本文将扼要介绍这一理论的各个方面和各种不同学派。此外，在本文的附录中，还列出了详细的参考书目，供读者查阅。

我们假定读者熟悉经济学原理，比如读过萨缪尔森的《经济学》教科书；再假定读者也学习过中级微观经济学，比如亨德森和匡特的《微观经济学》教科书。我们从中可以注意到，传统的新古典微观经济学，无论是“局部均衡”理论，还是“一般均衡”理论，都是研究市场交易的理论，其主题是价格在平衡供求关系中的作用。为了这一目的，企业则被简化为一个假定——“使利润最大化”，正如消费者使效用最大化一样。在这种研究传统下，企业本身是一个“黑匣子”。

为了研究价格的作用，对企业做这种简化是十分必要的。并且，“使利润最大化”这一假定在某种程度上也比较符合市场经济的现实。但是，观察一下现实经济活动，我们就会发现，市场交易与价格调节只是人类组织经济活动的一种形式。即使在市场经济中，也有相当大部分的交易在企业内完成，而不是在市场上完成。因此，打开“企业”这个黑匣子，对我们认识多种形态的经济组织形式

---

① 在本文将“firm”一词译为“企业”，而通常译为“厂商”，它指的是市场经济中商业组织的基本单位。在中国，商业组织的基本单位是“企业”。由于在市场经济中并没有“厂商”以外的“企业”，在中国也没有“企业”以外的“厂商”，为了便于比较研究，本文把商业组织的基本单位概称为“企业”。读者应注意“企业”在不同经济体制下的不同含义。另一个与之密切相关的用语是“两权分离”。在市场经济中（在本文中），它指的是企业（firm）的所有权与控制权的分离；在中国，它指的是国有企业的所有权与经营权的分离。经营权只是控制权的一小部分，两者之间有重大区别。

（包括市场本身），有重要意义。这就是“企业理论”的任务。

在这里首先需要明确指出，我们介绍的企业理论是以自由市场经济的现实为基础的，它是一种实证的和描述的科学。因此，精确地说，这是私有财产下自由市场中的企业理论。对于生活在完全不同的经济体制下的中国读者，需要特别提醒。这是因为在西方学者的论文中一般不会明显列出体制上的假定。同样，本文所用的术语，如合同、企业、权威、市场等，都具有在某种体制下的确切含义，不应与另一体制下的相同名称相混淆。

一、 企业理论发展的 “历史”

我们不打算追溯企业理论发展的全部历史。对现代企业理论有重要和直接影响的第一篇论文是科斯在 20 世纪 30 年代发表的《企业的本质》一文。科斯认为，与市场通过合同形式完成交易不同，企业依靠权威在其内部完成交易。企业形成的原因，是为了减少市场交易费用，而把交易转移到企业内部。科斯的结论是，企业会扩大到如此程度，使得在企业内部再进行一次交易的费用等于同样的交易在市场上完成的费用。科斯的理论由此被称为“交易费用学派”。①

1972 年阿尔钦和德姆塞茨（Alchian and Demsetz，1972）发表的一篇论文也很有影响。尽管这两位学者深受科斯的影响，但他们在这篇论文中反对科斯有关企业具有“权威”特征的论点。他们认为在买卖物品的合同与雇佣劳动的合同之间并无区别，通过市场的交易与在企业内部的交易也无二致。他们提出，企业是一个班组，这

---

① 对“交易费用学派”的不同评介，参阅杨小凯和单伟建的文章。

是因为生产需要由多个人联合完成。在联合生产的条件下，每一个参加者都企图“搭便车”，因此需要有人监督，为使监督人有积极性，就必须把企业的剩余收入给他。这个获取剩余收入的人就是企业家，由此形成的生产方式便是资本主义生产方式。阿尔钦和德姆塞茨据此推断，资本主义生产方式比合伙（partnership）或合作（cooperatives）经营方式的效率要高。阿尔钦和德姆塞茨关于监督作用的观点对后来的研究有很大影响，但他们反对企业具有“权威”特征的观点不为多数经济学家接受。

谈到阿尔钦和德姆塞茨，就不能不提及他们代表的“产权”学派的观点。[①] 这个学派在20世纪70年代曾经流行。它强调产权定义的明确性，并把财产所有权等同于剩余收入索取权，同时，又把人的积极性同获得这种剩余收入索取权联系在一起。从上面介绍的阿尔钦和德姆塞茨关于企业的理论已可看出“产权”的思想。这个学派认定财产私有制度是经济效率的必要前提。

总的来说，交易费用学派的缺陷在于，交易费用的概念太含糊。交易费用可以解释为交易过程中的“阻力”带来的费用，这显然是不够的。另一方面，交易费用一词常被滥用，凡是解释不清的费用都被称为交易费用，这样一来，好像什么都能解释理论，实际上就不成其为理论了。因此，后人努力寻找真正的交易费用，从而进一步发展该理论。

除了交易费用学派外，阿罗的《组织的界限》对后来的企业理论也有较大影响（Arrow，1974）。阿罗认为，市场失灵使得企业（或其他组织）有存在的必要。市场失灵的原因很多，阿罗特别强调

---

① 关于“产权学派”，参阅 Furubotn and Pejovich（1972）以及 De Alessi（1983）的综述论文。

不完全信息带来的外部性。他认为企业组织内部的信息系统可以优于市场上的信息系统，但并没有对此给出令人满意的解释。

现代企业理论是在以上几位经济学家的思想影响下发展起来的。其转折点是微观经济学的基础研究在20世纪70年代由于引入不完全信息而产生的革命。这一革命的结果，产生了全新的微观经济学分支，它们被称为信息经济学、激励理论、合同理论或委托代理理论。这些理论一般都较为抽象，运用博弈论、统计决策论等数学工具，这里不做介绍。①

为什么微观经济学的这种基础研究会推动企业理论的发展呢？这是因为现代的经济学家对企业的看法是以自由“合同”为基础的。这种思想可以简述如下：现代化的生产要求人们分工从事专业化职业，这种专业化必然导致每人掌握不同的信息。由于人们之间的利益相互冲突，为了协调经济活动、取得高效率，经济组织形式的选取至关重要。在自由竞争的市场环境中，经济活动的组织不是靠政府的行政命令，而是在买卖双方平等的基础上，以自愿的签约形式来完成。企业的基础是多方的合同，而决定合同形式的核心是信息的分配。现代企业理论的基本假定是：在市场上观察到的合同形式，无论是明示的，还是隐含的，都可以看作是在给定信息约束条件下，使专业化生产要素间的交易费用极小化的某种反应。因此，如果某种交易在市场上完成的费用大于在企业内完成的费用，那么交易就会在企业内完成。也就是说，企业与市场是两种可自由选择的不同经济组织方式。②

---

① 关于这些理论，参阅参考文献中提到的论文，以及田国强的介绍文章。

② “市场”一词有两种含义，一是狭义的，即指买方与卖方以平等、独立身份的自觉交易。这是本文的用法。另一种是广义的，指市场机制或市场经济。举例来说，如果某一交易是在市场经济中同一企业内的两个部门之间进行的话，我们说这是非市场的交易（狭义），但它是市场机制下的交易（广义）。

现代企业理论按其内容可划分为四部分。（1）企业的本质和界限。企业与市场的界限在哪里？决定两企业合并的因素是什么？企业为什么不能无限制地合并？企业的定义是什么？企业所有权的经济含义是什么？等等。（2）企业内部的层级制。层级制的利弊在哪里？在企业内部如何有效地利用信息，激发雇员的积极性？比如，如何设计竞赛和晋升规则？如何发放奖金？等等。这是内部组织结构设计问题。（3）企业的资本结构。在企业全部资本构成中，股票和债券的比例如何确定？破产的经济含义与机制是什么？为什么破产有清算和重组的区别？为什么要有破产？（4）企业所有权与控制权的分离。在企业所有权与控制权分离的条件下，市场（资本市场、劳动力市场和产品市场）如何制约经营者？经理行为有何变化？所有者的利益如何得到保护？等等。以上内容，我们在下面分别介绍。

二、 企业的本质和界限

20 世纪 80 年代以来针对企业的本质和界限有三种不同的观点，概括如下：

1. “财产控制权”观点（control rights of assets）

财产控制权观点由交易费用学说演变而来。这里起承上启下作用的是威廉姆森（Williamson，1975，1985）的工作。威廉姆森在寻找市场交易费用时做了如下分析。假设买卖双方事前处于完全竞争的环境中。如果卖方的生产（或者买方的需求）需要某种专项投资，那么买卖双方在事后就被“拴”在一起。所谓专项投资，指的是投资不可再用于其他地方，比如大坝，它是不可挪作他用的专门化资产。如果合同是完备的，在产权明确的条件下，合同可以是最优的。

但是，合同很可能是不完备的，这是由于：比如人们事前不能准确预见将来发生的技术革新；制定详细的合同费用太高；有些指标无法描述清楚，如质量、合同履行的困难；等等。（完备合同是指包罗万象、面面俱到的合同，合同中明确规定合同各方在所有可能发生的情况和条件下的义务、责任和权利等。）在合同不完备的情况下，买卖双方的利益冲突不可能在事前都解决，有些事必须拖到事后再说。但事后双方并不处于完全竞争的环境之中了。比如，如果卖方已经做出大量专项投资，这就使得买方在事后的讨价还价能力提高。另一方面，卖方在事先就能预见这种情况发生，所以会减少事先的投资，或根本不投资。经过这一番分析，威廉姆森得出这样的结论：投资的减少是由于合同的不完备造成的市场交易费用。为了减少这一费用，买卖双方应该合并为一个企业。①

S. 格罗斯曼和哈特（Grossman and Hart，1986）发展了威廉姆森的上述想法。他们除了指明市场交易可能带来的费用（企业合并带来的效益）外，还分析了企业合并可能带来的费用。因此他们的理论是关于企业合并的完整的理论。S. 格罗斯曼和哈特从分析财产控制权入手。他们首先区别特定控制权与剩余控制权。② 前者指在合同中明确指定的那部分对财产的控制权。如果合同是完备的，那么特定控制权就包括了全部权利。如果合同是不完备的，那么，凡是合同中未经指定的权利都是剩余控制权，于是他们把这部分剩余控

① Klein、Crawford and Alchian（1978）也做了类似的分析。

② 具体地说，特定控制权指可以通过合同授予经理的经营权，包括日常的生产、销售、雇佣等权利。而剩余控制权往往包括战略性的大决策，如任命和解雇经理，决定经理报酬，决定重大投资、合并和拍卖等。法玛和詹森把企业决策过程分为四个部分：（1）起始；（2）批准；（3）执行；（4）监督。其中“起始”和“执行”称为“经营决策”，“批准”和“监督”称为“控制决策”。在公众持股公司中，经营决策权属于经理，控制决策权属于法人，即董事会。由此可以清楚地看出“经营权”与“控制权”的不同。

制权定义为“所有权”。[1] 企业甲与企业乙是分离的，意思是企业甲的所有者对企业甲的财产有剩余控制权，企业乙的所有者对企业乙的财产有剩余控制权。如果企业甲吞并了企业乙，则企业甲的所有者对企业甲和企业乙的财产都有剩余控制权，反之亦然。在他们的模型中，一方面，由于合同的不完备，按照威廉姆森的想法，事后的机会主义行为会引起事前投资的扭曲，这是企业分离的费用；另一方面，若企业甲吞并了企业乙，即企业甲的所有者对企业乙的财产有剩余控制权，那么企业乙原来的所有者就变成了企业甲的一个部门经理，他的积极性就不如从前，这是合并带来的费用。权衡这两种费用的大小，并由此确定在何种情况下企业甲与企业乙分离，或企业甲吞并企业乙，或企业乙吞并企业甲。这就是S. 格罗斯曼和哈特的以所有权的成本效益为核心的企业合并理论。值得注意的是，这个结论与科斯定理相矛盾，这是由于假定了不完备合同的缘故。（科斯定理：产权分配与效率无关。）

2. “议价费用”和“影响费用”的观点

罗伯茨和米尔格罗姆（Milgrom and Roberts，1987）对交易费用学派持批评态度。他们的想法更多地受到阿罗的影响，着重分析“市场失灵”的后果。首先，他们认为，如果无费用的短期合同可能的话，那么（长期）合同的不完备就不应成为低效率的原因。因此，市场交易费用，归根结底不是由合同的不完备造成的，而是由签订短期合同的费用造成的。罗伯茨和米尔格罗姆认为短期合同费用主

---

[1] “所有权”一词有多种不同含义。常见的有三种：（1）指对资本回报的权利，这是“产权学派”的定义；（2）指对实物财产的控制权，这是S. 格罗斯曼和哈特的定义；（3）指以上两者，即资本回报和控制权。如果我们采用上面的第一种定义，那么在这里，所有权与剩余控制权并没有分离，所讨论的是剩余控制权与特定控制权（经营权）的分离。在后面，我们要讨论公众持股公司中所有权与控制权的分离，与这里讲的剩余控制权与特定控制权（经营权）的分离是两回事，不要混淆。

要来自“市场失灵”，它包括三个方面的原因：第一，如果买卖双方在讨价还价的过程中可能出现多个均衡点，那么市场机制无法有效地选择最优的那一点作为结果；第二，信息度量费用；第三，不完全信息，如个人的真实偏好不为人知，因此双方都尽可能隐瞒自己的真实价值判断。这三个方面的原因合起来，便是市场交易的“议价费用”。

罗伯茨和米尔格罗姆又分析了企业作为一个中央集权组织的费用。他们首先把企业定义为这样的商业组织：（1）它具有中央机构，中央机构具有任意权力（discretionary power）；（2）它独立于任何其他具有任意权力的组织。[①] 在资本主义社会中，虽然政府和法庭也可以干预私有企业，但是私有财产制度使得政府或法庭不能像企业中央机构（总部）那样具有任意权力。这表现在当政府部门或法庭干预企业时，必须引用已有的法律条款为它们的干预做证明，比如政府因安全理由命令企业关闭。与此不同，企业经理有较大的任意权，比如他要开除工人，则不必引用任何法律条款。罗伯茨和米尔格罗姆认为，这种中央机构的存在会带来至少三种费用。第一，当人的权力增大后，他无法克制自己不干涉那些不应干涉的事情。除了为了个人利益以外，管理人员在心理上会觉得他不能不管，这好像是他的责任。第二，中央机构的决策人员绝非生活在真空中，他们需要依靠下级提供信息和建议才能做出决策。这样下级就会自觉不自觉地努力使他们向上传递的信息对自己有利，从而影响上级的决策。这就是所谓的“影响费用”（influence costs）。第三，腐败造成的费用——权力使人腐败是众所周知的。

① 按照这个定义，社会主义经济的全部国有部分在目前阶段也许只能算作一个企业。这是因为所有国有“企业”都有自己的上级，它们既不具有任意权力，也不独立于其他具有任意权力的组织。

在这三种费用中，罗伯茨和米尔格罗姆特别强调第二种费用，即“影响费用”。他们视其为具有任意权力的机构存在本身产生的费用。只要多个人有同一个上级，那么他们就会把相当多的精力花在“影响”上级决策上，从而使上级的决策扭曲。这种形式的竞争不仅是一种浪费，而且会产生极不利的后果。罗伯茨和米尔格罗姆的这一分析，与公共选择理论对“寻租”① 的分析一致。

3. **“声誉”观点**

声誉观点强调在合同不完备条件下买卖双方的调整过程。假定合同是不完备的。如果交易只进行一次的话，显然结果很难保证高效率。比如，如果买者先交钱，卖者可能会不交货；反之，如果卖者先交货，买者可能会不交钱。但是，如果买卖双方交易重复进行的话，这种情况可能就不会发生，因为“声誉”的损坏有损今后的利益。可见“声誉”对减少市场交易费用的作用。

克雷普斯（Kreps，1984）把上述想法进一步发展为一种企业形成的理论。克雷普斯认为，“声誉”的建立并不需要（其实也不可能）要求双方保持长久的交易关系。只要有一方是长期存在的，而其他人又可以观察到它的商业行为，就足以使“声誉”发挥作用。这时，任何人都可以与“长寿”的一方签订合同，表示接受“长寿”一方的权威指令。这时双方交易是有益的，而且另一方不必担心“长寿”一方会滥用权威，因为它会考虑到今后的声誉，这是无形财产。于是，这“长寿”的一方便定义为“企业”。所以企业的核心是声誉，它起减低市场交易费用的作用。

举一个例子来说明。“哈佛大学”是一个“长寿”的“企业”。哈佛的教授与大学签订合同，接受学校的权威。另一方面，哈佛的

---

① 关于“寻租”理论，参见 Buchanan、Tollison and Tullock（1980）。

学生也与大学签订合同，接受大学的权威。虽然双方（教授与学生）都不是“长寿”的，但他们知道“哈佛大学”要关心自己的声誉，所以让它行使权威是放心的。假如学生与教授直接在市场上签订合同，恐怕效率就不会高。

克雷普斯把“声誉”称为“公司文化”（corporate culture）。任何一个企业都努力在社会上建立自己的文化。特别值得注意的是，只有那些对资产具有剩余控制权的实体，才有可能建立起“声誉”。不具备这种剩余控制权的组织不可能建立“声誉”，因为外人无法确信这种组织能够左右自己的行为。在合同不完备的条件下，声誉对具有剩余控制权的实体来说是无形资产，可以大大降低由于市场投机行为带来的费用。

简而言之，20 世纪 80 年代三种有关企业的观点的共同基础是：合同是不可能完备的；在不完备合同条件下剩余控制权的配置方式影响交易费用；企业不同于市场是因为权威的存在；在权威下，市场式的议价消失，代之以上下级的代理人关系；这种代理人关系不可避免地会产生费用。最后，企业的形态是使这些费用最小化的结果。

三、 企业内部的层级制

除了个体户外，任何企业内部都有自己的结构。特别是大企业，高效率的生产要求企业能够有效地协调企业内部各部门的工作，调动全体雇员的积极性。与企业和企业之间的横向关系不同，企业内部的结构是一种金字塔式的层级制。

研究层级制的经济理论大致可分为两个领域。一是以层级制中所有成员具有共同目标函数为前提，研究最有效的传递信息和利用信息的方法，一般称为“协作理论”。举例来说，在确定性条件下，可以证明使用内部价格和使用数量作为信息传递工具是等价的。但是在不确定条件下，魏茨曼证明了在一定条件下，用价格作为控制变量优于用数量作为控制变量，但在另一条件下，相反的结果成立。

研究层级制的另一领域，假定层级制中成员的目标函数不一样，同时由于分工造成每人具有别人不知道的个人信息，研究最优的组织设计方案，使得每个成员都能最大限度地为企业的整体目标尽力。这就是激励理论。下面着重介绍这一理论应用于层级制的三个方面。

1. 企业内部的监督

新古典经济学通常假定劳动给人带来负效用。因此，假如劳动本身不受监督，或者从劳动的结果无法精确判断个人的贡献，人就不会努力工作。所以企业管理人员的重要职责是监督下级的工作。威廉姆森认为，企业越大，层级越多，上级对下级的监督就越困难，因此为监督企业内部职员偷懒支付的费用就越高。所以企业不能无限地扩大。

监督与奖惩是联系在一起的。没有有效的奖惩结构，监督的作用就会减低。卡尔沃和威利兹（Calvo and Wellisz，1978，1979）建立了下面的模型。假定层级制具有树状结构。我们可以设想这个结构的第一层是工人，第二层是车间主任，第三层是公司经理，第四层（最高层）是股东。假定层级制的最高层只有一人，他是企业的所有者，他的目标是使企业利润最大化。我们假定他努力工作，不需要他人监督。但是，在最高层次下的所有人都认为工作有负效用，因此不监督的话他们就不会工作。每一层管理人员（除最下层外）的工作是监督下一层他所管辖下的人的工作，而他们的工作则被上一层管理人员监督。模型还假定只有最下层的人从事直接的产品生产。模型要研究的是：什么是最优的层级制？其中包括层级数量，每人管辖的范围和奖惩的大小。

在这个模型中，如果惩罚可以是无限的（比如一旦发现怠工就枪毙），那么在均衡点上就不会有人怠工。枪毙作为一种可信的威胁就足以保障最优的结果，即使在均衡点不枪毙任何人。但是在实际生活中，这种威胁是不可信的。因此我们需要假定惩罚是有限的，比如发现怠工最多就是开除。在这个条件下，卡尔沃和威利兹证明了，在均衡点上，尽管每个人的努力状况都一样，但是职位越高的人应获得越高的收入。这是因为，如果较高层的人员怠工，他下面的所有人员都会怠工，损失就较大。

2. 企业内部的竞赛

评比竞赛或锦标赛是企业内部常用的激励方法，比如评选“最佳工作者”，评选“一等奖”，等等。这种激励方式同计件奖金制不同。在这里奖金的发放不是根据“基数”来度量，而是按照“序数”决定。除了评选名次外，提职晋升也属于这一类激励方式。这是因为被提升的名额是一个事先确定的数，提升的根据是“序数”，而不是“基数”。

这样的激励方式与体育竞赛有类似之处。它的优点是，由于奖品的授予是按名次的，所以不需要知道生产技术的具体信息。就像在体育竞赛中，不必预先知道跳高运动员的技术水平就可以设置奖励。罗森（Rosen，1986）发现，在体育竞赛中，第一名与第二名的奖励差距比第二名与第三名的差距大得多。他用类似的模型证明了在企业中最优的工资分配应具有如下特征：越高的职位，工资差距越大。这是因为越往上，上升的机会越小，非得提高奖励，才能有足够的激励。

应当指出的是，这种按次序评奖的方式在实际生活中是非常有效的激励方式，它对信息的要求低，所花的费用也不多。只要设置一个为数不多的奖励（或惩罚），大家都会为得到它（或避免它）而努力工作。但是这种激励方式有一个致命弱点，即它在合谋的情况下变得毫无作用。这将在下面专门介绍。

3. **合谋和协调**

当参与某一组织的人数多于 2 人时，就会产生额外的复杂情况。我们考虑一个最简单的情况：一个 3 人小组，其中一个管理人员监督两个工人。这个管理人员使用上面所提的竞赛方式激励工人：给两个工人中成绩好的一个奖金，而不给另一个成绩不好的。那么，在两个工人之间没有交流机会的条件下，两人都会努力工作。[①] 可是如果两人之间可以交流的话，那么他们很可能会合谋。比如他们事先约定都偷懒，其中一人只比另一人多干一点点，然后把所得的奖励分给另一人一半。这样两人都得利，受损的是企业。合谋的例子很多：工人和车间主任合谋对付公司经理（比如，少监督）；车间主任和经理合谋对付股东（比如，多开销）；学生与教授合谋对付学校（比如，给好分数）；乘客与售票员合谋对付汽车公司（比如，不买票）；等等。梯若尔（Tirole，1986）专门研究了这类问题。他建立了数学模型，证明了合谋的可能性的确给多层次的层级制带来额外费用。

多人组织的另一个问题是一人多老板的情况。由于多个上级的目标往往不同，甚至互相冲突，所以引出“协调”问题。现代大企业中往往采用“矩阵式管理”（matrix management）。比如某公司按产品分为若干子公司。在某一子公司中负责销售的经理就至少有两

① 更精确地说，我们还应假定这两个工人将来不再一起工作。不然的话，“声誉”就会起作用，哪怕两人之间没有交流，但可以有默契。

个上级：一是所在子公司的经理，另一是总公司负责销售的副总裁。这就是中国人所说的“条条块块”“婆婆多”的问题。伯恩海姆和温斯顿（Bernheim and Whinston，1986）研究了“一个代理人，多个委托人”的问题，发现多个委托人之间缺乏协调会使管理的效率降低。

我们可以看到，在一个多人的组织结构中，人与人之间的合作既可以带来效率（如多个委托人之间的协调），也可以带来费用（如合谋）；同样，人与人之间的竞争或不合作，既可以带来效率（如市场招标、三权分立），也可以带来费用（如“影响”活动和“寻租”活动）。所以，对于竞争和合作的效果必须进行切合实际的具体分析。

四、 企业的资本结构

大部分现代企业不是由企业家独资的。除了一个人或一个家族无法提供大量资本这个原因外，把一个人或一个家族的资本全部投入一个企业，就如同把所有鸡蛋都放在一个篮子里，风险太大。从最优风险分担（optimal risk sharing）角度来看，每一个人应把自己的资本分散到所有企业，同时，每一个企业应向全社会的投资者筹集资金。这就是著名的“共同基金定理”（mutual funds theorem）。

企业筹集资金的方式很多，为简单起见，我们只讨论两类有价证券：股票和债券。从投资者的角度看，债券是固定收入的证券，贷款人有取得资金回收的优先权，股票则不同，它是资金的剩余回报（residual returns），即在支付贷款人的固定本息后的剩余部分。在企业未破产的情况下，企业的风险由股东承担。在企业破产时，由于受到“有限责任”（limited liability）的保护，债权人只能取得剩余回报。在这个意义上，债权人也承担风险。[①]

现在假定企业的资本仅由股票和债券构成。企业资本结构的基本问题是：股票与债券应取什么比例，使得企业的市场价值为最大？早在30年前，莫迪格里亚尼和米勒（Modigliani and Miller，1985）就证明了著名的“不相关定理”（irrelevance theorem）：在一个理想的无税收的市场环境中，企业的市场价值与其资本结构（即股票与债券的比例）无关。这个定理的证明方法很简单。假如企业的价值可以因股票与债券的比例变化而改变，那么某一套利者就可以买下该企业，重新调整股票与债券的比例，而不改变任何其他方面。这样他就可以得到确保的利润（sure profits）。这与完全竞争的市场条件相矛盾。[②]

这个定理的结论令人们困惑。现实中，每个企业都花相当精力决定企业的融资政策，显然企业的资本结构与企业的价值有关。有人提出税收的存在可能使“不相关定理”不成立。但是早在企业税实行以前，企业的资本结构问题就已经存在了。近十年来，经济学家们把精力集中在改变“不相关定理”中关于融资政策与企业资本回报流量无关这一假定上。下面分别介绍有关的三种理论，它们都考虑了信息不完全的影响。

1. 激励问题：行为的不可观察性

现代企业是由管理人员经营的。从根本上说，经理追求的是自我利益，而不是股东的利益。因此所有权和控制权的分离产生了代理费用。詹森和梅克林（Jensen and Meckling，1976）把代理费用与企业的筹资方式联系在一起，提出了有关企业筹资政策的新

① 当然，债券持有人还要承担市场风险，即由市场利率变化引起债券价值的波动的风险。

② 关于企业资本结构问题的早期贡献，参阅朱民、刘琍琍的介绍文章。

理论。

詹森和梅克林首先注意到，伴随着不同的筹资方式，代理费用有所不同。比如，如果企业经理持有 50% 的股票，而另外 50% 的股票由不参与经营的人持有，那么经理显然不会像他持有 100% 的股票时那样卖力，因为这时企业每损失 1 元，经理人员只损失 0.5 元。从这个角度看，为了减少代理费用，应该让经理持有 100% 的股票，所以筹资应采取发放债券方式。然而，除了经理本人需要分散他的投资风险外，债券筹资也会产生代理费用。这是由于“有限责任”的法律，使股东在破产时不必偿还全部债务。在这种情况下，经理会投资于风险过大的项目：反正在不成功的情况下，最后是债权人倒霉。

从以上分析不同筹资方式产生的代理费用特点中，便可推出詹森和梅克林的资本结构理论：最优的资本结构应权衡两种筹资方式的利弊，使代理费用最小。在最优点上，两种筹资方式的边际代理费用应该相等。我们在现实中可以看到，在一些不良行为很难观察的行业，比如服务行业，外部的持股者就很少；而在另一些资本回报风险容易被转移的行业，比如财团（conglomerates），其股本—债务资金比例较低。这与詹森和梅克林的理论相一致。

用激励观点解释企业融资政策的重大缺陷是，该理论未解释为什么企业非得用资本结构（即股票与债务的比例）作为减少代理费用的工具。一般来说，我们没有理由排除股东或债权人使用与资本结构毫无关系的合同来约束经理行为。

2. 信号显示方法：信息的不对称性

既然企业由经理控制，经理当然就比外人掌握更多的有关企业的信息。可是，只有当这一信息被传递到市场上去的时候，市场才会对该企业的价值有所反应。在不对称信息情况下，企业的资本结构可以起到传递信息、显示优劣信号的作用。

利兰和派尔（Leland and Pyle，1977）建立了如下模型。假定某一企业家拥有某项技术，其回报是不确定的。企业家知道其回报的平均值μ。现在这个企业家想动员外人投资，因此他必须使投资者相信这个项目确实具有平均回报μ。光说是没有用的，于是企业家就把自己的钱投资进去，以此“显示”值得投资的信号。在这个模型中，企业家的决策变量是他自己的股份与外来股份之比$s = q_1/q_2$。如果全部资本需求是Q，则对债券的需求就是$d = Q - q_1 - q_2 = Q - q_1 - q_1/s$。可以证明，在均衡点上，$s$越大，企业家显示平均期望回报$\mu$就越高。

信号显示理论也同样具有如下缺陷，即它没有解释为什么经理非得用企业的资本结构来显示他的信息，他为什么不可以用其他方式来显示呢？信号显示理论的另一个缺陷是模型的结论对所要显示的内容很敏感。假如企业家想显示项目的平均回报，那么股票融资就是坏消息（q_2越大，s越小，μ越小）；另一方面，如果企业家想显示项目的风险，而不是回报均值，其结果正好相反：债券筹资是坏消息，因为发行债券越多，表明项目的风险越大。

3. 财产控制权

以上两种关于企业资本结构的理论具有共同的特点，即仅仅把股票与债券看作是资本的不同回报方式。实际上，股票与债券还有另一区别，即股票带有投票权，而债券只在企业破产后才带有投票权。所以股票融资的意义在于把企业的财产控制权分配给股东，只要企业能按期偿还所欠的债务；否则的话，企业的控制权便由股东转移到债权人手里。

我们在前面分析过，当合同不完备时，剩余控制权掌握在谁手里对于企业的行为有重要影响。正是沿着这个思路，阿吉翁和博尔顿（Aghion and Bolton，1986）提出了新的融资政策理论。他们研究了这样一个模型。假定有两个人，一个是有资金无技术的投资者，另一个是有技术无资金的企业家，两者在市场上相遇后自愿合作而签订某种合同。假定未来是不确定的。假定企业家的行为可以概括为三种选择：一是按常规行动；二是革新；三是关闭。再假定企业家与投资者的利益并不完全吻合。比如，企业关闭有损于企业家的声誉，因此，企业家不愿意做第三种选择。如果完备合同可能的话，那么合同上就应该明确写明在何种情况下企业家应做出何种选择。这样虽然企业家与投资者有利益冲突，但在给定的完全竞争条件下，这种冲突在签订合同时就可以化解。当完备合同不可能时，剩余控制权的分配就变得十分重要。在这个模型里有三种情况，如果融资方式是发行带有投票权的股票，即普通股，则投资者掌握剩余控制权；如果融资方式是发行不带投票权的股票，即优先股，则企业家拥有剩余控制权；如果融资方式是发行债券，则企业家拥有剩余控制权，只要他能按期偿还债务，否则的话，剩余控制权便由企业家转移到投资者手中。这最后一种情况便是破产。

阿吉翁和博尔顿的融资理论建立在剩余控制权分配的基础之上。这与前两种理论（激励理论和信号显示理论）很不一样。因为无论是在行为不可观测的情况下，还是在信息不对称的情况下，合同总是完备的，这时全部权利都是特定权利，没有剩余控制权问题。在阿吉翁和博尔顿的理论中，不完备合同是剩余控制权分配的前提。

五、 企业所有权与控制权的分离

美国企业可分为三类：个人（individual proprietorship）、合伙

（partnership）和公司（corporation）。前两者一般为无限责任，后者为有限责任。在公司这一类中又可细分为两种，即内部持股公司与公众持股公司。内部持股公司的股票不上市，为少数人掌握。除了有限责任外，内部持股公司在很多方面与合伙很相似。

人们常说的企业所有权与控制权分离问题，指的是公众持股公司，即其股票公开上市的公司。它的组织形式和商业活动受各州的《公司法》制约。公司法专家克拉克认为，公众持股公司这一组织形式有四项基本原则：第一，投资者的资本可自由转移；第二，有限责任；第三，强烈的法人性；第四，经营控制权高度集中。公众持股公司由股东、董事会和管理人员组成。法律规定股东是公司的所有者，他们享受企业产生的红利；股东选举产生董事会，董事会是公司的最高决策机构。一方面，董事会是企业的法人，由它任命最高管理人员，决定投资，并把经营权交由管理人员代理行使，因此它具有全部控制权；另一方面，董事会是股东的受托人，承担受托人的法律责任。除了极个别有关公司组织形式的决策外（如关闭、合并等），股东无权过问企业的商业活动。股东虽然可以起诉董事会，但是他们不可以以商业决策失误起诉。股东起诉的理由可以是董事会玩忽股东利益，未尽到受托人责任。

实际上，企业控制在经理手中。一般投资者既没有精力和兴趣，也不可能关心企业的经营。董事会的选举实际上也是由经理操纵的。因此董事会对经理的监督作用十分有限。在这种情况下，究竟是什么力量在防止企业经理为了追求自身目标而损害股东利益呢？毕竟多少年来，千百万人民自愿地把自己的钱投资于公众持股公司，让那些追求自身利益的经理去经营，这不能不说是一个奇迹。下面我们从四个方面来分析这个问题。

1. 经理报酬的构成

既然经理对企业经营成败负有主要责任，经理报酬的设计对他们的行为就有直接的影响。最优报酬设计必须把经理的个人利益与企业利益联系在一起，也就是说，要使他们的收入与他们的经营成绩联系在一起。

经理的报酬一般由工资、奖金、股票和股票期权（options）构成（除了退休金及其他福利外）。每一种形式的报酬都既有优点，又有缺点。固定工资虽不利于激发人的积极性，但它能提供可靠的收入，起到保险的作用；奖金基于当年企业的经营状况，具有激励作用，但是它易引发经理的短期行为，也不能完全反映他们的真实贡献；股票与股票期权最能反映真实业绩，也最具有激励作用，但风险太大。最优的报酬设计应是所有不同形式的最优组合。

在经理的报酬问题上，值得一提的是上限问题。由于总经理的权力极大，对企业的经营好坏有决定性作用，从效率角度考虑，可能需要巨额报酬来换取总经理的优质服务。例如艾科卡（Lee Iacocca）挽救了濒于破产的美国第三大汽车公司克莱斯勒。他 1986 年的全年收入约为 2 000 万美元，其中只有几十万美元是他的工资，其余部分来自奖金或该公司的股票。对于这种情况，有人认为不合理，一个人怎么可以每年挣 2 000 万美元？也有人认为，美国公司总经理的报酬不是太多了，而是太少了。①

除了报酬这种明显的合同之外，市场对制约经理的行为起着重要的作用。在下面三小节中，我们分别分析三大市场，即劳动力市场、产品市场和资本市场对经理的制约作用。

---

① 参见 Jensen and Murphy（1986）。

2. **经理市场的竞争**

法玛（Fama，1980）认为，经理（作为劳动力的特殊部分）市场的竞争可对经理施加有效的压力。如果一个经理把企业搞得一塌糊涂，那么在经理市场上，他的个人资本就会贬值。因此，如果从动态而不是从静态的观点看问题，即便不考虑直接报酬的作用，代理费用也不会很大。这是因为市场会根据他过去的表现计算出这个经理将来的价值。经理要顾及长远利益，因此他会努力工作。

霍姆斯特朗（Holmstrom，1982）根据法玛的上述想法建立了如下模型。假定经理的实际能力未知，并且假定时间是无限的。[①]在这种情况下，经理有可能努力工作，尽管没有任何监督。这是由于市场会根据他过去的表现，对他未知的能力做出估计。虽然在均衡点上，市场不会被欺骗，但是由于经理害怕市场对他做出不利的判断，为了长远利益考虑，他会努力工作。这个模型的有趣性质是，一旦某经理得知市场已掌握了他的真实能力，他就不再会努力工作了。因此，经理努力工作完全是为了给市场“留下好印象”。

3. **产品市场的竞争**

直觉告诉我们，如果企业的产品市场是充分竞争的，那么这种竞争会对经理形成压力。如果产品市场是垄断的，则经理的日子就舒服得多。哈特（Hart，1983）用这一直觉建立了下面的模型。

假定同一产品市场上有许多企业，它们的生产成本是不确定的，

① 注意：这里并没有假定信息不对称。在这个模型里，市场和经理本人都不知道经理的实际能力。

但在统计上具有相关性。这样，产品市场的价格便包含着其他企业的成本信息。同时，相关性使得这个价格也包含了被考虑的企业的成本信息。这一点很重要。如果被考虑的企业的所有者与经营者是分离的，那么，只有经营者才知道企业的成本，而所有者并不知道。现在，产品市场的价格可以向所有者提供这一信息，而这只有在产品市场竞争的条件下才有可能。下一步，哈特假定社会中有一部分企业由经理控制，而另一部分企业由所有者直接控制。由于后者不存在两权分离问题，企业会把成本降到最低，从而压低产品市场的价格。这样，由所有者控制的企业越多，“竞争”就越激烈，价格就压得越低，从而对两权分离企业中的经理的压力就越大，因而促使他们也努力降低成本。

哈特的这个模型说明了“两权分离”产生的代理费用，在有市场竞争的环境中，在有大量非两权分离企业存在的条件下，可以被大大降低。如果所有企业都是“两权分离”的，那么就不能形成外界压力，代理费用将会很高。

4. 资本市场的竞争——对公司控制权的争夺

资本市场竞争的实质是对公司控制权的争夺，它的主要形式是接管。接管被认为是防止经理损害股东利益的最后一种武器。在现代市场经济中，虽然每一个投资者在某一企业中的股份很小，不足以对经理实行有效的监督，但是由于股份可以自由买卖，分散在千百万人手中的股份就可能被集中起来。如果经理经营不善，企业的股票价值会下跌。于是，有能力的企业家或其他公司就能用低价买进足够的股份，从而接管该企业，赶走在任的经理，重新组织经营，获取利润。

经济学家关心的是接管这一市场竞争机制对经理的纪律检查作用。沙尔夫斯坦（Scharfstein，1985）建立了如下模型，用以证明资本市场的竞争的确可以激励经理努力工作。假定企业的生产条件只为经理所知而不为企业股东所知。于是，股东可以同经理签订某种合同来激励经理。由于信息不完全，这种合同的效率不高。假定在资本市场上有一些“袭击者”（raiders），他们可以获得有关企业生产条件的信息。可以证明，由于企业有被接管的可能性，经理会比在没有“袭击者”的条件下更努力工作。

S. 格罗斯曼和哈特（Grossman and Hart，1980），以及哈里斯和拉维夫（Harris and Raviv，1985）证明，为了保护股东的利益，一股一票（one-share-one-vote）和简单多数（majority rule）的投票原则是最优的。试看下面的例子。假如不是一股一票，比如说某一具有 100 万元资产的企业，投票权集中在仅 1 万元的特殊股票上而其他 99 万元为无投票权的股票。那么，在简单多数的投票原则下，谁掌握了 51% 的特殊股票（只需花 5 100 元），谁就控制了这 100 万元资产的企业，使得任何其他人都无法接管。在这种情况，市场就不能制约经理，其他股东的利益就会因此受到损害。

由上述分析可见，在自由市场经济中，即使在所有权与控制权分离的情况下，由于市场竞争，经理受到的压力是多方面的。当然这种制约不可能是完全的，因此一定程度的代理费用不可能消除。但是市场机制保证了这种费用被限制在某一限度内，不可能无限制地增长。

结束语

本文介绍的是在自由市场和私有财产制度下的企业理论，其前提假定并不适合中国目前的现实情况。不过，由于中国已决心朝市场经济方向改革，特别是近年来中国经济学界和企业界围绕国有企业改革问题展开了热烈讨论，涉及承包、租赁、股份制、拍卖等，这些问题都与本文介绍的内容密切相关。因此我们希望本文能对中国经济学家有所启发。

参考文献

Aghion, P. and P. Bolton (1986), "An 'Incomplete Contracts' Approach to Bankruptcy and the Optimal Financial Structure of the Firm", mimeo, Harvard University.

Alchian, A. and H. Demsetz (1972), "Production, Information Costs and Economic Organization", *American Economic Review*, December.

Arrow, K. (1974), *The Limits of Organization.*

Arrow, K. (1985), "The Economics of Agency", in J. Pratt and R. Zeckhauser (eds.) *Principals and Agents: The Structure of Business*, 37–51.

Berle, A. and G. Means (1933), *The Modern Corporation and Private Property.*

Bernheim, D. and M. Whinston (1986), "Common Agency", *Econometrica*, 19, 269–281.

Buchanan, J., R. Tollison and G. Tullock (1980), *Toward a Theory of the Rent Seeking Society.*

Calvo, G. and S. Wellisz (1979), "Hierarchy, Ability and Income Distribution", *Journal of Political Economy*, 87.

Clark, R. (1985), "Agency Costs Versus Fiduciary Duties," in J. Pratt and R. Zeckhauser (eds.) *Principals and Agents: The Structure of Business.*

Clark, R. (1986), *Corporate Law.*

Coase, R. (1937), "The Nature of the Firm", *Economica*, 4386–4405.

Copeland, T. and J. Weston (1983), *Financial Theory and Corporate Policy.*

Cremer, J. (1986), "Cooperation in Ongoing Organizations", *Quarterly Journal of Economics*, 101, 33–50.

De Alessi, L. (1983), "Property Rights, Transaction Costs, and X-efficiency", *The American Economic Review*, 73, 64–81.

Eisenberg, M. (1976), *The Structure of the Corporation: A Legal Analysis.*

Fama, E. and M. Jensen (1983), "Separation of Ownership and Control", *Journal of Law and Economics.*

Farna, E. (1980), "Agency Problems and the Theory of the Firm", *Journal of Political Economy*, 88, 288–307.

Furubotn, E. and S. Pejovich (1972), "Property Rights and Economic Theory: A Survey of Recent Literature", *Journal of Economic Literature*, 1137–1162.

Gale, D. and M. Hellwig (1985), "Incentive-Compatible Debt Contracts, The One – Period Problem", *Review of Economic Studies*, October.

Galvo, G. and S. Wellisz (1978), "Supervision, Loss of Control and the Optimal Size of the Firm", *Journal of Political Economy.*

Green, J. and N. Stokey (1983), "A Comparison of Tournaments and Contests", *Journal of Political Economy*, 91 , 349–364.

Grossman, S. and O. Hart (1980), "Takeover Bids, the Free-Rider Problem, and the Theory of the Corporation", *Bell Journal of Economics*, Spring.

Grossman, S. and O. Hart (1982), "Corporate Financial Structure and Managerial Incentives", in J. J. McCall (ed.), *The Economics of Information and Uncertainty.*

Grossman, S. and O. Hart (1986), "The Costs and Benefits of Ownership: A Theory of Vertical Integration", *Journal of Political Economy*, *August.*

Grossman, S. and O. Hart (1987), "One Share/One Vote and the Market for Corporate Control", mimeo, MIT.

Harris, M. and A. Raviv (1985), "Corporate Control Contest and Capital Structure," mimeo, Northwestern University.

Harris, M. and A. Raviv (1987), "Corporate Governance: Voting Rights and Majority Rules", mimeo, Northwestern University.

Hart, O. (1983), "The Market Mechanism as an Incentive Scheme," *Bell Journal of Economics*, 10, Fall.

Hart, O. (1987), "Capital Structure as a Control Mechanism in Corporations", mimeo, MIT.

Hart, O. and B. Holmstrom (1987), "The Theory of Contracts", in T. Bewley (ed.), *Advances in Economic Theory*, *Fifth World Congress.*

Holmstrom, B. (1982), "Managerial Incentive Problems—A Dynamic Perspective", in *Essays in Economics and Management in Honor of Lars Wahlbeck.*

Holmstrom, B. and J. Tirole (1987), "The Theory of the Firm", in R. Schmalensee and R. Willig (eds.) *Handbook of Industrial Organization.*

Jensen, M. and K. Murphy (1986), *Are Executive Compensation Contracts Structured Properly?*

Jensen, M. and W. Meckling (1976), "Theory of the Firm: Managerial Behavior, Agency Costs, and Ownership Structure", *Journal of Financial Economics*, October.

Klein, B. R. Crawford and A. Alchian (1978), "Vertical Integration, Appropriable Rents and the Competitive Contracting Process", *Journal of Law and Economics*, 21, 297–326.

Kreps, D. (1984), "Corporate Culture and Economic Theory", mimeo, Graduate School of Business, Stanford University.

Laffont, J. and E. Maskin (1982), "The Theory of Incentives: An Overview", in

W. Hildenbrand (ed.), *Advances in Economic Theory.*

Lazear, E. and S. Rosen (1981), "Rank-Order Tournaments as Optimum Labor Contracts", *Journal of Political Economy*, 89, 841–864.

Leland, H. and D. Pyle (1977), "Information Asymmetries, Financial Structure, and Financial Intermediation", *Journal of Finance*, 32, 2.

Marshak, J. and R. Radner (1972), *Economic Theory of Teams.*

Milgrom, P. (1986), "Quasi-Rents, Influence and Organization Form", Yale School of Organization and Management Working Paper.

Milgrom, P. and J. Roberts (1987), "Bargaining and Influence Costs and the Organization of Economic Activity" RP 934, Graduate School of Business, Stanford University.

Modigliani, F. and M. Miller (1985), "The Costs of Capital, Corporation Finance, and the Theory of Investment", *The American Economic Review*, 48, 261–297.

Myers, S. (1977), "Determinants of Corporate Borrowing", *Journal of Financial Economics*, 5, 147–175.

Myers, S. and N. Majluf (1984), "Corporate Financing and Investment Decisions when Firms Have Information the Investors do not Have", *Journal of Financial Economics*, 13.

Nalebuff, B. and J. Stiglitz, (1983), "Prizes and Incentives: Towards a General Theory of Compensation and Competition", *Bell Journal of Economics*, 14, 21–43.

Posner, R. and K. Scott (1980), *Economics of Corporation Law and Securities Regulation.*

Pratt, J. and R. Zeckhauser (1985), "Introduction" in J. Pratt and R. Zeckhauser (eds.) *Principals and Agents: The Structure of Business.*

Rosen, S. (1986), "Prizes and Incentives in Elimination Tournaments", *The American Economic Review*, 76, 701–715.

Ross, S. (1977), "The Determination of Financial Structure: The Incentive-Signalling Approach", *Bell Journal of Economics*, Spring.

Sah, R. and J. Stiglitz (1986), "The Architecture of Economic Systems: Hierarchies and Polyarchies", *The American Economic Review*, Vol. 76, No. 4, September.

Scharfstein, D. (1985), "The Disciplinary Role of Takeovers", mimeo, MIT.

Scharfstein, D. (1987), "Product Market Competition and Managerial Slacks", mimeo, Harvard University.

Shleifer, A. and R. Vishny (1986), "Large Shareholders and Corporate Control", *Journal of Political Economy*, June.

Stiglitz, J. (1974), "On the Irrelevance of Corporate Financial Policy", *The American Economic Review*, 64.

Tirole, J. (1986), "Hierarchies and Bureaucracies: On the Role of Collusion in Organization", *Journal of Law, Economics, and Organization*, Fall.

Tirole, J. (1987), "Theory of the Firm", in J. Tirole, *The Theory of Industrial Organization.*

Weitzman, M. (1974), "Price Versus Quantities", *Review of Economic Studies*, 41, 477-499.

Williamson, O. (1967), "Hierarchical Control and Optimal Firm Size", *Journal of Political Economy*, 123-138.

Williamson, O. (1975), *Markets and Hierarchies: Analysis and Antitrust Implications.*

Williamson, O. (1985), *The Economic Institutions of Capitalism.*

公司治理结构改革

从1994年起，中国的企业改革进入了一个新阶段，中心环节是对企业治理和融资结构进行改革。在本文中我将集中讨论与此相关的四个问题。第一，我要说明以扩大企业自主权和增加利润留成为核心的企业改革，已逐渐把相当部分的资产使用权和收入从政府转移给了企业，特别是企业的经理人员。但是，党和政府还牢牢掌握控制权的另一个重要部分，即对人事的任免权。这种企业控制权的双重特征使中国的情况与东欧和俄罗斯的情况既有些类似，又有些不同。第二，我将说明中国过去16年的经济改革是与储蓄和融资的两个重要转移相联系的，一是储蓄来源从政府转移到家庭，二是企业融资来源从政府财政预算转移到金融部门，特别是国家银行部门。这两个转移使储蓄和融资格局发生了重大变化，中国越来越像包括日本在内的其他东亚国家。第三，讨论中国目前关于企业治理结构改革方面的不同观点。特别是，本文分析在中国的政治与经济环境中几种可选择的治理结构的成本与收益，尤其是控股

---

* 原载于《经济研究》，1995年第1期。原名为“企业的治理结构改革和融资结构改革”。

公司、投资公司、养老基金以及商业银行之类的金融中介机构的作用等问题。为了使银行在企业治理中发挥应有的作用，首先要解决银行自身的效率问题。最后，将讨论改革现有银行和建立新的商业银行的问题。

一、 企业治理结构的变化

两点基本原因使工业改革比农村改革困难得多：首先，不同于家庭耕作技术的工业技术决定了企业具有复杂的内部组织结构和外部关联（在这种意义上，苏联农业与中国农业有不同的技术）。其次，与比较简单的农业组织的制度环境有所不同，企业改革的顺利进行需要财税体制、金融与银行体制、投资体制、社会保障制度、政府职能等方面的配套，没有这些方面的改革，单一的企业改革是不可能成功的。因此，即使工业改革与农业改革面临类似的激励、所有制和治理方面的问题，但那些在农村行之有效的简单的激励方案（即以家庭为基础），不一定能在工业部门见效。

国有企业改革中最主要的两难之处在于，要不就是企业抱怨缺乏自主权，要不就是作为所有者的国家对企业失去控制并因企业不承担责任而受到损失。经济改革向经营者提供了越来越多的资产使用权，其结果是两方面的：一方面，由于企业经理人员比政府官员更有经营企业的技巧和信息，因而将控制权交给经理人员具有潜在的效益；另一方面，因经理人员对企业财产不具所有权或因缺乏有效激励机制造成经理人员对经营状况不承担责任，“代理人问题”引起的国有企业治理失误（misgovernance）不但存在，而且在某些情况下甚至恶化了。

1. **经理人员和工人的控制权及收益**

中国尽管不存在正式的私有化，但很大一部分控制权和收入已通过扩大企业自主权转移给了经理人员。这一趋向于由经理人员控制的演进过程类似于匈牙利 1989 年前后的情形。由于中国的经理人员绝大多数是从企业内部提拔起来的，所以更加剧了这一趋势。

今天，国有企业的管理者对企业资产的使用有相当大的斟酌决定权，同时享有大量的工资外的在职消费和其他租金。1992 年的《全民所有制工业企业转换经营机制条例》中规定经理人员的正式权力有 14 种，经理人员实际拥有的权力则在某些情况下多于这 14 种，在某些情况下又少于所规定的这些正式权力。经理人员对资产的经营控制权有一些共同特征：首先，经理人员有权使用国有资产，支配由此而来的收入，但没有正式的资产处置权；其次，控制权和对收入的配置不很清晰，因此经常引发权力要求的冲突；最后，事实的产权未受法律的正式承认和保护。

尽管一位总经理的工资和奖金只是一个普通工人的 3 倍，但他们更多地受益于工资外的消费或津贴，包括能分配到更好、更大的住房，私人用车，利用公款吃喝、娱乐、支付国内国外旅行费用等。由于非国有部门的飞速增长，经理人员或他们的亲朋好友常有自己的生意，这就使国有资产流入个人的腰包变得较为容易。

很有意思的是，在中国，经理人员用以扩大经营自主权的一种非常普遍的做法，是对企业进行一系列组织转型，也就是把现有企业拆散，组织“二级法人”（即附属企业），与国内外人士组成合资企业、有限责任公司、股份有限公司。这种做法也和匈牙利的“转型”或“部分转型”非常类似。两国经理人员进行这种重组的动力也很类似，都期望独立于政府之外，把呆账与冗员负担转移到母公司身上，这样，既能抓住新的经营机会，又不失去与国家的联系及从国家那里得到的好处。不过，在中国，这一转型过程更经常地与新的业务项目、特别是与在特区和开发区建立的新企业联系在一起。往往经过几轮转型，经理人员就能获得对下属企业的事实上的控制权。这一过程的关键是要有一笔相对较小的启动资本，用以获得银行大量低息贷款。

随着企业自主权的扩大，经理人员的代理人问题在中国因为产权和其他制度性的原因而比西方更严重得多。首先，经理人员通常不持有股票或能把其努力与企业净值联系在一起的股票期权。其次，尽管由于非国有部门的进入，产品市场竞争变得激烈了，但仍缺乏来自资本市场与经理市场的竞争。最后，也是最严重的，是缺乏既有信息又有利润动力、可以监督经理人员绩效的责任明晰的国家利益代表及辅助机构。在扩大企业自主权的改革过程中，银行和主管部门的监督作用正在迅速缩减，但新的监督主体还没有出现。

所有这些因素都导致国有企业的经理人员与职工结成联盟，而不像典型的资本主义企业那样因为经理人员代表所有者的利益而与职工有利益冲突。由于绝大多数经理人员是从本企业提拔上来的，所以，经理人员与职工的这种合谋能够更好地维持下来。在国有部门，一方面，资本收益一直在下降，从20世纪80年代初的25%下降到1992年的10%以下；另一方面，职工人均工资与奖金一直在增长。国有企业职工因企业自主权扩大而受益的途径主要是：工资奖金增加（包括货币与实物）、住房面积增加、子女能在本企业办的集体厂中就业，等等。但在很多企业，职工得到的最大利益是有机会折价购买“内部股票”（或拥有可以在以后购买股份的期权）。这些股票通常派发有保障的、可高达两倍于银行存款利息的红利。如果上市，这些股票的市场价格可以上升到面值的 5 ~ 10 倍，真可谓一笔横财。

2. 党对人事任免的控制

如上所述，经理人员能够在资产使用方面获得相当的控制权。不过，有关企业控制权的另一个重要方面即对企业高层经理人员的任免权，仍然牢牢控制在党的手中。这是中国和东欧国家与俄罗斯的一个重要差别。因此，尽管中国和东欧国家、俄罗斯的经理人员对资产使用具有类似的决定权，中国企业的“内部人控制”情况比东欧国家和俄罗斯还差一步。把中国同东欧国家与俄罗斯对比分析，就可以更好地理解党在中国经济改革中的作用。

尽管海外人士可能看不到党的组织部门，但它却是一个极为重要的机构，对一定级别（包括大中型国有企业的高层经理人员）以上的人事拥有最终控制权，这就是人们所说的“党管人事”的原则。例如，企业的法人代表（即总经理）在国家工商行政管理局注册前，必须得到党组织部门的任命和证明，甚至在股份有限公司也必须如此（在诸如深圳之类的经济特区也是如此）。在不同政府机构的利益与权利发生冲突时，党组织甚至能起仲裁作用。

在某种程度上党对经理人员的任免权被用作制约经理人员权力的一个重要的平衡力量。尽管任命本身不像典型的资本主义企业那样有一揽子明确的报酬，但由于经理人员的在职权力，所以，经理人员的职位自动与大量的“控制租金”联系在一起，在那些迅速增长的领域和新兴行业如房地产、证券交易、期货交易、金融中介机构等，更是如此。因此，尽管行政层级制中的提升不如以前那么有吸引力，但由于党组织做出的惩戒性解职将同时剥夺与某一职位相关的租金，所以还是会对经理人员构成严重损害。即使一些人不抱有被提升的期望，他们仍会为得到这种租金而非常积极地争取保住自己的现有职位。不过，如果经理人员将这种租金成功地资本化，他们就可能在某一时点上辞去现职，寻找新的工作。届时，党的人事控制将不会像以前那么有效。

党对人事决策的继续控制具有重要的含义。一方面，由于党的干部选择标准不全是经济绩效，评价方法很大程度上也比较原始，所以，党的继续控制很明显不会带来非常有效的治理结构。但由于政治原因，要对党的这种控制进行改革将非常困难，尽管很有必要。另一方面，党和中央政府之所以愿意将相当部分控制权授予经理人员，而不担心完全失去控制，可能就是因为党仍然集中控制着经理人员的任命和激励。这有些类似于日本的企业组织特征，在日本，企业内绝大多数决策分权化，但人事决策却全部集权。青木昌彦（1990）把这种做法称为“两重性原则”。在中国，党或政府与企业之间的权力均衡在某种程度上阻止了国有资产以类似于东欧国家、俄罗斯那样的快速流失。因此，进行人事制度改革不仅很必要，也很复杂。

3. 企业和地方政府的关系

通常而言，中央与地方政府之间存在利益冲突，地方政府与企业合谋对付中央政府。这在迅速发展的地区如广东省比较明显。地方政府与国有企业之间之所以出现合谋行为，是因为不同地区之间存在竞争压力，也因为地方政府的产权没有保障。尽管地方政府对国有企业有控制权，但这些权利不全是有保障的，这有两个原因。其一，地方政府担心中央政府以后可能对资产重新配置，所以常常鼓励企业追求短期的利润最大化目标，而不是追求资产净值的增加。地方政府也可能期望把自己控制下的国有企业私有化，或默许甚至鼓励如上所述的自发性私有化，这也说明了为什么在中央政府的禁令之下仍会出现自发性的私有化。其二，地方政府也担心出现棘轮效应，所以常常帮助企业隐瞒利润。地方政府与企业达成这样的交易：地方政府允许利润不上税，企业则承担政府的某些开支，如宴席与旅游支出。

当然，地方政府与企业之间也存在利润冲突。经理人员仍然抱怨缺乏充分自主权，抱怨政府仍然干预人事任命和不合理摊派。这在各地也有所不同。在贫困地区，工业基础薄弱，但政府固定开支很大，地方政府倾向于对企业收取较多的费用。不过，地区间争先致富的竞争成为地方政府这种掠夺性行为的一个制约力量，特别是在迅速发展的地区，更是如此（在那里，潜在的大量收益阻止了地方政府的掠夺）。发达地区的地方政府甚至可以通过改革先发制人，吸引其他地区的资本和熟练劳动力，从而更好地参与竞争。

二、 储蓄与融资格局的改变

与东欧国家和俄罗斯大不相同的是，中国的经济改革一直伴随着高而稳定的国民储蓄：20 世纪 80 年代初占 GDP 的 30%，90 年代占 35% 左右。更重要的是，主要的储蓄来源已从政府和企业转向了家庭。在 1979 年的总储蓄中，家庭储蓄只占 23%，企业占 34%，政府占 43%。到 1991 年，家庭储蓄增加到 71%，企业储蓄减少到 25%，政府储蓄下降到只占 4%。[①] 不仅家庭储蓄在迅速增加；伴随着这种增长而来的还有金融深化过程，也就是家庭金融资产的迅速增加过程。家庭的银行存款总额在 1993 年达 1.5 万亿元，占 GDP 的 50%，而 1978 年只占 6%。家庭金融资产总额占 GDP 的份额从 1980

① 谢平. 中国的金融深化与金融改革［M］. 天津：天津人民出版社，1992，表 3-13。

年的19%左右上升到1991年的70%左右。用更宽泛的度量标准，M2对GDP的比率达100%左右，金融资产总额对GDP的比率高达232%。[①]

相比之下，过去15年政府预算收入占GDP的份额一直在持续下降，从1978年的35%下降到1993年的16%。预算收入下降的主要原因可归结为企业的所得税和上缴利润减少，从1978年占GDP的21%下降到1992年的5%。不过，部分减少的利润上缴又以所谓"预算外"收入的面孔出现。预算外收入（绝大部分是企业留利）一直在稳步增加，从改革前1978年占GDP的9%上升到1991年占15%，而同期的预算内收入占GDP的份额则从35%下降到18%。预算内与预算外收入总和在改革期间仍然下降了，占GDP的份额由1978年的44%下降到1991年的33%。[②]

政府收入与储蓄的减少，家庭储蓄（通过在银行存款）的增加，自然而然地带来了企业融资来源的变化。用于资本支出的预算内资金占GDP的份额大幅下降，从1978年的15%下降到1992年的5%以下。在企业融资来源中，尽管有些来自预算外收入（也占GDP的5%），但主要是来自银行部门。在总预算和用于固定资产与流动资金的银行贷款中，银行贷款所占比例已从1978年的39%增加到1991年的73%。1981—1990年，用于固定资产投资的国内银行贷款从13%上升到20%左右，在流动资金方面银行贷款占80%以上（乡及乡以上企业）。[③]

在改革时期，政府出现了一个中等程度的公开的或正式的预算赤字（约占GDP的1%~3%），其中的1/3通过债券融资。不过，

---

① 同上书，表3–8，表3–2，表3–3。

② 同上书，表3–8，表3–2，表3–3。

③ 同上书，表3–11。

在“政策性贷款”（即不是在商业基础上的贷款）名义下的隐性或准预算赤字实际上等于或超过这一公开的赤字数额。在有些年份（如 1990 年和 1991 年），政府因通货膨胀性征税和实际货币余额增长带来的总收入高达 GDP 的 8% ~9% 。非常幸运的是，中国的这种铸币税性质的收入在过去 15 年间主要采取了增加实际货币余额的形式，因此，政府还是防止了像俄罗斯那样的恶性通货膨胀。

这些事实说明，第一，银行贷款正在成为企业融资的主要外部资金来源，政府预算和直接融资相对较少。第二，许多企业问题可以归结为或表现为金融体系中“政策性贷款”或呆账问题，而不是预算体系中公开的预算赤字问题。第三，企业改革与银行改革之间的相互联系比以往任何时候都密切。

三、 企业治理结构改革：目前的问题

一般来说，国有企业治理结构的改革可以看成是一个三步走的过程：公司化、公司控制权的重新安排和私有化。在中国目前，前两个步骤都是可行的，而私有化只限于小型企业。在东欧国家，公司化只是私有化前的很短的插曲，公司控制权的重新安排则在私有化期间或之后进行。

在经济学家看来，公司治理结构是一套制度安排，用以支配若干在公司中有重大利害关系的团体——投资者（股东和债权人）、经理人员、职工之间的关系，并从这种联盟中实现经济利益。公司治理结构包括：（1）如何配置和行使控制权；（2）如何监督和评价董事会、经理人员和职工；（3）如何设计和实施激励机制。一般而言，良好的公司治理结构能够利用这些制度安排的互补性质，并选择一种结构来减低代理人成本。近期的理论研究绝大多数集中于投资者

（外部人）如何监督和约束经理人员（内部人）。[1]

1. **公司化（企业的公司制改革）**

实行公司化，首先就要界定法人的产权，即法人财产权。在公司化之后，企业作为一个法人对其资产有财产权。经济学家认为，即便不实行私有化，公司化也是企业改革的一个有效步骤。公司化有助于董事会对公司资产负责，防止资产进一步流失。它也提供一种信息交换的机制，建立出售股份的基础，并能实现政企分离。直到1993年，公司化设想才在中国得到来自政府、企业和经济学界越来越多的赞同。

更为复杂的和富有争议的问题是公司控制权的重新安排。西方的经历表明，治理结构可采取多种形式。在许多公司中，外部人如大股东（核心股东）、投资基金、战略投资者、银行都通过其在董事会中的代表在公司治理中起积极作用，特别是在能导致总经理解职的决策上，更是如此。在日本，因为所有董事会成员都是公司经理，所以，典型的大公司实际上控制在内部人手中，但在公司陷入财务困境时，主银行将介入，可以解聘经理人员。

东欧国家和俄罗斯的经历表明，在转轨期间，内部人获得了企业的大量控制权。在匈牙利和俄罗斯，内部人是经理人员，在波兰则是工人。这种情形之所以能够出现，或者是因为实施了私有化方案（如俄罗斯），或者是因为政府监督不力及出现了自发性私有化

① 过去20年间发展的委托代理理论大多研究这一问题。参见哈特和霍姆斯特朗（1987）对这方面文献的概览。即使对私有制而言，在公众持股公司中，产权在许多利益相关者（stakeholders）之间的配置和公司治理结构也要比家族所有和经营的小企业复杂得多。由于产权包括许多方面的控制权，绝大多数现代公司组织涉及许多利益相关者，所以，了解不同方面的控制权如何及为什么这样配置，了解收入如何及为什么这样在利益相关者之间分配，就显得特别重要。也由于西方现代公司组织中潜在的代理人问题比一个由所有者经营的私有企业更普遍，所以，在研究国有大中型企业的治理结构改革时，应充分利用西方关于现代公司的治理结构与融资结构的研究成果。

（如匈牙利、波兰，也包括俄罗斯）。经济学家认为，这种没有外部人士干预的治理一般不利于企业的健康运转。内部人控制会出现扭曲现象，因为内部人代表的是他们自身的利益而非所有者的利益，因而通常倾向于经理人员的偏好，而不是所有者的偏好。内部人控制通常意味着：（1）经理人员拒绝对企业进行整顿；（2）绩效很差的经理不会被替代，除非付出大量成本（因为这些经理人员素质很差，他们不可能找到好经理来替代自己）；特别是，（3）新资本不可能以低成本筹集起来。所有这些都是转轨期间要考虑的重要问题。东欧国家和俄罗斯在私有化过程中改革企业治理所考虑的问题之一就是如何将外部人控制公司制度化。

中国的经济学家对目前的经理人员控制企业的趋势持有不同意见，也倡导用不同的方式来改革公司治理。担心内部人控制的经济学家认为，经理人员控制企业的趋势不好，应该加以限制。按照这种观点，在中国，可以利用国家主办的金融中介机构如投资公司或商业银行减小内部人控制问题。而另一种人认为，由于中国不可能实行正式的私有化，自发性私有化及经理人员与职工的内部人控制是一种次优选择。按照这种观点，改革公司治理所需的战略不是重申国家所有权，而应给予经理人员更多的控制权，使之最终成为事实上的所有者。

2. 可选择的治理结构

中国的公司治理改革需要多种多样的模式。这不仅仅因为中国是一个大国，各地区、各行业有很大差异，而且由于在中国进行企业改革没有先例，必须进行大范围试验。即使在资本主义经济中也能看到，不同国家（如美、日、德）之间和一国内的企业组织都非常不同。中国企业改革最危险的政策可能是强制推行一种特定模式。

第一种可选择的治理结构是让经理人员和职工购买企业的大部

分所有权（MEBO）并进行控制。在中国，这种做法对小型国有企业或集体企业应是一个好办法，但对大中型企业而言可能不可行。第二种在中国目前很流行的治理结构改革方式是与外商建立合资企业。在1992年和1993年，中国每年吸引的国外直接投资达200多亿美元。这为企业利用国外的物质与人力资源进行改革提供了极好的机会。近年来，拿出部分国有企业与外商建立合资企业的做法变得越来越普遍，并得到了一个别称——“嫁接”。国外投资者之所以愿意投资，与中国的国有企业组成合资企业，除了享受税收优惠、得到廉价劳动力和看好中国巨大的潜在市场之外，还看到国家对其所有权的掌握比较弱。经常出现的情形是，国有企业的经理与外商合谋低估中方出资人的资产价值。类似的问题在匈牙利也可以见到（匈牙利在1991年吸引外商投资20亿美元，人均水平远高于中国）。第三种可选择模式是目前的企业集团的转型。1993年底，中国经国务院批准的大型企业集团有55家。一些经济学家和政府官员认为，这些集团在生产、供应和营销的关联方面有优势，因而在公司重组时会前途光明。重组之后，母公司将转变成资产经营公司（仍属国有），而不再像现在这样指挥生产。

企业改革最难进行的是那些既找不到外商合作又不属于哪个特定集团的大中型国有企业。东欧国家和俄罗斯也是这样，私有化之后，大中型企业都有许许多多分散的股东。中国这类企业的所有权与公司控制权问题不同于东欧国家和俄罗斯；中心问题是如何找到国有股权的代表。这方面一个具体的问题是，要不要在已公司化的企业和国有资产管理局之间建立国有（或国家主办的）金融中介机构。如果需要建，又采取什么形式；谁在公司治理中起突出作用，是控股公司、投资公司、资产经营公司、商业银行，还是它们的某种组合？

反对搞控股公司的人认为，这会产生与过去一样的官僚，甚至可能更糟糕，如果这些金融中介机构是在现有的部或局的分支机构上建立的，就更是如此。这些未来的控股公司很可能打算收回企业的决策权，变成“婆婆兼老板”。由于这些金融中介机构的控制，也许更不利于未来进一步改革。

如果没有中介机构，国有资产管理局将直接任命公司董事会成员，这样会减少一级官僚。很明显，国有资产管理局要任命董事、收集信息、评价董事的绩效等，就要使用内部层级制（也许还是按产业加以组织）。这很可能使国家的监督能力减弱，企业的经理人员将继续享有他们目前持有的控制权，最终成为事实上的所有者。对此有不同的看法：有人认为自然地导致私有化并不坏；有人认为可以通过其他金融机构如银行对企业进行监督（青木昌彦，1994）。

3. 非银行金融中介机构的作用与问题

西方大部分经济学家认为，在转轨经济中，股票市场（通过接管和代理权争夺）对公司控制的作用近期内很有限；不过，转轨国家中的人们往往高估股市的这种作用。欧洲大陆和日本的经历表明，大的投资者（或核心投资者）和银行在外部人控制中具有重要作用。

关于金融中介机构在公司治理中的作用，这里有两个基本问题。第一个问题是，这些中介机构的作用可能太小，以至于形成事实上的内部人控制。西方经验表明，养老基金和互助基金从未积极参与公司的控制，即使持有一个公司的大量股份（如果执行指数投资战略——以某种组合方式按固定比例购买许多家股票——则在大多数情况下不可能持有一个公司的大量股份）。东欧国家、俄罗斯的投资基金和互助基金也出现了同样的问题。另一个问题与中国更有关系，就是这些中介机构在公司治理中“太积极”。之所以与中国更有关系，是因为这些中介机构可能是国有持股公司或资产经营公司，是在来自主管部门之类的现有组织设施与人员的基础上建立的。因此，这些中介机构就真有变成带有行政性的干预者的危险。

人们提出几个步骤来限制这一问题。第一，众所周知，政治家与政府机构的目标通常不是利润和经济效率，这被许多经济学家视为公有制的主要缺陷和社会主义经济的致命因素。为了减少这一问题，可以把国有金融中介机构和国资局共同作为社会规则与管理的政府机构（“政府 A”）分离开来。为了实现这一目的，可以在人大的监督下建立一个分离的“政府 B”，包括国有资产管理局和国有金融中介机构，规定其目标为国有资产的价值最大化。对于在“政府 B”中工作的人，应像私有部门一样，只在财务绩效基础上加以评价和奖励。第二，尽管政府的资产经营职能同“政府 A”的规制职能之间的分离至关重要，但这种分离本身并不足以实现经济效率。因此，政府的规制中需要强制金融中介机构将其证券组合充分多样化，以防在产品市场形成垄断。金融中介机构与过去的主管部门计划体制的一个重要区别就在于，尽管金融中介机构仍是国家主办的，如将其资产组合多样化、相互交叉，相互之间就可能存在竞争。资本市场竞争将不仅能够更好地约束企业的经理人员，而且能为评价这些中介机构的经理人员提供更好的信息。

应该指出的是，这些建议至多属于没有先例的社会试验。尽管没有理论能证明这些做法注定要失败，但也没有理论能保证它们一定会成功。因此，应该采取一些步骤，或者通过向国内非国有投资者（私人或集体）出售股份，或者把养老金之类的投资基金转为私人经营。在后一情形中，即使国家仍然是投资基金的股东，基金的经营公司也可以是私有的。

4. 公司治理中银行的作用与问题

如前所述，中国的银行体系已成为企业最重要的外部资金来源，银行和企业的关系因此非常密切。事实上，中国的改革已进入这样一个阶段，其中，企业改革与银行改革相互缠绕在一起，成为改革的主要瓶颈。与企业改革相联系，银行对于解决企业的大量呆账问题，满足对新资本的需要，都具有重要作用。另外，由于银行具有融资与监督能力，所以在公司治理中可起特别的作用。

不过，银行虽然具有资金来源和监督能力，但并不干预企业的日常活动。一般而言，只有在批准贷款或企业经营状况不佳时，银行作为贷款人的作用才是重要的，它平时只是收集信息（这就是说，只实行选择性的干预）。相比之下，上述掌握股本的金融中介机构在动员金融资源方面能力有限，却又不断干预企业的日常活动。如果这些中介机构是从主管部门改造过来的，更会如此。在中国，也许没有任何单一团体能在公司治理中成为占统治地位的力量，未来很可能出现某种“共同治理”，其中银行可起双重作用，一方面能抗衡企业内部人——经理人员，一方面能抗衡控股公司的权力滥用。

日本“二战”后主银行导向型的公司治理经验说明了这种可能性。与其他国家不同，日本的主银行在公司治理中具有积极作用。以银行贷款为基础的“相机性控制”机制使银行能在企业经营正常时不加干预（即实行内部人控制），而在经营不佳时将控制权自动转向主银行（即实行外部人控制）。这种机制为企业经理人员在经营正常时提供了激励，并有利于银行在状态欠佳时实行重组。

企业的财务重组过程一般为银行提供了与企业发展密切联系的良好机会。在日本，银行与企业联系密切的一个历史原因就是银行积极参与了“二战”后的企业财务重组。与此类似，中国要发展银行与企业的密切联系，也可能依赖于以下因素：银行在呆账处理过程中的参与程度，银行吸收呆账的方式，对银行持股的规定，银行与控股公司的力量对比，等等。

不过，银行在公司治理中起重要作用的一个前提条件是，银行必须有能力，特别是有动力这样做。这就要求首先对银行部门实行一些基本改革。下面分析这一问题。

四、 必要的银行改革

银行改革与企业改革是互补相关的，对中国现阶段的改革来说，更是如此。大多数人把呆账归咎于国有企业。当然，如果企业运转良好就没有呆账问题。不过，因果关系也可能颠倒过来：正是因为银行体系不能成为金融资源的有效配置者和企业的监督者，企业才运转欠佳。这种说法似乎很合理，因为银行部门的市场化程度远低于所有其他的非金融部门。众所周知，专业银行更多地服从行政领导，远甚于工业企业。尽管在改革深化过程中，所有其他部门中计划的作用越来越小，但中央政府近来却加强了对专业银行的行政控制，更多地依靠行政手段来分配信贷。近来之所以出现这一趋势，部分原因可归结于总体缺乏实现宏观经济稳定的经济工具，但部分也因为两个相互联系的现象而强化了：通货膨胀导致利率远低于市场均衡水平；在体制外出现了受地方政府鼓励的巨大的金融资源流（即所谓的“乱集资”）。显然，中国现有的银行体系完成不了必要的企业改革任务，在公司治理中也起不了什么作用。银行改革特别需要从两方面入手：一是改革现有银行的激励，二是建立新的商业银行。

1. 改革现有银行的激励

东欧国家近来的经历表明，国有银行的私有化比非金融企业的私有化缓慢得多。但即使不实行私有化，在经过某种重组之后，国有银行的行为也发生了一些变化，贷款更谨慎，更积极地监督企业重组。这表明，不实行私有化而改革现有国有银行的激励，不是没有一点希望的。

说到底，国有银行是金融部门中的国有企业。由于认为银行部门对经济特别重要，所以中国的银行一般都被排除在适用于工业企业的改革政策之外，包括反垄断规定、非国有企业准入、公司化等。银行部门失效的原因肯定在于缺乏这些改革。为了改进银行的激励，现行国有银行的改革有三个急迫任务：（1）消除所有的政策性贷款业务；（2）清理资产负债表；（3）将国有银行公司化为股份有限公司。只有在停止政策性贷款、清理资产负债表和公司化之后，专业银行才能实现完全的商业化。

首先，是政策性贷款问题。1994 年 1 月以来，中国已经成立了三家政策性银行，原设想它们能承担起政策性贷款的责任，但因为三家政策性银行都有自己特定的发展使命，所以实际上是基础设施、进出口和农业方面的发展银行。它们只是根据自身发展目的从专业银行拨出一部分政策性贷款，但没有消除专业银行所有的政策性贷款。结果，剩下的政策性贷款部分（这是问题的核心）仍处于专业银行的责任范围。

政策性贷款实际上是对亏损企业的隐性财政补贴。不大量解雇职工，这些补贴不可能立即取消，而应该持续一段时间。关键是确定一个终止的时间表。国有银行不应再继续承担财政责任。因此，需要像东欧一些国家那样，让其他一些非银行政府机构处理问题，把暗补变为明补。

其次，中国的呆账规模十分庞大。1993 年底，如果呆账占未偿贷款的 20% ~30% （这是一个合理的估计），由于未偿贷款总额占

GDP 的 84%，呆账就占 GDP 的 17% ~25%。约合 5 300 亿 ~8 000 亿元（《中国统计年鉴 1994》）。尽管这种存量问题基本是历史问题造成的，但也影响着目前的激励。一方面，由于债务拖累，银行没有动力对企业加以改组。另一方面，呆账负担未完全从企业和银行转移出去，银行在企业重组方面的作用未被充分利用，所以，对银行无条件地完全重新注资也许是一个好办法。鉴于目前股票市场处于初始阶段以及政府债券的发行能力有限等，中国可以采取一种将政府债券与银行股票结合起来的部分重新注资方案（刘遵义和钱颖一，1994a）。

最后，将专业银行变成商业银行的一个关键步骤是实行公司化。在公司化之后，银行最初仍是国家全资，由几个不同的国家代理机构持有股份。在深圳特区，一些股份制银行（国家代理机构持有其全部股份）中出现的呆账远比国有专业银行少，这也显示了公司化的好处。银行的公司化也使银行能够为重新注资而在股票市场上发行新的银行股票。

2. 建立新的商业银行

改革现有专业银行肯定重要，但可能非常困难。因此，银行改革应该同时包括新的商业银行准入。建立新的商业银行有几个好处：新银行开始运转时有新的所有权和治理结构；不存在困扰现有银行的呆账问题；没有政策性贷款义务；必须力求发展而与现有银行展开竞争。在这方面，工业部门过去 15 年的改革经历提供了重要的经验教训，说明了对现有企业进行改革有多么困难，也说明了非国有企业的准入在产出增长和对国有部门造成竞争压力这两个方面有多么重要和宝贵。新商业银行也有类似的价值，也会对现有银行产生竞争压力。对于让银行有动力监督企业绩效、在公司治理中起积极作用而言，竞争至关重要。

中国目前的四家专业银行基本上垄断着市场。尽管近来出现了一些令人鼓舞的迹象，允许国外银行在中国开办分行或与中国建立合资银行，但这一过程可能比较缓慢且受到限制。如果中国允许建立由地方政府主办或支持的新的区域性商业银行，则新银行的准入进程会大大加快。如果这些区域性银行开业时不是私有的，则不存在政治困难，地方政府对此也会非常积极。

建立新的区域性商业银行的一种可行办法，是把中国人民银行在县、市两级的现有分行的设施转移过来（刘遵义和钱颖一，1994b）。中国人民银行处处有分行，直至县一级，员工超过 17 万人。中国人民银行在缩减之时，可撤销在市、县一级设立的分行，利用这些分行的职工和设施，建立跨省份的区域性商业银行，每家商业银行横跨三四个省份。这些商业银行将是股份有限公司，由相关省份持股（任何一个省份都不能持有一个有控制权的股份，以防止垄断市场），中央政府也可以持有少量股份。

这一方案能够最充分地利用现有分行与职员，从而降低中国人民银行冗员再雇佣的成本。除此之外，另一优点在于能得到地方政府对重组中央银行的政治支持。中国过去的经历表明，地方政府对中国人民银行分行的影响是导致货币政策不稳定的主要原因。如果中国人民银行重组将货币政策集权化，则会大幅度降低地方政府的影响，显然，单单这种重组会遇到地方的强烈反对。如果中央政府一方面实施中国人民银行重组计划，同时又允许建立新的区域性商业银行，那么，地方政府的反对就会大大减弱，这样可以达到既稳定货币又发展金融的双重目的。

五、 结论性评论

1994 年 1 月以来，中国已在其第二轮经济改革中成功地进行了税收、财政和外汇改革。中国目前正集中力量解决最困难的问题：企业改革和金融（银行）改革。改革公司治理结构与融资结构是这两项改革之间的关键环节。

中国是一个大国，各不同部门面临着不同的制度约束和政治约束，因此，公司治理和融资的改革不应按照单一模式进行。即使在国有部门，也可有不同方法。与宏观管理控制（如财政金融控制）方面的其他一些外部性很强的改革不同，企业改革必须经过广泛试点。对于产权和企业改革，中国需要多样化，最危险的改革战略就是对所有企业强制实施一种组织形式。

参考文献

刘遵义，钱颖一．关于中国的银行与企业财务重组的建议［J］．改革，1994（6）．

刘遵义，钱颖一．关于中国的商业银行分权化和中央银行集权化的建议．未发表手稿，1994．

谢平等．中国的金融深化与金融改革［M］．天津：天津人民出版社，1992．

青木昌彦．对内部人控制的控制：转轨经济中公司治理的若干问题［J］．改革，1994（6）．

关于公司化

原编者按：在加速进行市场化改革的今天，国有大中型企业改革应当采取现代公司制度，对于这一点，我国经济界和理论界已有了共识，而且在实践中也有了上千个试点公司。但是，对于什么是公司制度，应当如何建立公司治理结构，公司内所有者、董事会、经理人员之间是什么关系以及公司化在企业制度改革方面起什么作用，等等，认识和做法很不相同，甚至有不少错误之处，这极大地影响了企业改革的成效。吴敬琏、钱颖一两位教授在下面的文章中，对上述问题鲜明地提出了自己的观点，很值得一读。本报特此发表，以期引起讨论，取得共识。

国有大中型企业改革，是我国经济改革面临的一项十分迫切又相当艰巨的任务。虽然多数经济学家和企业家都认为大中型企业应当采取现代市场经济中通行的公司制度，但是，人们对于公司制度的理解存在着很大的差异，具体的做法更是见仁见智，主张各有不同。在这篇文章里，我们拟就公司化的若干主要问题提出自己的意见。

---

* 与吴敬琏合著。原载于《经济日报》，1993 年 8 月 24 日。

一、 什么是公司化

所谓公司化（corporatization）[①]，是指将现有的非公司类型的企业（特别是原来的国有大中型企业）改组成为公司法人组织。公司的主要形式有有限责任公司和股份有限公司两类。

公司化包含三方面的基本内容：

第一，明确公司的法人性质。公司法人的基本特征是：（1）具有独立的法人地位（legal-person status），具有与自然人相同的民事行为能力，可以以自己的名义起诉和应诉；（2）自负盈亏，以由股东出资形成的公司法人财产独立承担民事责任；（3）完整纳税（包括公司所得税）的独立经济实体；（4）采用规范的成本会计和财务会计制度。

第二，界定产权关系，明确投资者对公司法人财产的股权。所谓股权即按出资比例界定的权益，除对公司财产的所有权外，主要是指在股东大会上投票和按期分红的权益。普通股享有投票权，投票原则是一股一票。股东的分红也根据股东所持股票的种类（优先股还是普通股）和持股份额而定。股权具有可转让性，可以易手。

第三，建立公司治理结构（corporate governance）。公司治理结构是指为治理企业在以下三者，即（1）所有者（股东）；（2）公司的法定代表人——董事会；（3）执行管理部门（executive management）之间形成的一定关系。

股东是公司的所有者，股东大会是公司的最高权力机构。股东

① 在吴敬琏过去的文章中，把 corporatization 译为“法人化”，同时注明“也可译为公司化”。鉴于目前有较多的人使用“公司化”的译法，本文统一使用“公司化”的称谓。

有以下权利：(1) 对剩余收入（residual income，指企业在完成各种合同后的剩余收入，即利润）的索取权，即确定分红的权利；(2) 在审议董事会关于修改公司章程、出卖部分或全部财产的建议和财务报告时的投票权；(3) 对董事的选举权和在董事玩忽职守、未能尽到受托责任时的起诉权；(4) 对公司经营活动的知情权和监察权。

董事会由股东大会选出，代表全体股东的利益，负责制定或审定公司的重大经营方针即战略性决策并检查其执行情况。董事会的主要职责是：(1) 制定公司的经营目标、重大方针及管理原则；(2) 挑选委任经理人员，并掌管经理人员的报酬与奖惩；(3) 对公司的经营活动进行考察；(4) 协调公司与股东、管理部门与股东之间的关系。

公司的执行管理机构由高层执行官员（executive officers，指总经理、常务董事等，通称为高层经理人员）组成。高层经理人员受聘于董事会，在授权范围内拥有对公司事务的管理权和代理权，负责处理公司的日常经营事务。经理人员在行使职权时，需遵守法令、公司章程和股东大会及董事会的决议，但不受个别股东的干预。

二、 建立公司治理结构是公司化的核心

在上述公司化的三项基本内容中，建立公司治理结构是最为关键的，因此有必要做进一步的分析。

第一，公司治理结构中“信任托管”关系和“委托代理”关系的区别。

(1) 股东大会和董事会之间的信任托管关系（fiduciary relationship）。

股东出于信任推选董事，董事是股东的受托人（trustees），承担

受托责任（fiduciary duties）。由董事组成的董事会受股东大会的信任委托负责经营公司的法人财产。这种关系是一种信任托管关系，其特点在于：①一旦董事会受托经营公司，就成为公司的法定代表人，是股东利益的代表；股东既然已投了信任票，则不再干预公司的管理事务，也不能因商业经营原因随时随意解聘董事，但可以以玩忽职守为由而起诉董事，或者下届不选举他（们）。不过选举不是由单个股东决定，而要由股东大会投票决定；个别股东如不满意信任托管关系，还可“用脚投票”，即转让股权而离去。②董事的报酬不同于经理人员，董事一般不领取薪金，公司的外部董事可领取一定的津贴或称车马费，表明不是雇佣关系，而是信任关系。在有限责任公司的情况下，由于股东的人数较少，股东（或其代表）可以是董事会的成员，直接控制公司；在股份有限公司的情况下，股东人数较多，便由少数股东代表、经营专家和社会人士等组成董事会。

（2）董事会与公司经理人员之间的委托代理关系。

董事会以经营管理知识、工作经验和创利能力为标准，挑选和任命适合于本公司的经理人员。经理人员接受董事会的委托，便有了对公司事务的管理权和代理权，从法律角度看，股份公司的高层执行官员在公司内部有管理事务的权限，对外有诉讼方面及诉讼之外的商业代理权限。这种委托代理关系的特点在于：①经理人员只是意定代理人，其权力受到董事会委托范围的限制，包括法定限制和任意限制，如某种营业方向的限制，处置公司财产的限制等。超越限制的决策和被公司章程或董事会定义为重大战略性质的决策，都要报董事会决定。②公司对经理人员是一种有偿委任的雇佣，经理人员有义务和责任依法经营好公司事务，董事会有权依经理人员的经营绩效进行监督，并据此做出（或约定）奖励或激励的决定。

在现代市场经济的实际生活中，董事会主要起战略决策和监督的作用，而作为代理人的高层经理人员的权力要比法律上的规定来得更大。因此，如何加强对他们的监督和激励就成为完善公司治理结构的一项重要课题。

应该看到，委托人和代理人各自追求的目标是有不同之处的。作为委托人的董事会要求经理人员尽职尽责，执行好经营管理的职能，以便股东能够取得更多的剩余收入，而作为代理人的高层经理人员所追求的，则是其人力资本（知识、才能、社会地位）的增值和提供人力资本进行劳动指挥所取得的收入的最大化。为此就需要建立一套有效的激励机制，根据经理人员的工作绩效（包括公司的盈利状况、市场占有率、在社会公益方面的表现等）对他们实行激励。高层经理人员的报酬大体采取以下几种形式：薪金、奖金、在职消费、股票或股票期权。此外，经理人员还受到三重市场约束：（1）商品或服务市场竞争的约束；（2）资本市场对企业的评价（特别是股价）的约束；（3）经理人员市场的约束。在这三重市场竞争的激励和鞭策下，经理人员必须兢兢业业地工作。董事会则必然要运用若干监督和评审手段来不断地评价经理人员的代理成绩，包括可指定外部机构对日常经营进行审计和直接任命对董事会负责的财务经理等。

从以上所述我们可以看到，公司治理结构中股东与董事会之间的信任托管关系和董事会与经理人员之间的委托代理关系这两者，在性质、权责和利益等方面都存在着很大的不同。概括而言，在信任托管关系中，股东大会把对公司法人财产的责任全部委托给董事会，不设立与绩效挂钩的激励办法，不能随时更改托管关系。而在委托代理关系中，董事会只是把部分经营权力（日常经营管理权）委托给了高层执行官员，需要设置雇佣和激励机制，可按程序随时召开董事会撤换高层执行官员。委托代理关系也存在于公司内部，如总经理与部门经理、经理与推销员等，这种关系常常是多层级的，但都不涉及产权关系。

在股权高度分散化和在控股公司掌握大量被控公司的情况下，公司内部人员以外的董事即外部董事的作用变得更为突出。这时，在公司外部需要存在相当一批可以受股东信任去托管资产并监督经营的人才资源。通常，其他公司，特别是所谓“关联公司”的经理人员由于懂得经营和财务、关注自身的可靠性价值，往往是外部董事的合适人选，但作为外部董事，信用和责任感更为重要。

第二，公司治理结构的要旨在于明确划分股东、董事会和经理人员各自的权利、责任和利益，从而形成三者之间的制衡关系。

首先，股东作为所有者掌握着最终的控制权，他们可以决定董事会人选，并有推选或不推选直至起诉某位董事的权利。但是，一旦授权董事会负责公司后，股东就不能随便干预董事会的工作了。

其次，董事会作为公司的法人代表全权负责公司，具体委托经理人员负责日常经营管理事务，并负有监督经理人员的责任以及有权确定对经理人员的激励。但是，董事会最终要对股东负责。

最后，经理人员受聘于董事会，作为公司的意定代理人统管企业日常经营管理事务，只有在董事会的授权范围之内，经理人员才有权决策，其他人不能随意干涉。但是，经理人员的管理权限和代理权限不能超过董事会决定的授权范围，经理人员经营成果的好坏也要受到董事会的监督和评判。

第三，公司治理结构具有灵活性。

公司治理结构提供了股东、董事会、经理人员相互关系的基本框架，而在这一基本框架之内，具体的治理结构可以有较大的灵活性。事实上，在各个公司中，由于具体情况不同，有关三者之间关系的规定常常是不尽相同的。例如，股东大会对董事会的授权范围不同：有些公司的股东大会授权董事会决定公司的收购与兼并事宜，有些则由股东大会直接决定上述事宜；多数公司的股东大会授权董事会任命高层执行官员，但也有的公司由股东大会自己掌握最终批准权；等等。董事会与高层执行官员的关系也具有灵活性：有些公司的董事会只任命一位首席执行官（chief executive officer，CEO，即董事会所属执行委员会主席，通常由总经理担任），再由首席执行官任命其余的高层执行官，而另一些公司的董事会不仅任命首席执行官，还任命其他高层执行官（在这种情况下，首席执行官也可以由董事长担任）；多数大公司的董事会设置参与日常经营管理的常务董事，有些公司则不设这一职位；有些公司由董事会较多地负责战略性决策并较频繁地召开董事会，也有些公司董事会把较多的决策权交由高层执行人员负责；等等。

第四，各国的公司治理结构具有不同的特点。

由于历史传统和其他条件的不同，各国的公司治理结构各有特点。例如，虽然市场经济各国的大公司大多以法人持股，即机构持股为主，但日本和德国公司的法人持股者主要是其他企业特别是银行，英美公司则主要是养老基金等非银行金融机构。在日本的企业相互持股体制中，作为公司的大股东，同时也是主要贷款者和开户行的银行被称为主银行（main-bank），美国法律则禁止银行持股。由于股东的构成不同，各国公司治理结构也有区别：日本公司的董事会有较多的由总经理（社长）提名的高层经理作为内部董事；美国法律则规定上市公司的外部董事要占有一定的比重，而且董事会的某些委员会（如审计委员会）要由外部董事组成；德国和某些北欧国家实行双重董事会制度：行使战略决策和监督职能的是监事会（德文为 Ausfichtsrat），董事会则是由高层经理人员组成的执行管理部门。德国法律还规定，监事会的三分之一（小企业）或二分之一

（大企业）成员要由职工选举产生，实行职工参与决策。这些不同的法人治理结构各有利弊，各国公司往往互相取长补短，并随着条件的变化加以调整。

尽管有这些灵活性和区别，但公司治理结构的基本原理和基本框架是同一渊源的。因此，公司化作为企业改制的方向而言也是无二义性的。

三、 需要补充说明的几个问题

以上论述对于公司化做了基本的分析，然而为了避免产生歧义，我们还有必要做三点补充说明。

1. 所有权嵌套关系（全资附属和控股关系）

在市场经济的条件下，一些公司为了扩展和分权管理，往往下设若干独立注册的全资附属机构或是由自己控股的子公司。母公司作为这些下属机构的所有者，其首席执行官对于如何组成这些下属机构的董事会，以及授意董事采取何种经营方针等，都有充分的代表所有者行事的决定权。同时，全资附属机构的资本金反映在母公司的资产负债表之中，年终净利润要并入母公司的利润表，其资产负债表也可视情况并入母公司的资产负债表。进一步讲，子公司的下面还可以设立自己的全资附属机构或“孙子”公司，而且，子公司和“孙子”公司两者之间的关系也如同母公司同子公司的关系一样，子公司又是“孙子”公司的所有者。由此便出现了一种一层“套”一层的产权关系，我们称之为所有权的“嵌套”关系。这里，只使用母子关系的严格定义就能界定所有不同的所有权关系，而不必再去定义祖孙关系乃至曾祖孙关系，否则会产生歧义和混淆。正是由于这种所有制的嵌套关系的特性，市场经济中的层级型控股关系并不需要区分谁拥有所谓“最终所有权”和谁拥有“相对所有权”，采用这种不准确的概念，就会把本来清楚的所有权关系搞得含糊不清了。举个例子来说，如果全资国有的A公司全资持有B公司，B公司全资持有C公司，则不能说国有资产代表机构委托A公司或B公司来代为经营C公司的国有资产。

2. 公司化不等于股权高度分散化

公司化的核心问题是“所有权与控制权的分离”，而不是股权的高度分散化。从公司制度的发展和演变来看，所有权与控制权的分离已成为近一个世纪以来公司制度发展的一般趋势。在现代拥有成千上万股东的大公司中，所有权与控制权已充分分离，但是从目前的国际经验来看，股权过于分散化的效果却不能令人满意。如美国的许多公司股权过于分散化，股东的目的主要是短期内取得红利和股票升值收入，而不考虑资产的长期发展，也不对企业经营进行有效的监督，因此，一些大公司的经营绩效很差。而日本的许多公司股权相对比较集中，主银行起到比较好的控制和监督作用，从总体上看，公司的经营绩效比较好。

另一方面，即便是对国有制企业来讲，如果能通过公司化建立起公司治理结构，明确股东、董事会、经理人员的权利、责任和利益关系，也会明显改善企业的状况。例如，日本国铁和国家电话电报公司在公司化之后的相当长一段时间里，并没有出售股权，但由于公司治理结构本身已经建立起来，同时打破了行业垄断，形成了市场竞争关系，因此，公司的经营状况大有转机。从我国的实际情况出发，在实行公司化初期以建立股权比较集中的有限责任公司为主，可能是比较适宜的。

3. 公司化不等于股票上市

需要着重说明的是，实行公司化的要点在于明确产权关系并建立公司治理结构，使企业真正成为具有法人性质的公司组织。我们之所以要反复强调这一点，是因为在前一段的“股份制试点”过程中存在着一种偏向，即没有把工作重点放在对原有企业的公司化制度改造上，而是认为，“股份制改革”的基本内容就是实行产权股份化和股票上市，把它主要看作企业筹资、创建新企业乃至为部分人取得非分经济利益的途径。由于股票能够上市的只是少数经营收益高的企业，对于多数收益一般或不好的企业来说，是不能通过这种办法解决问题的。尽管大量并不具备基本的公司组织框架和公司特性的企业也可挂上某某公司的牌子，然后用发行股票的办法筹资弥补亏空和扩建，但是，这样带病扩张，而不是先治好病，再求发展，其后果将十分严重。而切切实实地搞好上面所说的公司化则是对绝大多数企业都适用的、有效的。

公司化与股票市场有联系。但是应当认识到，股票市场不仅仅是一种筹资渠道，股票市场对公司经营的评价作用是更为重要的。为了实现股票市场的这种功能，应当力求股票价格反映公司未来的盈利能力，使交易在此基础上进行。然而，从发达国家的股市情况来看，由于股票市场的不完全性，短期行为和跟风行为多，股票价格往往脱离上市公司的实际绩效，也会引起泡沫现象或暴涨暴跌。这种情况已经引起各国金融当局和经济学家的广泛关注。目前我国正处在股票市场建设的初期阶段，尤其应当注重创造对公司的市场评价机制。不能为筹资的方便而制造繁荣的外观，更不能为维持“繁荣”而支撑交易（人为“托市”），因为这样建立起来的股市脱离了公司的实际盈利能力，丧失了评价功能，肯定是病态的。

四、 公司化在企业制度改革中的作用

目前亟须推进公司化的原因是多方面的，其中最重要的原因主

要是以下几个方面：

1. 公司化是制止国有企业经营状况恶化、资产加速流失的迫切需要

目前，我国国有企业正面临着比以往任何时候都严峻的局面。首先，虽然经过多年改革，但国有企业由于行政性束缚过重和内在激励不足而缺乏活力的痼疾尚未根治。加之，统计口径上的缺陷又进一步丑化了国有企业的形象，因而导致人们对国有企业的信心急剧下降。这样，在国有企业产权界定不清又无人负责的情况下，国有资产受到多种方式的侵犯，出现了从企业外部和企业内部通过不正当的经营行为争相蚕食国有企业，国有资产加速流失的现象；而这种情况又反过来进一步恶化了国有企业的绩效。公司化改革有助于明确产权关系，并通过公司治理结构看管好所有者的财产并加强对企业经理人员日常经营行为的监督。

2. 公司化是国有企业改革的合理起点

如上所述，公司化的基本内容是明确企业的法人性质，界定产权，建立公司治理结构。如果我们能够把这一改革付诸实践，那么，便可以为建立新的企业制度奠定基础。其一，可以使企业成为具有很强法人特征的独立的经济实体，并使行政机关对企业的微观干预失去经济依据和法律依据，从而为实现企业的自主经营提供前提。其二，可以明确各个公司的法人资产，为真正实现企业的自负盈亏直至破产提供可能性。其三，可以在保证国家权益（国有资产及其收益）不受侵犯的条件下，使经理人员有职、有权、有责任、有约束、有激励地自主经营，发挥企业家在企业经营管理中的独特作用。国际经验表明，公司化改革可以并行开展，在较短的时间内全面推行和完成。

3. 公司化有利于解决国有企业改革中的其他难点

在国有企业的改革过程中还存在着其他一些比较难以解决的问

题，例如，如何解决国有企业过度负债的问题，如何分解国有企业承担过多的社会保障和社会福利职能的问题。公司化为我们解决这些问题提供了可能的契机。在公司化过程中，需要重新进行股本—债务安排，我们不妨因势利导，通过债权换股权的办法，卸去企业的旧包袱，建立银行等法人持股的新机制。还可能通过建立各种性质的社会保障机构，如各种养老基金、医疗基金等，将部分国有企业的股权，根据其承担职工保障费用的义务大小转给这些基金，从而把社会保障的职能从企业中分离出去。

4. 公司化为企业所有权的多元化准备条件

公司化只是建立市场经济下企业制度的第一步，是为进一步理顺产权关系、促进资本配置的合理化所做的基础性工作。只有先迈出公司化这一步，并扎扎实实地做好工作，以后才能顺利地实现股权的多元化。如果在企业体制正处于转变过程中，公司化的工作还没有完成，企业还没有建立起合理的治理结构和约束机制，就急于实现股权的多元化，其结果必然会侵犯某些股东的权利，并为企业的进一步改革造成障碍。

公司是一种组织形式，本身与所有制无关。公司制度本身为股权结构的合理组合提供了比较灵活的选择环境。但是究竟选择什么样的股权结构，还取决于现实条件和市场选择。在这里，决定所有制的形式和比例所考虑的不应当是某一种意识形态，而应是经济效率和社会福利。

第三部分

金融改革

激励理论与金融改革

本文的目的是引进近年来激励理论上的一些新分析方法，并且以中国改革特别是金融与银行改革为例，说明这些理论及其分析方法。

中国经济改革特别是金融和银行改革现已进入一个新阶段，即企业和银行的基本行为的改变，而激励理论和组织理论正是研究基本行为的理论基础。研究激励理论问题，有几方面收益：第一，会使我们对深层改革有一个比较系统、比较深刻而非支离破碎和肤浅的认识；第二，会使我们掌握一种强有力的分析问题的工具，用以处理复杂的问题；第三，会使我们透过现象分析问题的实质，从而认识到改革过程中不会仅仅只有唯一的模式，看到多样性的可能。

激励理论在近些年得到高度的发展。激励问题狭义地说就是调动人的积极性的问题，这个问题一直是经济学家关注的焦点。

人有积极性才会去工作、去做事，对这种积极性的鼓励既可以是物质的，也可以是精神的。这是一个非常简单的道理：在人没有

---

* 原载于《经济社会体制比较》，1996 年第 6 期。原名为“激励理论的新发展与中国的金融改革”。

积极性的情况下，经济发展就会非常糟糕。传统计划经济失败的一个基本原因就是因为缺乏有效的激励机制。为什么在改革初期，农村过去的人民公社这样的组织形式转变成联产承包责任制后，农民的积极性被调动起来，农业就迅速发展了呢？这可以用非常简单的激励理论来解释，改革的成功在于调动了人的积极性。

但是多数激励问题要复杂得多。这可以从两方面来看，一方面在市场经济国家中组织形式是非常复杂的，公司可以很大，并不是像一个农户那样来经营。市场经济中有非常复杂的组织形式，激励机制各种各样，公司治理结构也千差万别。另一方面，我们在改革中也可以体会到，调动人的积极性并非易事，如城市改革中的承包制或税制改革等都遇到了很大困难。新的激励理论正是基于这样的考虑，发现人们在不同的信息和制度下的行为是不一样的。虽然理论变得比较复杂，但可以解释各种各样的组织和制度形式，而用传统的理论却无法解释。

目前，激励理论主要研究两种现象：一是“道德风险”（moral hazard）问题，其基本含义是说，人们的许多行为是不可观测的，比如你无法预知质量的好坏，也不知道人们努力的程度，等等。二是信息不对称问题，或者称为“逆向选择”（adverse selection）问题。这两个问题是激励理论最基本的研究对象。

由信息这一基本角度来看问题，就可以理解组织和制度在权力和信息的分配上做出的各种规定。组织与制度的形式会影响人们的积极性，要改革经济的组织和制度必然要改变激励机制，改革的目的是要调动人的积极性，但是另一方面，改革也会导致新的激励问题。

下面我想以四个例子来介绍激励理论的四个方面，这四个方面当前已有相当深入的研究。为说明基本想法，我使用中国金融与银行改革中遇到的一些问题作为具体实例。举这些例子的意义一方面是想说明这些理论的直观含义；另一方面是想说明中国改革每天要遇到的事情可以用激励理论来分析。

一、 从控制权配置角度研究激励问题

研究激励问题的传统模型有两个不足之处，一是在谈到激励问题时只注重收入的分配方式。比如债务与股本金在收入分配方式上不同，债务的方式是，只要偿还得起就付给债权人固定的利息，但付不起时所有的钱都要付给债权人；而股本金就不一样，它只是在付给债权人后付给股东一个按比例的分红。传统的激励理论到此即止。事实上，除了收入的分配方式不同以外，债务与股本金的控制权分配方式也不一样，债权人只有在你付不出钱时才对企业有控制权，股东在通常付完债权人债务后的情况下，是有控制权的。二是过去的理论只注重货币收入，而不注重非货币的“个人好处”(private benefits)，而这恰恰是与控制权连在一起的。我们都知道，在中国，企业经理的货币收入和工人差别不大，工资加奖金最多是工人的3～4倍。但是作为一个企业经理或银行的负责人，有很大的控制权，可以通过控制权得到的好处很多，用公司的信用卡买东西或者请客吃饭，利用权力为自己的孩子安排出国，等等。所以，对于经理来说他们关心的不是给多少工资，而是控制权本身，这是很大的激励。同样的道理，如果剥夺其控制权，对经理或银行的负责人来说就是非常重要的惩罚。这两者相结合将使我们对激励理论有新的认识。在新的激励理论中，给不给控制权，给多少控制权，什么时候剥夺控制权就成为一个重要的激励手段。

我想举两个例子，一个是我们经常讨论的公司治理结构，公司

治理结构作为激励机制取决于公司的资本结构，即股权与债权的适当比例。在这里，债权的特殊作用是有一个状态相机的控制（contingent control），也就是说控制权是会转移的，如果你付得出债务，你的控制权就在股东（实际上在经理）手中；但是如果你付不出，这时控制权就自动转移到债权人手中。这就很自然地引进了债权人的作用。在中国和其他一些国家，最大的债权人是银行，自然要提到银行的作用。注意到这一点，银行不仅是融资机构，而且会有适当行使控制权的作用，注意这个“适当行使”很重要，不是说它总对公司有控制权，它只是在企业无法偿债时才能行使一定的控制权。一个最明显的例子是日本的主银行制，主银行监督下面的企业，只在企业情况不好时才实行控制权。我想在这里提一下中国最近采取的“主办银行”体制，一个国有企业主要由一个国有商业银行融资。这与日本的主银行制是很不一样的，这里有两个显著的不同之处：首先，日本的主银行制在融资方面是很多银行对一家企业，就是为了防止单一银行对一家企业融资带来的问题。而中国恰恰相反，由一家银行对一家企业包办融资。其次，日本主银行制重要的是控制权和监督权上的单一性，就是说主银行的重要作用在于企业经营不善时可对经理进行惩罚的控制、监督机制。而目前，中国实行的“主办银行”制恰恰没有重视这个控制权的适当使用。

国内许多经济学家抱怨国有企业债务负担太重，它们要偿还太多债务，认为这样会妨碍企业经营的积极性。有意思的是，最近激励理论的研究认为，“债务”是一个重要的激励手段，因为债务如果还不上，就会逼迫经理交出控制权，控制权将转移到债权人手中。当然，在中国有其特殊情况，银行是否能起到这种监督作用还是个问题。我想说明的是，如果从控制权角度来说，激励机制理论表明，债务多并不一定妨碍经理的积极性，在很多情况下恰恰相反，它是激励的好办法。

另一个例子是关于银行的治理结构。银行也是企业，也有治理结构问题，然而它又与一般企业有区别。比如说它有较高的债务股本比例，而且存款随时可取，有结算功能。但重要的是债权人是存款者，人数众多且很小，又没有组织。既然银行是企业，就有经理，从而也有激励问题，但如何监督银行经理的行为呢？这就需要一种比较特殊的治理结构。各国通常采取对银行的“审慎管制”，特别是如《巴塞尔协议》对资本金的各种规定都是为了提供这样一种治理结构来解决激励问题，使得银行经理的行为比较负责，比较规范化。从控制权角度讲，中央银行或其他的金融管理部门对商业银行的关系就类似于商业银行对企业的关系。如果银行经营得不错，经营行为都符合种种安全规定，金融管理机构不必干预商业银行的经营，但是如果银行出现了各式各样的危机，那么金融管理机构就会对其活动进行很大的限制甚至进行整顿或关闭。所以，银行治理结构也很值得重视，但其问题的实质仍与企业治理结构相仿，尽管有些特殊情况。

二、 从动态的、 多阶段角度看激励问题

一些激励问题是静态的、一个阶段的。但是时间有今天、明天，贷款也有多个阶段。如果从动态角度看，激励问题就有许多新的问题出现，同时有许多并非显而易见的微妙道理。举例来说，软预算约束是国内最熟悉的了。国内有许多“钓鱼项目”，一个企业或一个地方政府立项今年投资 100 万元，第二年可要求银行再贷款 100 万元，这样项目才能完成，并答应还款 150 万元。从“第二年”角度

讲，第一个100万元已经沉没了，任何一个理性人都会认为这样的贷款是应该的。但从整体来看，一共投资200万元，获得的回报是150万元，这是没有效率的。由于沉没投资造成的动态激励问题是一个非常普遍的现象。再比如在过去计划经济体制下雇了很多工人，遗留了很多项目。给定这些项目已经上了，企业已经建了，工人已经雇了，必须再养一段时间，尽管从事前看是无效率的，可是从事后看解救工人是理性的，这种软预算约束的真正严重性在于此类预期会造成激励问题。企业或地方政府会拼命上项目，因为他们知道事后总能再贷款。在多阶段的情况下，一个很重要的问题就是“承诺”。如果贷款人能够非常可信地威胁说，假如你投资100万元无效，我一定不再给你贷款100万元。投资者的行为就会有很大改变，他在投资时就会很小心。但往往这个“承诺”是不可信的，在事后，从贷款人自己的利益出发甚至也希望继续发放贷款，因为事后的150万元比100万元要多。所以，不可信的承诺就成为一个重要的问题。解决这个问题会引出一些有意思的结果。比如在动态情况下信息越多并不一定越有效率。在静态情况下，信息越多肯定越好，因为你观察得越准确，激励机制也就越强有力，但在动态情况下就不一定如此。也就是说，信息越多不一定越好，控制权越大也不一定越有效率。还举刚才的例子，假定企业已投下去100万元，又找银行要求再贷款100万元，如果银行信息很充分，知道给你100万元会得到150万元回报，理性要求银行一定贷给企业100万元。但如果贷款人的控制权很小，或者说信息不充分，100万元投进去事后只得90万元，那60万元可能让经理藏起来了。但这在事前就是一个“可信承诺”（credible commitment），上述激励问题就可以得到解决。所以从动态角度看事后控制权越大，信息越多，未必对事前看是好事。另外一个有意思的事情是，如果贷款人太关心工人利益，最后可能恰恰会损害工人的利益。比如我们拿国有企业和乡镇企业相比较，乡镇企业预算约束相对较硬，不给贷款即使破产了问题也不太大，在某种程度上不怕农民上街。实际上从长远来看在乡镇企业受雇者可能效率更高。但那些国有企业就不一样了，从某种意义上讲，因为政府关心工人的利益，事后来看这未必是件好事，因为软预算约束对国有企业的整个利益是有损害的。

总之，从多阶段动态角度来看激励问题，就可以分析很多微妙的关系。我们可以看到控制权越大，信息越好，不见得效率越高；越想关注社会福利反而可能导致整体福利下降，对效率来说，多重目标也许还不如单纯的利润目标。

三、 从多任务角度看激励问题

我们知道公司、企业或银行的运作并非单一任务或工作，而且这些任务并不对称，有些结果是可观察的，有些却观察不清，提供激励时效果就不同。不同工作之间还会有相互作用，一种激励对某种工作是正激励，对另一种工作可能是负激励。比如教师的工作是教学，可以分为两个任务，一是升学率，一是培养人的创造力。升学率与创造力的培养是不一样的：升学率能够清清楚楚看得到，而创造力培养就很难度量。如果对升学率有很大奖励，教师就会把所有时间和精力放在升学率上，必然就会影响创造力的培养。从这个意义上讲，升学率与创造力培养这两者之间是替代关系，在提供激励机制上就应比较小心。这就是为什么说，即使在市场经济中的企业，对某种工作并不是越提高激励就越好，要放到整体看，对一方面活动激励强了，可能会影响其他方面。而事实上企业或组织与市场不一样的地方就是故意削弱某些方面的激励。比如为了要培养创造力，就要削减对升学率的奖励。因而提高积极性不是一维问题，是个多维问题。现代激励理论正可以使我们分析问题时变得复杂一些。

举一个简单的例子，比如专业银行在转轨之前有政策性贷款和商业性贷款，这两重任务在计划经济下没什么问题，完成计划就行了。但在向市场经济转轨的时候，银行经理或负责人的自主权得到了增强，他就有了一定的灵活性，商业贷款因为是有利润的，经营好可通过各种途径得到好的回报，激励就强了；政策性贷款就不是。在转轨情况下，由于利益向一方倾斜，挪用政策性贷款的积极性随之上升，在政策性贷款和商业性贷款不分离的情况下，改革反而使政策性贷款的使用受到影响。对于这样的问题有两种解决办法，一是把任务分离，如果可以的话。但在一些情况下是不可以的，比如刚才教师的例子。而商业银行和政策性银行的建立在某种程度上可以解释为将这两种任务分离了，分离以后对各自的激励就比较好控制。二是如果不能分离，就必须降低对某种任务或活动的激励，才能保证另一工作或任务有一定的激励因素。

四、 从多代理人角度看激励问题

多代理人的一个基本问题是“合谋”问题，这个问题也关系到腐败问题。传统理论中的委托代理问题是一个委托人、一个代理人。然而，在实际中我们都知道有多个代理人（有的情况下是多个委托人，在此不予讨论）。比如说中央政府下面有地方政府，地方政府还有更下一级政府，从银行角度也是总行下设分行，分行又要和企业或地方政府打交道，这就出现了多个代理人的复杂局面。

举例来说明合谋可解释的一些现象。比如在1993—1994年通货膨胀率较高时，实际利率低于均衡利率，银行利率大概为10%，而市场（均衡）利率为18%，为什么在那种情况下制定接近均衡利率的阻力很大，而且这个阻力往往来自银行内部和国有企业？道理很简单，假定站在中央银行角度看，商业银行贷款利率为10%，市场利率是18%，国有企业作为贷款人也很清楚，如果官定利率不提高，18%减10%，得到的8%利差就可以两家私分，利率如果趋向均衡利率，差价部分将趋于零。这就是为什么银行经理和国有企业经理在这个问题上利益是一致的，因为他们可以合谋，可以串通，一起对付中央银行的决定。

有趣的是这与改革有关，在计划经济时期没有非国有企业，所谓18%的均衡利率是拿不到的，因而合谋的好处也就没有了。另一方面，在完全的市场均衡利率下，也不会有这个问题。因此这种合谋的可能性或者说积极性的确是与外面的环境——市场有关，特别是在转轨过程中引进了很多市场机制，从而产生了很多新的激励问题。不错，我们引进市场是为了增加积极性，但在你增加一种积极性的同时也会增加另一种积极性。前一种积极性是你想要的，而后一种积极性可能是你不想要的，但由于市场经济规律，它必然会出现。因此，前述合谋的例子是说在有市场的激励因素却又不是均衡时，最有可能产生合谋，同时也就解释了这是导致腐败的一个重要原因。

解决合谋现象降低效率问题，办法是什么呢？这也有很多研究。首先，是信息的作用，独立审计是很重要的。独立审计并不是因为它的审计比别人精确，重要的好处是它是“外人”，所以比较客观，较少合谋的问题，这里面就有了一种替代。有时你的信息特别好，但你有合谋倾向，这时，你的信息是没有用的。有时你的信息不一定很好，但由于你是外人而可以特别信赖，在此情况下就很有用。

其次，可以采用轮换制。因为合谋串通的交易都是非法的，这样的交易只有通过长时间积累的信任才能达到，不可能通过合法、规范的合同来完成。但如果经常轮换代理人的工作，就打破了这种长期建立的关系。在这种情况下，轮换制对解决合谋问题就有一定的好处。最后，是交叉制。有些任务明明可以由一家承担，偏偏要两家共同分担。比如党政之间有重叠，会有矛盾，不过从某种意义上讲，实际采用了一种相互制衡的交叉制。这样的互相制衡和重叠，就加大了合谋的难度，因为此时有些信息是共享的，如果与他人合谋，别人就会知道。这对反腐败也有意义。

以上所讲的四个方面，每一方面强调激励问题的一个角度，同时用中国金融改革的例子来说明。最后我想总结一下，银行改革、金融改革或企业改革，微观行为的规范应是一个重要的考虑，在这方面激励理论提供了一个系统地分析问题、看待问题的工具。

信息组织和制度是研究激励理论的重要方面，也是实施改革要考虑的实质性步骤。虽然各国的实际情况千差万别，但分析行为问题的原理是一样的。改革是为了激发人们的积极性，但积极性是相当复杂的问题，绝非一句简单的口号可以解决。同时，调动某种积极性也会带来新的激励问题。

上述例子都是大家熟知的，目的主要是说明激励理论可以提供给我们分析经济的有效方法。我认为，引进激励理论可以达到三个目的：第一，可以把问题讲得清楚一些；第二，可以分析得深刻一些；第三，可以把表面上似乎不相关的问题联系起来，分析出背后深层的有机联系。因此，当大家都认为经济改革进入一个新阶段、深层次的时候，理论上的分析也应有一个深层次的发展，超越过去的就事论事，上升到一个系统的、深刻的认识。激励理论就是这样一个很好的研究工具，可以使我们在分析改革上有很大收获。

银行和企业的财务重组

1994 年 1 月以来，中国的外汇改革和财税改革进展顺利，比较成功。不过，这些成就也使银行改革与企业改革显得滞后，成为整个改革过程的主要障碍。为了试图解决中国经济政策制定者最关心的一些问题，我们在本文中提出了现阶段可以实施的银行与企业财务重组的一些方案。首先，我们提出一个方案，它能够处理商业（专业）银行资产负债表中大量不良贷款引起的一些问题，以及与此相关的商业银行注资不足问题；其次，联系到银行资产负债表的清理，我们提出国有企业进行财务重组，而不必实行大规模直接破产的一种方法。为了实现这两个目标，我们也建议设立可称为企业银行重建基金的政府信托基金，以利于企业与银行的财务重组。

本文结构如下：在第一部分，我们详细说明中国面临的清理资产负债表的任务，以及完成这一任务面临的约束条件。在第二部分，总结东欧国家和日本在“二战”后的经验教训。在第三部分，阐述作为我们方案基础的三条基本原则。在第四部分，我们将解释为什

---

* 与刘遵义合著。原载于《改革》，1994 年第 6 期。原名为“关于中国的银行与企业财组的建议”。银温泉译自英文。

么需要有新的制度即重建基金。在第五部分和第六部分，我们将所提建议加以细化。

一、清理资产负债表的任务

中国的不良贷款问题有以下几个特征。[①] 其一，规模很大。[②] 如果银行未偿贷款总量的20%～30%为不良贷款，那么，在1993年底，因为未偿贷款总量占GDP的比例为84%，不良贷款占GDP的比例就达17%～25%，折合5300亿元～8000亿元（《中国统计摘要1994》）。其二，出现不良贷款的原因是多方面的，很复杂。计划不周、价格扭曲、政治考虑、管理不善等，都可能产生不良贷款。其三，不良贷款问题不仅仅是过去遗留下来的一次性现象，它每天都在发生。不良贷款—政策性贷款—不良贷款之间的恶性循环仍在继续。其四，由于债权人是国家，由于国家力量很强大，可以不履行最初的诺言，所以就可能产生严重的承诺问题。这会严重损害其声誉，并使有可能取得成功的改革方案破产。最后，中国目前的宏观经济环境也有利于解决不良贷款问题，因为高增长率（每年10%左右）意味着能够比较容易地筹集未来岁入，弥补过去的亏损；高储蓄率（占GDP的35%以上）意味着银行的资产及由此而来的利润与净值可在一个较短时期内迅速恢复；高通胀率（每年10%～20%）和负的真实利率将减少或冲减企业与银行的部分实际负债。

在这里，重要的是了解中国的不良贷款问题不同于其他许多国家的深层原因。中国实质上只有一个债权人，即国有银行（实际情

---

① 在本文中，不良贷款不包括逾期贷款。

② 这不包括企业之间的债务，也就是通常所说的三角债。

况要比单一债权人模型稍微复杂些，因为可能涉及两三个银行）。西方的破产程序之所以出现许多难题，只是因为有许多类别的债权人，中国的情况从理论上讲要比西方的一个典型案例简单些。不过，由于债权人（国有银行）和债务人（国有企业）最终由同一个“人”（国家）拥有，所以，原则上很容易认为简单注销债务即可。但是，中国面临的真正挑战在于，在同一名义所有者（国家）之下，与债务有重大利害关系的大集团有三个，它们具有非常不同的部门（institutional）利益。国有企业（其代表机构是国家经贸委）期望注销和减免更多的不良贷款；国有银行（其代表机构是中国人民银行）则倾向于反对这样做，如果自己得不到足够补偿的话；财政部也不想用预算岁入为重新注资提供资金，以免进一步增加预算赤字。改革的关键是确保这些部门利益都能得到考虑，并加以平衡，同时不牺牲国家整体利益。另外，国家也要确保债务注销不会像原来一样隐性地刺激企业与银行未来再出现不理想的行为。

在中国，企业与银行财务关系的重建是一个非常复杂和漫长的过程，因而有必要将整个过程从理论上分解成两个阶段：第一阶段（转轨阶段）的任务是清理银行与企业过去的资产负债表，这实际上是一个一次性的任务。第二阶段（稳定阶段）的任务是针对转轨阶段留下来的问题，建立一些处理不良贷款问题的正式博弈规则和企业破产程序。本文将只关注第一阶段的任务：在不进行大量企业直接破产的条件下，如何处理现有不良贷款问题。①

在转轨阶段的初期实行企业重组、解决不良贷款问题时，为什么

① 阿吉翁、哈特和穆尔（1992）提出的一个新破产程序，可能优于美国破产法第 7 章（清算）和第 11 章（重组）。他们认为前者失之过严，后者则嫌太软，他们的建议在清算与重组之间找到了恰当的平衡。中国在第二阶段选择破产程序时，也许可以参考这一建议的某些部分。

要避免大规模的直接破产呢？其一，如中国政府明确宣布的，政治稳定最为重要。破产将导致许多工人被解雇，从而会破坏政治稳定。其二，其他国家的经验表明，破产是一个成本很高的过程。对转轨经济来说，因为破产很容易使体制负荷过重，拖延转轨过程，所以就更是如此。其三，即使破产的成本不高，在第一阶段也不一定理想，因为很难判断产生不良贷款的真正原因。不良贷款状况可能是所用资产不佳造成的，不管谁来管资产都一样；也可能是表现不佳的管理部门造成的，这时，一个较好的经理就能拯救整个企业；也可能是过去的外部原因造成的，因而不是管理部门能左右的，不过，持续的改革努力可能消除了这些外部因素（如价格扭曲、不当的会计做法）。最后，在国家保护债权人利益的能力很弱时，清算过程中就会出现大量代理问题，国有资产将有可能被企业的经理人员与工人侵吞。

二、 其他国家的经验教训

尽管发达市场经济能对完成稳定阶段的任务提供很多东西，但对完成转轨阶段的任务无能为力。与中国关联最多的经验来自其他两方面：东欧国家近年的转轨经历和“二战”后的日本，对它们来说，大量不良贷款都曾是主要关心的问题。在东欧案例中，除政府承诺实行私有化外，其环境与中国类似。不过，要对东欧改革战略的结果做出判断，目前仍为时过早。① 在日本案例中，不良贷款问题看上去与中国类似（也占 GDP 的 20%），但其环境有些不同。在日本，不良贷款是外部因素即战争强加的，只是一次性损失，能够明确区分出来；而且，与中国目前相比，“二战”后的日本在银行和企业都有较多合

① 在俄罗斯，恶性通货膨胀使大部分旧债荡然无存。

格的经理人员，拥有比较发达的金融市场（即股票市场）。日本的经验被证明是成功的。两类经历中的一些因素可能都对中国有用。

东欧国家的不良贷款规模（1991—1992 年占全部未偿贷款的 20% ~30%）与中国相同。所用的方法因国别、时间的不同而有差异，但大致可以区分出匈牙利、捷克和波兰几种类型（迪图斯，1993）。贷款存量分为两类。对于实行低利率、存量清楚的那类贷款（如住房贷款），很多国家喜欢把它从银行中分离出来，纳入独立的组织，对利息实行预算补贴。对于剩下的不良贷款，基本上有两种方法：一是对银行重新注资，让它们自己处理贷款（捷克和波兰）；二是把一些不良贷款分离出来（匈牙利）。在这两种情况下，重新注资都是通过发行政府债券进行的。在波兰，银行的重新注资根据它们对企业重组的监督而定，匈牙利的重新注资则没有什么限制。对于那些靠不断流入信贷才能存活的企业，波兰提供了一个可以不进行清算的可选择方案：向企业提供有年度预算最高限额的特殊资金支持，作为企业激烈调整的条件。捷克则没有提供这种支持计划，而是承诺实施私有化。

日本"二战"后的银行与非金融公司的大规模重构或重组具有几个显著特征（星岳雄，1994）：（1）在日本，银行重组先于非金融工业公司的重组，其部分原因在于反托拉斯的做法造成后者实施稍晚。（2）在两种情况下，资产负债表分成新老两个账目，新账目用于继续开展业务。（3）在老账目中又建立了协调（reconciliation）账目，使重组过程继续进行，甚至在后来新老账目合并后也是如此。[①]（4）银行在 1949 年 8 月股票市场崩溃前，也能够利用股票市

① 这一过程实际上比较缓慢，两个账目的合并在银行花了两年时间，在非金融公司时间更长些。重组开始后过了 13 年，被冻结的银行存款才全部支付完毕。

场重新注资。（5）在公司重组过程中，银行向企业派出代表，从而开始了银行与企业之间的密切联系。日本的方法避开了正式的破产程序，很少有清算，主要依靠（法庭之外的）重组，重要的是，这种做法取得了成功。

三、 作为我们所提建议基础的三条原则

我们的建议总结了其他国家的一些有用教训，考虑了中国经济的具体环境。我们从一开始就认识到，一些投资成本是沉没成本，企业的亏损是实实在在的事情，大部分不良贷款（如果不是全部的话）不可能收回。问题在于怎样把这些亏损反映在金融资产负债表中，怎样才能前进一步，又不刺激再次发生大量不良贷款问题。我们的建议立于三条基本原则之上：（1）在解释银行与企业的重组顺序问题时，我们把银行放在优先地位；（2）我们明确划分不良贷款存量和预计成为不良贷款的“政策性贷款”流量，予以不同处理，并认为总体而言流量问题更重要；（3）我们强调政府做出可信承诺的重要性，强调政府只能一次性地运用我们提出的重组方法，以后就要改革制度。

为什么首先强调银行重组呢？其一，国有银行的数量很少，仍掌握在中央政府手里，银行内部的组织与核算也相当集权。相比之下，非金融企业的数目很庞大，大多数企业还掌握在地方政府手中，这些企业的内部组织相当分权化。因此，国家在重组过程中对银行实行控制和监督比对企业实行控制和监督容易得多。其二，银行部门是一个扩张性的经济部门，银行重组不大可能牵涉任何关闭或清算。其三，在重组后，银行的激励可以得到增强，这样，就能有效地利用银行代表国家监督企业重组。在我们的建议中，以后也的确要依靠银行对企业进行财务重组。其四，与企业相比，国有银行的

资产组合是多元化的，暴露在很少的个人偏好的风险之中。

为什么应把存量与流量分开，更重视流量问题呢？存量问题是过去的问题，金钱已经损失了，这些损失在哪里以及如何重组的选择是一种会计做法。剩下的主要是租金分配问题。重要的是把以后的一次性清理（即存量问题）和重复性程序（流量问题）区分开来。有了重复性程序，租金的事后分割就有重要的事先刺激效果。一次性清理则不然。这样，由于流量问题的解决影响未来的期望和行为，所以在现阶段更重要些。中国并不像东欧国家、俄罗斯那样打算实行私有化，所以，补贴或"政策性贷款"的继续存在仍是一个问题。当然，存量和流量紧密相连：一方面，不解决流量问题，存量将会上升；另一方面，不解决不良贷款的存量问题，银行就会继续贷款给老主顾，并因为债务威胁而没有动力帮助企业重组，结果，信贷误配的流量问题继续存在。就当前而言，我们认为前者是主要的。

政府承诺为什么至关重要呢？在一次性清理中，重要的问题是提供一些可信的信号，说明以后不会再这么做，以防止流量再次变成存量。与一般的旨在取得事后效率和事先约束效应的破产程序有所不同，转轨时期的战略目标是获得事后效率，并承诺进行制度变革。没有这种承诺，财务困境就会几年来一次。因此，政府的工作重点应是通过制度安排遏制并最终制止政策性贷款流量问题。如果政府实施的新破产程序适用于渡过转轨时期的企业，承诺的可信程度就会提高。企业不良贷款的注销和银行的重新注资只能做一次，以避免企业和银行出现道德风险。在这以后，市场原则将占统治地位，国家将不再插手干预破产。不过，同样重要的是，政府预先要提供一定的宽大政策，以避免引起社会不稳定。这种不稳定将反过来导致事后推翻所推行的政策，破坏政府承诺的可信性。

四、 建立企业银行重建基金

我们建议，为了有利于企业与银行重组，应当建立企业银行重建基金。重建基金可属于国务院，也可属于财政部。重建基金有两个重要职能：(1) 作为一个中介机构向银行发行债券，冲减不良贷款造成的损失。这是解决不良贷款问题的第一步。(2) 作为政策性贷款的替代物，通过一个专门机构向亏损企业提供补贴，从而解决流量问题。重建基金将纯粹在托管权力方面代表国家持有银行的普通股。国家通过国务院或财政部，最终根据重建基金的普通股行使投票权。

为什么为了这一目的要建立重建基金呢？长期以来，人们一直认识到政策性贷款问题的重要性。1994 年 1 月以来，中国已经建立了三个政策性银行，承担政策性贷款的责任。由于它们各有专门的发展任务，所以实际上是基础设施、进出口和农业部门的发展银行。因此，它们一开始从专业银行拿走的只是用于发展目的的贷款，而未能把所有的政策性贷款都转移出去。结果，政策性贷款中剩下来的部分（问题的核心）仍属于专业银行的责任——流量问题仍然存在。我们提出建立重建基金的目的是把政策性贷款转移出去，银行纯粹根据商业原则运转，并以一种透明的方式进行必要的补贴，这样，重建基金就为银行与企业的重组提供了一个重要的联结点。

我们强调重建基金是一种政府信托基金，不是银行，重建基金的运转是完全透明的。作为一个新机构，一个使命清楚而具体的信托基金，重建基金可能最有能力使政府发出关于制度的真实交换信息，承诺终止政策性贷款，最终终止补贴。借助于这一新的制度安排，我们提出的银行与企业财务重组的建议就不仅仅是一种会计做法，它要改变的是银行与企业的未来预期。

重建基金是一种信托基金，需要注入资本。资本注入可有多种方式。它的负债，即向银行和用来替代“政策性贷款”而向企业发行的债券将会很大。不过，它的年支出，即资金的向外流动，将相对很小。但即便如此，它也要求有一个稳定的现金流量来源。一个潜在来源是银行向持有普通股的重建基金支付的红利，当然，前提是银行有足够的盈利能力公布其普通股红利。另一个潜在来源是银行未偿贷款的利息（在下一部分讨论）；不过，由于第二个来源依赖于收款状况，所以不太可靠。当然，政府可拿出一些生息债券给重建基金，或授权重建基金向公众发行它自己的债券。为了确保现金流量的稳定来源，我们还建议，政府也许应把部分好的国有企业的股票分配给重建基金，这样，重建基金能把这些企业支付的红利用于自己的开支，而不用再直接求助于国家预算。在我们的提议里，重建基金的资产负债表和现金流量将分别采取表 1、表 2 的形式。详情可见以下部分。

表 1　企业银行重建基金资产负债表

资　产	负　债
政府债券	向国有银行发行的非转让性无息票债券
在国有企业中的普通股	向“试用察看”企业发行的非转让性无息票债券
在国有银行中的普通股	财政部的垫款
不良贷款权益的 50%	企业银行重建基金向公众发行的上市债券

表 2　企业银行重建基金年现金流量

流　入	流　出
财政部的新垫款净额	向国有银行发行的到期无息票债券
在国有企业中的普通股红利	向“试用察看”企业发行的到期无息票债券
在国有银行中的普通股红利	向公众发行的重建基金债券的到期应付利息和本金
收回不良贷款权益的 50%	
重建基金发行的新债券收入	

五、银行的重组和重新注资

就银行而言，最简单的解决办法是让重建基金购买银行的所有不良贷款。不过，这会有极高的成本。可以使政府债券发行的现期成本最小化的一种做法，是发行各种期限的不可转让的无息票债券。例如，政府可以把 50 种具有不同偿还期限的无息票债券转让给银行，充当价值 1 亿元的债券（偿还期在 50 年以内、平均年利率按 6% 算，这一利率是如此长时期的长期利率的合理估计）。[①] 因为这些债券都是不可转让的，所以，发行债券将不会对一般的债券市场产生可以察觉到的影响。政府将只需要在第一年付 200 万元、第二年付 212 万元、第三年付 224 万元，依此类推。由于经济持续增长和通货膨胀持续存在，运用不可转让的无息票债券就能大大减轻政府的财务负担。

重建基金通过发行这些债券完全购买不良贷款的做法也存在另外一些问题：（1）该基金没有或仅有极小可能收回不良贷款；（2）只有银行才有某种能力从企业中收回贷款，但此时它已不再有收款的积极性；（3）即使在重组后，银行的资源也没有真正重大的增加。为了避免这些问题，我们提出如下银行重组办法，并包括以下四个步骤。

步骤 1：按市场价估价。每一银行的资产与负债都必须按市场价估价。一年以上的不良贷款将标价为零；名义利率较低的债券在估价时要对其面值打折扣；银行拥有或控制的不动产（这里就

---

① 债券的面值将等于其本金的价值。其利率将反映较长期基金的机会成本，这一利率可能大大低于现期短期利率。不过，利息将只根据债券的偿还期限而增加和偿还。

有长期可转移的使用权）将根据市场价估价；尚未注入资金的未来养老金负债的现值也包括在负债之中；等等。这样，我们对银行净值就有了一个真实的了解。一些银行的净值在市场基础上将很可能变成负的。不过，在某种情况下，一些银行仍会拥有或控制大量的不动产或其他资产，这些资产随着时间的推移很可能升值。在某种程度上，资产的净升值还会很大，可以对资产重新估价，以减少银行不良贷款注销的数量，从而减少所需的重新注资规模。

步骤2：公司化。国有银行的公司化意味着银行将采取股份有限公司的形式，但控制权仍然可以完全掌握在国家手中（需要强调指出的是，公司化不等于私有化）。银行的公司化能够消除实施“政策性贷款”的义务，使专业银行重新注资，并因此使银行纯粹根据商业原则运转，特别是，银行公司化为国家对银行实行预算硬约束提供了条件，这反过来又能对企业施加预算硬约束（下一部分将讨论在专业银行重组成纯粹的商业银行之后，哪一个机构能够提供“政策性贷款”）。在我们提出的重新注资方案中，由于公司化使银行有可能向公众发行优先股（没有投票权），因此使银行能得到新资源，所以，公司化至关重要。

银行在公司化以后将有两类股票，即普通股和优先股。优先股实行分红，红利率稍低于长期债券利率，在清算时也比普通股优先。不过，除非银行处于破产过程，否则，优先股将不会有投票权。因此，在这一建议中，对银行的控制与管理全由普通股股东（此时是国家）行使。

步骤3：确定重新注资的形式。完全重新评估甚至都不足以弥补不良贷款造成的损失。为了对银行加以修整，满足国际清算银行（BIS）的资本充足率要求，也就是使资本对资产的比率为8%，银行需要重新注资。由于负债总额 = 除股东股本以外的负债总额（TLOTSE）+ 股东股本，所需的资本等于 0.087 × TLOTSE［其中，0.087 = 0.08/（1 − 0.08）］，所以，所需的重新注资金额大约可由以下公式给出：

$$[0.087 \times \text{TLOTSE} - \text{按市场价计算的净值},\ 0]\ \text{的最大值}$$

根据这一公式，银行的净值在重新注资以后将正好等于其资产总额（= 负债）的 8%。资本注入将采取三种形式：重新估价资产（如步骤 1 所提），① 国家提供不可转让债券（及向国家发行普通股），向公众发行优先股。作为重新注资的一部分，不良贷款将在银行的资产负债表中减少到零，但不良贷款中定期权益的 50% 将转移给重建基金。

我们区分了两种情况：（1）按市场价计算的资本净值为非负数；（2）按市场价计算的资本净值是负数。

（1）净值为非负数的案例。如果按市场价计算的资本净值为非负数，我们建议，对于所需的资本增加额和银行资本重新估价净额之间的差，不可转让债券和优先股将各占 50%。因此，政府拿出的不可转让债券就等于：

$$0.5 \times \left(\begin{matrix} \text{重组后按市场价} \\ \text{计算的资本净值} \end{matrix} - \begin{matrix} \text{重组前按市场价} \\ \text{计算的资本净值} \end{matrix} \right)$$

① 专业银行是中国人民银行的重要的净债务人。如果一家银行按市场价计算的资本净值最终表明是一个很大的负数，就可能把这家银行欠中国人民银行的部分净债务转换成股本（由国家所有）——吴晓灵和谢平（1994）已经提出了类似的方案。可以采取的形式是，财政部承担债务责任，换来的是国家在银行中的资本增加。在完成这一步骤后，就能把足够的债务转换出去，以推动将负的市场净值变成零。这纯粹是一种会计做法，实际上没有发生金钱易手，尽管这确实会改变国家向中国人民银行支付的不可转让债券的利息，因为它将部分债券转变成银行的额外利润与税收——最终流回财政部。

优先股的数目将发行同样多。

每股的价格就是重组后的净值，假定等于 0.08 乘以资产总额，再除以已发行的普通股和优先股的总额。[1]

让我们考虑一个具体事例。账面资产负债表在重组前呈以下形式（见表 3）。

表 3 重组前的账面资产负债表

资 产		负 债	
正常贷款	250	存款	270
不良贷款	50	从中央银行贷款	50
在中央银行存款	30	股东股本	40
政府债券	20		
不动产	10		
资产总额	360	负债总额	360

在重组前按市场价估价以后，资产负债表看上去呈现以下形式（见表 4）。

股东股本降为 5，尽管这一数额太小，但仍是正数。在重组后，资产负债表呈现以下形式（见表 5）。

---

① 股份总额在某种意义上是随意的。不过，优先股数量占股票总额的比例则不然。这一比例由以下公式给出：

0.5 ×（重组后按市场价计算的资本净值 − 重组前按市场价计算的资本净值）/（重组后按市场价计算的资本净值）= 0.5 − 0.5 ×（重组前按市场价计算的资本净值）/（重组后按市场价计算的资本净值）

政府的总股本由其拿出的非转让性债券和重组前按市场价计算的资本净值来共同决定：

0.5 ×（重组后按市场价计算的资本净值 − 重组前按市场价计算的资本净值）+（重组前的按市场价计算的资本净值）

普通股数量占股本总量的比例因而由下式给出：

0.5 + 0.5 ×（重组前按市场价计算的资本净值）/（重组后按市场价计算的资本净值）

表 4　重组前按市场价计算的资产负债表

资　产		负　债	
正常贷款	250	存款	270
不良贷款	0	从中央银行贷款	50
在中央银行存款	30	养老金负债	5[a]
政府债券	10	股东股本	5
不动产	40		
资产总额	330	负债总额	330

注：a. 这是无基金的未来养老金负债的现值。

表 5　重组后按市场价计算的资产负债表

资　产		负　债	
正常贷款	250	存款	270
不良贷款	0	从中央银行贷款	50
在中央银行存款	30	养老金负债	5
政府债券	21.5	股东股本	28[a]
不动产	40	其中，优先股	11.5
库存现金	11.5[b]	普通股	16.5[c]
资产总额	353	负债总额	353

注：a. 所要求的股东股本约为 0.087 × TLOTSE = 0.087 × （270 + 50 + 5） = 0.087 × 325 ≈ 28。

b. 这笔现金来自优先股的发行，计算公式为 0.5 × （重组后按市场价计算的资本净值 − 重组前按市场价计算的资本） = 0.5 × （28 − 5） = 11.5。这也是政府向银行发行新债券的数额。

c. 普通股等于股东股本总额和优先股的差，即 28 − 11.5 = 16.5。

在这一案例中，资产重新估价净值为 15 （ = 30 单位的不动产 − 10 单位的政府旧债券 − 5 单位的养老金），政府的新债券为 11.5，优先股为 11.5。

（2）净值为负数的情形。如果按市场价计算的资本净值变成负数，那么，原则上讲，银行将没有市场价格，优先股的价格也就无法确定。我们建议，首先把债券转给银行，将银行净值恢复为零，然后，占国际清算银行要求的净值 80% 的优先股将向公众发行。占国际清算银行要求的净值20%的普通股将向政府发行，以换取政府债券。所需的政府债券总额由下式给出：

$$0.2 \times \left(\begin{matrix} \text{重组后按市场价} \\ \text{计算的资本净值} \end{matrix} - \begin{matrix} \text{重组前按市场价} \\ \text{计算的资本净值} \end{matrix} \right)$$

最后一项是负数。换言之，政府债券足以筹集按市场价为零时计算的资本净值，这一数量首先由政府提供给银行，然后再注入国际清算银行要求资本的另外的20%。

在按市场价计算的资本净值为负数的情况下，股东股本在普通股和优先股之间的分配也有些随意性。鉴于国有普通股比例过低不一定理想，我们提出的80∶20的分割就能减轻政府的财务负担，增加银行可得到的新资源的数量。在净值为负时的另一种可能性是，普通股和优先股分割为50∶50，这样，发行的优先股价值占所有股份价值的比例可以固定为50%（不过，这要求发行更多的政府债券，减少银行可得到的新的真实资源规模）。

在前一案例中，如果不良贷款是100而不是50，正常贷款是200而不是250，那么，重组前按市场价计算的资产负债表就是如表6所示。

表6　重组前按市场价计算的资产负债表

资　产		负　债	
正常贷款	200	存款	270
不良贷款	0	从中央银行贷款	50
在中央银行存款	30	养老金负债	5
政府债券	10	股东股本	-45
不动产	40		
资产总额	280	负债总额	280

股东股本变成负数，为 -45。重组之后，资产负债表如下（见表7）。

表7　重组后按市场价计算的资产负债表

资　产		负　债	
正常贷款	250	存款	270
不良贷款	0	从中央银行贷款	50
在中央银行存款	30	养老金负债	5
政府债券	60.6	股东股本	28[a]
不动产	40	其中，优先股	22.4
库存现金	22.4[b]	普通股	5.6[c]
资产总额	353	负债总额	353

注：a. 要求的股东股本约为 0.087 × TLOTSE = 0.087 ×（270 + 50 + 5）= 0.087 × 325 = 28。

b. 这笔现金来自发行的优先股，计算公式为：0.8 × 重组后按市场价计算的资本净值 = 0.8 × 28 = 22.4。

c. 普通股为股东股本总额与优先股的差，即 28 - 22.4 = 5.6。

在这一情形中，资产的重估净值像上面一样为15，政府新债券为50.6（其中45用于净值为零时的补充，5.6是新的普通股），优先股为22.4。

总而言之，如果重组前的净值为负数，优先股数量将多于普通股；如果重组前按市场价计算的资本净值为正数，普通股数量就多于优先股。但是，因为优先股没有投票权，所以，股份的相对分配不会对银行的控制和管理产生影响。

我们提出的重新注资形式有几个优点。其一，要发行的政府债券总量大大低于全部购买的数量。其二，由于政府在不良贷款中只有50%的权益，在这些现在标价为零的不良贷款中银行还有50%的权益，则任何数目的账款收回都会被认为是银行的净收入。这使银行有动力收回贷款（银行比别的机构更有能力这样做），但与此同时，随着银行收回贷款，也使国家有机会根据其不良贷款中50%的股份获得部分收益。因此，这种安排就为银行监督企业重组提供了动力。全部分享50%的权益则使银行在选择向政府出售不良贷款时没有斟酌余地，从而避免银行出现道德风险问题。其三，发行优先股的好处是能向银行注入新的真实资源。当然，银行也可向公众发行自己的长期债券，但优先股发行成本通常低于债券发行成本，优先股的维持成本因此也低于债券，它们无须还本，不涉及额外的政府负债。而且，传统上看，发展中国家的居民偏爱银行的股票，认为这类股票是“热门股票”，在这种情况下发行银行优先股可能有助于中国股市恢复活力。其四，通过只发行优先股，政府会维持100%的投票权，无须放弃对银行的任何控制。最后，按每股资本净值向公众发行优先股的做法，也使银行没有太大的激励通过高估或低估其不良贷款规模来高估或低估其重组前的按市场价计算的资本净值。如果它们高估了不良贷款，每股的净值或资本净值就被低估，它们将过分廉价地出售其股票，优先股股东（必须向它们支付正常红利）将占有银行股票的一个较大比例。如果它们低估了不良贷款，则甚至在重组后它们仍会有不良贷款。

步骤4：确定重新注资的程序。重新注资的实际过程包括几个连续的次级步骤，这取决于重组前按市场价计算的净值是非负数还是负数。

（1）净值为非负数的情形。如果重组前按市场价计算的净值为非负数，就采取以下次级步骤。

①以发行政府债券的方式重新注资。政府债券不由财政部直接发行，而是由重建基金向个别银行发行。债券价值总量等于所需的重新注资额（总资产的8%）的50%减去重组前按市场价计算的资本净值。反过来，重建基金将得到所有银行全部不良贷款的50%的权益，得到一些普通股股票，这些普通股股票的价值等于政府债券在银行资产负债表中的数额加重组前按市场价计算的资本净值。银行则注销所有的不良贷款。

②确定普通股股票价值。如果对资产与负债进行重估以后净值为正数，则可确定向重建基金发行普通股的每股的资本净值。这也就确定了③中优先股的发行价格。

③以发行优先股的方式重新注资。根据我们的建议，银行的资产与负债的市场价值确定以后，等于所需重新注资额50%的优先股将由个别银行向公众发行。股票发行收入将构成银行的新资源（需要明确的是，享有投票权的普通股将只能由国家直接或通过重建基金来拥有）。

（2）净值为负的情形。如果重组前按市场价计算的资本净值为负数，则可采取以下几个次级步骤。

①以发行政府债券的方式重新注资。首先，重建基金向银行发行政府债券，其价值等于银行负的资产净值的绝对值，银行的净值因此变成零。反过来，重建基金将得到银行全部不良贷款50%的权益。银行则注销所有的不良贷款。

②确定普通股股票价值。在净值增加到零以后，重建基金将再向银行发行价值等于国际清算银行要求的净值（资产总额的8%）的20%的政府债券，换取银行的普通股。这也就确定了③中优先股的发行价格。

③以发行优先股的方式重新注资。价值等于国际清算银行要求的净值（资产总额的8%）的80%的优先股将由个别银行向公众发行。股票发行收入构成银行的新资源。

表8总结了上述银行财务重组方案。在重新注资以后，银行将只根据商业原则运转，不再提供“政策性贷款”。提供“政策性贷款”的职能将由重建基金承担。由于银行不再有向企业提供补贴的职能，所以，应允许银行在存贷利率之间有一较小但大于零的利率差，如1%，以反映其真实成本。银行也可以为自己的职员建立全部

基金式的养老金计划，这样，就能在现行基础上完全反映劳动力的真实成本。

表 8 银行财务重组建议摘要

步 骤	内 容
1. 按市场价估价	按市场价评估资产与负债
2. 公司化	把银行重组为股份有限公司
3. 确定重新注资的形式	（1）资产与负债的净值重估 （2）非转让性无息票政府债券 （3）向公众发行优先股
4. 确定重新注资的程序	（1）用政府债券换取普通股和不良贷款的 50% 的权益 （2）确定普通股股票价值 （3）发行优先股

六、 企业的财务重组

首先需要指出的是，我们只涉及那些存在不良贷款问题的国有企业的重组，未涉及非国有企业以及没有不良贷款问题的企业。① 企业的财务重组按以下四个步骤进行。

步骤 1：在银行监督下重新编报企业账目。这一步骤包括两个次级步骤。首先，与第五部分银行的资产负债表按市场价估价一样，企业的所有资产负债表也要按市场价估价，就是说，企业所有的资产和负债都要按照市场价重新估价。其次，企业现行的当年运营账目要重新编报，以表明企业核心业务的真实可行性。

（1）按市场价估价。每一企业的资产和负债都要在银行监督下

① 很有意思的是，企业之间的债务或三角债几乎只是国有企业的问题。非国有企业一般不会或没有机会产生企业间债务问题。

按市场价实行重估。尽管一些资产最终变得毫无价值，对职工的现期与未来的养老金负债的现值可能很大，但无形资产（如专利和信誉）、土地使用权和其他许多项目可能非常值钱。企业之间的债务即三角债也应该通过平衡同一企业的贷款与负债而算出净结果（net out）。不可能出售的过时存货要完全划为零。住房不动产的市场价格和职工住房隐性租金补贴的现值都要考虑进来。关键问题是企业的净值在按市场价估价后是不是正数。在这一阶段，银行债务，不管是不是不良贷款，都要全部估价。重组中涵盖的不良贷款只限于某一具体日期之前发生的不良贷款，这一日期应早于重组计划的宣布日期，以免出现道德风险问题。

（2）当年运营账目的重新编报。企业的当年运营利润净值或亏损要在支付利息、债务、税收、折旧、其他资本与非周期性项目、奖金（不管合法与否）以及福利基金之前加以计算。①

步骤2：将企业分类。我们建议，在开始时向所有企业提供一个机会，让它们继续运转，并在一定时期内自动实行财务重组。这样，所有在职经理人员在开始时仍然留在现在的位子上。我们之所以赞成这种方法，有三个原因：一是总体而言很难弄清楚谁应对不良贷款负责；二是应鼓励经理人员在离开其职位前努力重组，而不是使国有资产出现流失现象；三是有助于在重组阶段具有更多的稳定性。

在步骤1的基础上，我们把所有的企业根据其重新编报的资产负债表（存量）和净值运营账目（流量）分成四类（见表9），并在下面分别加以讨论。

---

① 重要的是要观察支出一方，因为较低的盈利能力和因此而增加的债务有时与效率无关，只能说明企业向职工转移了大量租金。

表9 企业分类

	非负数的资产负债表（净值为非负数）	负数的资产负债表（净值为负数）
非负数的净值运营账目	（1） “可正常化的”	（2） “可正常化的”
负数的净值运营账目	（3） “潜在可正常化的”	（4） “试用察看的”

（1）按市场价计算的资本净值和重新编报的净运营利润为非负数的企业。这些企业基本上是健康的——它们能够支付所有债务及未来的养老金基金和住房负债，一旦解除这些包袱，这些企业又能恰当地重新注资，那么，它们就能够根据商业和市场原则正常运转。对于这些企业，监督重组的银行应被给予广泛的自由来设计一个重组方案，这一方案允许出售资产，允许债务—资产转换和债务—股本转换，目的是使企业在重组后能够免除过多的债务，进行合理的资本化，以经营其核心业务，获得利润。[①] 重组后的企业将成为正常企业。为了奖励绩效优良者，应向“正常”类企业提供经营自主权、进出口权等方面的特殊权利。

（2）按市场价计算的资本净值为负数、重新编报的净运营利润为非负数的企业。这些企业基本上也是健康的——尽管它们不能清偿所有债务及未来的养老金和住房负债，但一旦解除这些包袱，又能恰当地重新注资，它们也能根据商业和市场原则正常运转。它们的问题是历史原因造成的，都注资不足。经过债务—资产、债务—股本转换，包括减免部分债务，承担原有职工未来的养老金负债，发行优先股，从而实行恰当的重组和重新注资，这些企业也能成为正常企业。在（1）和（2）中的企业都可称为“可正常化的”企业。

① 重新注资像在银行情形中那样，也采取发行优先股的形式。

（3）按市场价计算的资本净值为非负数、重新编报的净运营利润为负数的企业。这些企业基本上是不健康的——尽管它们能够清偿所有债务及未来的养老金基金和住房负债，但是，即使能够解除这些包袱，这些企业在长期内也是没有生命力的。不过，由于它们有资源，所以能够在几年内维持现在的净经营亏损，并想办法进入别的更可行的业务领域。如果企业能在重组后成功地做到这一点，就能在几年内按照商业和市场原则正常运转。对这些企业，监督重组的债权人银行应被给予广泛的自由来制定企业的安排。不过，最重要的是年度净运营亏损的融资，其次是为过去和现有职工的现行及未来养老金负债提供基金。没有银行的明确批准，这些企业一般不许雇新职工和进行新投资。这类企业称为“潜在可正常化的”企业。

（4）按市场价计算的资本净值和重新编报的净运营利润都为负数的企业。这类企业称为“试用察看的”企业。这些企业目前要生存下去，只能要求政府补贴。对于这些企业，应当限制它们的运营和借款能力。例如，一般不允许它们进行新的固定投资和招聘新职工。不过，不是所有的这类企业都要求清算，其中许多企业仍可重组并在当期运营中盈利，最终成为正常企业。

步骤3：处理资产负债表。企业财务重组的目标首先是消除过多的债务，其次是强化企业的资本基础。在我们的建议中，企业的不良贷款不会自动取消；而且，为了解决历史问题，① 银行与企业需要和解（workouts），制定相互受益的方案。由于银行能在以后归还贷款时得到50%，所以有动力这么做。企业也有动力解决旧的债务问

① 对于“潜在可正常化的”企业，应当允许银行和企业在重组过程中实行债务—股本转换。不过，如有必要，在企业成为正常企业后的一定时期内可要求银行向这一企业投入一定的股本份额。

题，因为只要不被看成是正常企业，企业的经营就受到限制。企业向公众发行优先股也是企业重新注资的一种可选择的资金来源。只有那些经过几年尝试还不能通过重组的企业，才能申请清算。

步骤4：处理年度运营净亏损。在我们的建议中，重建基金将通过不可转让的无息票债券向试用察看的企业提供半永久的固定数量的补贴，可以授权持有债券的企业在固定年限内得到事先确定的、足够的补贴数量，以弥补企业的年度运营净亏损（“红色降落伞”），[①] 从而替代原先由银行负责的政策性贷款。[②] 中国的大多数政策性贷款实际上是隐性财政补贴。对于试用察看的企业而言，不大量解雇工人，这些补贴不可能立即中止，而应该持续一段时间。有了这些补贴，试用察看的企业不用大量解雇工人，就能继续运转。关键是把补贴变成明补，并对终止补贴列出一个确定的时间表（尽管时间可能很长）。对企业和政府而言，这种做法有时可以换来一个比较彻底、比较令人满意的解决办法。固定年度补贴额、使之与运营净结果无关的做法，也能为这些企业的经理人员改善企业的绩效提供激励。

不过，为了防止试用察看企业的运营净亏损越来越多，必须对这些企业实行严格的财务控制。在这些企业有资格从银行申请流动资本贷款时，就把它们放在商业基础之上。不过，银行必须注意防止：（1）把流动资本贷款用于固定资本投资、不动产、股票投机及其他未被允许的目的；（2）运用流动资本贷款为生产没有市场的产品提供资金。因此，银行必须保证流动资本收益的分配与

---

① 这与中国20世纪50年代的国有化运动中赎买资本家的政策非常类似，当时，资本家都把自己企业的所有权份额换成了政府债券。

② 这些年度补贴最好固定成实际数目，就是说，按通胀率指数调整。不然，这些补贴在两年时间里就很可能不够弥补运营净亏损，从而导致要求增加补贴，重组因此无效。

其最终目的联结起来。例如，用于购买原材料的流动资本贷款在这样的条件下才能发放，即，必须出示最终产品订货单的可靠证据（如潜在买者的贷款书），并在原材料交货时直接分配给原材料的供应商。另外，银行应当拿到企业最终产品销售收入，因而直接收回贷款，只把扣除应还贷款的净收益归还给企业。工资贷款应由银行直接拨给个人账目，以尽量使分散化的可能性最小化。

我们建议的企业财务重组摘要见表10。鉴于中国的企业状况在各地区、各行业非常不同，这一建议就为银行与企业之间选择具体的重组方法提供了大量空间。我们认为，重要的是为银行与企业提供重组的恰当动力，而不是强制实施某一具体模式。就中国而言，灵活性和多样化极为重要。

表10 企业财务重组建议摘要

步 骤	内 容
1. 在银行监督下重新编报企业账目	（1）按市场价重估资产和负债：无形资产；企业间债务；养老金与住房负债； （2）重新编报现期运营净结果账目
2. 企业分类	所有企业都继续运转，它们的现有地位可分为： （a）可正常化的企业 （b）潜在可正常化的企业 （c）试用察看的企业
3. 处理资产负债表	重构企业的资产负债表，如有必要，可运用各种手段清理不良贷款，重新注资
4. 处理年度运营净亏损	对试用察看的企业，用非转让性无息票债券形式的直接补贴来替代政策性贷款

参考文献

阿吉翁，哈特，穆尔．破产改革的经济学［J］．法律、经济学和组织，1992，8（3）．

迪图斯．中欧的公司治理：银行的作用［R］. 国际清算银行货币与经济部，1993.

星岳雄．清理资产负债表：日本战后重建时期的经济［D］. 圣迭戈加州大学（论文），1994.

吴晓灵，谢平．中国国有企业——银行债务重组的设想［R］. 中国人民银行内部资料，1994.

加入世贸组织后金融的稳定与发展

中国加入世贸组织为经济发展提供了重大机遇。同时，它也会带来新的风险，其中最严重的一种风险很可能关系到中国金融行业的稳定和发展。国际经验表明，金融不稳定和金融危机会造成极为严重的、破坏性危害，表现在经济、政治和社会各方面，因此应当引起中国的警觉。的确，在长达30多年的时间里，日本和印度尼西亚一直都被许多国家视为经济发展的典范，备受人们的推崇。但是近年来日本的金融不稳定和印度尼西亚的金融危机造成的严重后果已使它们过去的辉煌传奇黯然失色。

近来的研究已量化了金融不稳定带来的经济损害。经济损害有多种形式，比如银行倒闭、企业破产、职工失业、为处置银行坏账所负担的财政支出、外汇储备的损失、GDP下降等。计算发现，日本在1992—1998年和韩国在1997—2000年为处置银行坏账负担的财政支出分别达到其年GDP的21.5%和14.7%。北欧国家自1990年以来的三四年里因金融危机造成的损失达到其年GDP的10%~30%。智

---

* 与黄海洲合著。原载于《经济社会体制比较》，2001年第5期。张蓓译自英文，并经作者校阅。本文观点并不代表国际货币基金组织的看法。

利1983年金融危机造成的损失超过其年GDP的30%。印度尼西亚在最近的金融危机中遭受的损失更大：它用于处置银行坏账而付出的财政支出在1997—2000年高达其年GDP的55%。

金融危机还会带来致命的政治损害。国际经验显示，作为金融危机的后果，政治家和政府官员失去了职位并且他们过去的政绩不再被认可；执政党失去了权力；政权被颠覆；处于危机中的国家不得不向国际货币基金组织和世界银行这样的国际金融机构提出的条件做出让步。印度尼西亚在金融危机后出现的政治动荡就是一个触目惊心的例子。

金融危机还会产生巨大的社会损害。这些损害反映在社会不稳定和收入分配状况的恶化上。印度尼西亚在这方面又是一个例子。那里的金融危机造成了社会混乱，引发了骚乱以及不同种族、宗教和社会团体之间的冲突。在危机发生前的30年，印度尼西亚在减少贫困方面做得很好——甚至比中国做得还好——因而它成为世界银行为其他发展中国家树立的典范。但是，印度尼西亚的金融危机在很大程度上破坏了它从前在减少贫困方面取得的成绩，因为现在许多穷人再次回到贫困线以下。

中国经受不起较长时间的金融不稳定或严重的金融危机，这会破坏中国在过去20多年里经济改革和开放取得的巨大成就。因此，我们必须认真严肃地研究有关金融稳定和发展的问题，这在中国即将加入世贸组织的今天变得越来越紧迫。我们注意到至今为止国内学术界和政府部门对此问题已有不少讨论研究，并提出了一些政策建议。其中有些建议很好，另一些则不在点子上，还有一些我们不敢苟同。本文正是在这一背景下试图回答以下四个关键的相关问题：第一，我们应该从金融不稳定和金融危机的国际经验中汲取哪些教训？第二，如何参考国外经验思考中国金融发展的正确道路？第三，中国银行业稳定与发展应采取哪些战略？第四，为了增强对金融危机处理的能力和对金融稳定与发展研究的力量，目前中国在制度建设方面有哪些急迫任务？

一、我们应该从金融不稳定和金融危机的国际经验中汲取哪些教训

以前的一些研究已经总结出金融危机的几个教训，如一国经济基本面的重要性，以及短期外债和短期外资流动的危险性。我们赞同这些观点，不过在这里我们提出两个被忽视的重要教训。这两个教训与中国密切相关，但尚未引起足够的注意。

（一）仅仅防范金融风险是不够的

降低金融危机成本的方法一般有两种。第一种方法是减小危机发生的可能性，也就是国内通常所提的防范金融危机的发生。这一方法的重点是关注可能触发金融危机的条件。金融危机的触发条件来源于两个方面：一是国内宏观经济的不均衡，它来源于外债问题或财政、货币和汇率的问题；二是全球市场动荡和国际上危机传染的风险。虽然前者在很大程度上是国内政策问题，但后者却常常不受任何国家政府的控制。随着世界经济一体化的不断加强，因全球市场波动而不可避免地对一国经济造成冲击的可能性变得越来越大。

如果参照国际的历史经验，中国在未来一二十年内遭遇金融危机的概率将接近于1！这不仅仅是因为差不多所有发达国家在其高速发展阶段都经历过严重的金融危机（例如17世纪的荷兰、19世纪80年代到20世纪第一个10年的英国，以及19世纪90年代到20世纪30年代的美国），而且还由于当今的国际金融市场比以往任何时

候的波动都大。研究显示，金融不稳定，特别是金融危机发生的频率自20世纪70年代以来一直在上升。世界银行1999年的一份研究记录了过去20年间发展中国家和发达国家发生的69次危机。由金融史权威专家迈克尔·博多（Michael Bordo）和他的合作者最近完成的一份对21个国家的历史研究显示，1945—1970年这些国家只发生过1次金融危机，而自1970年以来则发生了19次。就在我们写作本文之时，金融不稳定正在严重困扰着土耳其、阿根廷和巴西。

当今金融不稳定的迅速加剧有两个基本原因。第一个原因是20世纪70年代初布雷顿森林体系崩溃后，国际货币市场（以及一般而言的金融市场）的波动性大大增加了。第二个原因是发达国家和发展中国家追求的解除金融管制和金融自由化政策已经使一国国内的金融市场越来越与全球金融市场结合在一起。这导致了一场强大的金融全球化浪潮，并且由此进一步增强了金融市场的波动性。由于这两个原因在未来仍将继续而不会被任何单个国家的政策改变，因此潜在的全球金融不稳定更可能增强而不是消失。今天，如果一个国家想成为世界经济的一部分，那么它要想完全避免金融危机是相当困难的。因此，金融危机的发生，防不胜防。这就意味着，虽然降低金融风险发生的概率很重要，却是不够的。

在这种情况下，第二种方法，即想方设法在金融危机已经发生的情况下尽量减小其破坏程度，就成为必要。所以，政府应当将关注的焦点从过去那种只注意防范金融危机扩展到重视限制金融危机造成的损害。金融危机造成的损害关系到危机的深度和广度，也关系到经济恢复的程度和速度。而金融危机的深度和广度往往取决于一国的经济体制，特别是金融体系的深层次制度结构。比如，脆弱的银行体系可能不是造成金融危机的直接原因，但是它可以使危机进一步深化，并且使经济难以从中得到迅速恢复。根据这些论据，在讨论维护金融稳定时，政府应当超越通常的财政政策和货币政策，而对金融，特别是银行的体制问题给予特别关注。

（二）银行稳定是金融稳定的关键

从对金融危机的研究中得出的一个重要结论是，银行业危机通常都处于金融危机的核心位置。金融危机可以由银行业危机触发，在这种情况下，银行业危机的后果是显而易见的。不那么明显但更关键的一点在于即使金融危机是由银行部门以外的因素触发的（例如最近的亚洲金融危机是由货币危机触发的），但是银行业危机往往紧随而至，并且它对实际经济造成的危害往往最大。我们可以这么说，正是银行业危机决定了金融危机的深度和广度。

经验证据和理论推理都支持了这样的观点：保持银行业稳定是维护金融稳定的关键。以下证据表明，在金融危机中，银行业危机造成了大部分的破坏。首先，美国 20 世纪 30 年代大萧条造成的破坏并不能过多地直接归咎于 1929 年的美国股市崩溃，而是由 1933—1934 年大量银行倒闭造成的。其次，尽管日本 80 年代末形成的房地产泡沫的破裂触发了长达十余年的衰退，但日本经济长期得不到恢复的真正障碍在很大程度上是日本银行业的失败。再次，泰国和印度尼西亚在本国货币稳定之后经济遭受的破坏大部分是由于大规模的银行倒闭和公司破产造成的，这阻碍了其经济的迅速恢复。

研究发现，银行业稳定之所以是金融稳定的关键是由于以下几个原因。其一，从量的角度来看，银行是一国经济最重要的融资渠道，即便在经济最发达的美国也是如此。美国的企业负债权益比率大约为2∶1，并且大部分负债是银行贷款，更不用说其他国家了。其二，因为银行是一个通过资产负债的期限不匹配来创造流动性的行业，因此它们承担着挤提的特殊风险。银行易于遭受挤提的弱点是银行业务的关键特征。只要银行从事创造流动性的活动，它们就不得不面临这样的风险。况且，传染性的挤提会更进一步扩展到整个银行部门，其后果是，即便是稳健的有支付能力的银行也会遭受挤提。其三，银行体系还提供了重要的交易支付服务。挤提，特别是传染性的挤提，将破坏支付系统的运行，因此形成对整个经济的破坏。其四，银行贷款是债务型合同，其正常运作要求通过资产清算来保证合同的执行。当银行处于财务困境，例如处于金融危机中时，合同执行人将不得不过早地和过分地清算银行的投资项目。这样做会对实际经济造成更广更深的损害。由于所有这些原因，银行业稳定在金融稳定中扮演着特殊重要的角色。

因此，如果我们相信银行业稳定是金融稳定的关键所在，那么我们必须对中国近来股票市场成为媒体炒作热点，也变成政策研究重点的现象保持清醒的头脑。对股市的过多讨论会使我们的注意力偏离更重要的金融部门——银行部门。我们认为，应当把我们的主要注意力转移到银行部门的问题上来，特别是在中国即将加入世贸组织这一情况下。

二、 我们应该如何思考中国金融发展的道路

（一）三种流行的金融模式及其局限

制定金融稳定和金融发展的正确战略需要认真考虑金融稳定与发展的关系，这就需要一种与中国金融部门在经济中的地位和作用相适应的正确思路。以下是基于三种流行的金融模式的三种思路。

第一种是美国模式，即金融市场主导模式。该模式认为金融市场，特别是证券市场，是至关重要的。的确，美国有世界上最发达

的金融市场，这通常被看作经济发达的标志，并且被后来者所羡慕。第二种是日韩和欧洲大陆模式，即银行主导模式。该模式认为主要的融资机制并不是金融市场，而是大银行。在日本和韩国，强有力的关系银行帮助支持着大企业集团。银行主导的金融模式最早在19世纪末德国的工业化过程中运用并获得认可，而今天的德国在很大程度上仍采用银行主导的金融体制。第三种是中国台湾模式，即自我融资和非正式融资主导模式。这种模式中，金融市场和大银行都不重要。主要的融资方式是企业通过自留利润和其他储蓄自我融资、通过亲朋好友关系非正式借款，以及由出口订单和其他抵押物担保向银行借有限的款。

上述每种模式中都含有对中国金融发展有用的元素。证券市场为成熟的大型现代公司和初创的小型高科技公司提供了低成本的融资渠道。银行融资适用面最广，适于多种类型的企业，大型或小型，老企业或新企业。自我融资和非正式融资通常是中小企业唯一现实可行的选择，因为中小企业往往发现从证券市场和银行融资或不大可能，或成本过于高昂。中国应该学习不同条件下不同融资方式的各种国际经验。

此外，我们也看到把这三种模式中的任何一种搬到今天的中国使之成为主导的金融模式的局限性。以金融市场为主导的美国模式在世界领先的经济体中可以良好地运行，但是它尚未扩展到其他发达国家，更不用说发展中国家了。中国现在完全采用美国模式的问题有两方面。首先，这种模式超越了中国的发展阶段。毫无疑问，中国的金融市场应当快速发展，并且也将快速发展。但现实地说，在未来的一二十年里，中国仍将处于经济发展的低中阶段，所以中国的金融市场不大可能像美国那样发挥主导作用。其次，我们应认识到美国金融体系具有相当的特殊性：只有美元才是全世界的“通行货币”（vehicle currency），只有美国国库券才是大多数其他国家最重要的外汇储备。其结果是，除美国以外的其他国家的货币和金融市场都易于受到外部动荡的冲击。事实表明，至今为止，即便是日元和欧元都无法挑战美元。因此，美国的金融稳定是一个特例，而其他追随美国模式的国家不应想当然地假定它们也能获得同样的稳定。因此，如果不认识到中国目前的发展阶段和美国的特殊条件而盲目追随美国模式，中国的金融发展也许会滑入陷阱。

中国若采用日韩模式也有问题。尽管日本和韩国的银行主导模式已经被证明对处于经济发展较低阶段的国家是成功的，但是当一国要成为技术领先者时，这种模式就会带来困难。更为关键的是，正如20世纪90年代的日本和最近的韩国显示的那样，银行业危机对银行主导型经济的破坏更为严重。事实上，日本和韩国目前正在改革，在发展金融市场方面奋起直追。中国经济在整体上与这些大企业集团为主的国家并不相同。而且，与六七十年代相比，当今国际环境的特点是资本市场全球化程度加深。因此，即便中国想要复制日韩模式，国际环境也不允许。

自我融资和非正式融资机制已在中国台湾和其他经济体中被证明是成功的，它们可以帮助中小企业以及拥有较高价值抵押物的大企业融资。基于台湾模式的政策建议有利于金融稳定，但同样也存在问题。首先，这种促使金融稳定的极端方案的不幸是“倒洗澡水把孩子也一同倒掉了”，因为自我融资和非正式融资机制不利于创造金融体系的流动性，因而阻碍了现代金融体系的发展。在这种机制下获得的金融稳定的成本是现代金融体系发展的停滞。其次，与中国台湾经济不同，大陆的经济规模巨大，并且经济形式多种多样，其经济增长不能只依靠出口或仅仅依靠中小企业。大陆经济中只有一部分与台湾相似，而不是全部。作为一个大经济体，中国未来经济增长不仅需要中小企业，也需要那些依赖于现代金融体系的大企业在管理和技术上的领导作用。根据最近的报道，中国一些成功的中小企业已经发展成为大企业并且将它们的总部迁到了上海，它们同样需要现代融资渠道。再者，自我融资和非正式融资机制对技术创新投资的帮助有限。因此，如果仅仅依靠这种融资方式，中国在任何领域可能都永远无法成为技术领先者。

（二）一个新思路：阶段发展，多元融资，适度超前，国际接轨

选择中国的金融发展道路的思路必须考虑到三个重要因素：发展的特定阶段、经济规模和多样性以及当前的国际环境。第一，尽管中国经济一直在快速增长，但仍处于发展的较低阶段。按照最乐观的估计，20 年后中国的人均收入仍然不会高于今天美国人均收入水平的四分之一。第二，中国拥有从任何角度衡量都是规模巨大的和多样化的经济。第三，时代在变，今天的中国大陆比当年处于赶超阶段的日本、韩国和中国台湾都更多地暴露在全球化的环境之下。

一方面，目前中国大陆的经济结构似乎介于中国台湾和日本之间，因为它有“两条腿”。一条腿由台湾类型的中小企业构成，而另一条腿由与日本公司类似的大企业集团构成。中国大陆的经济发展将继续依靠这两条腿，中小企业和大企业共存将使大陆的经济结构成为台湾型和日本型的混合结构。但是另一方面，与日本、韩国和中国台湾在赶超阶段很不同，中国大陆已经拥有巨额的外商直接投资，并且在加入世贸组织后将有更多的外商直接投资。尽管早期的外商直接投资主要来自中国香港和中国台湾，但如今来源于跨国公司的越来越多，而这些跨国公司需要现代融资机制。特别是因为在中国投资的跨国公司中美国公司占主导，因此存在着强大的市场力

量要求采用美国式的融资做法。

基于中国经济的这些重要特点，为了适应新的国际环境和以前瞻的眼光处理金融稳定问题，我们提出一个中国金融发展的新思路，即“阶段发展，多元融资，适度超前，国际接轨”。所谓“阶段发展”就是承认中国目前仍处于较低的发展阶段，中国的经济发展仍然需要一个强大而非弱小的银行业。尽管维护银行业稳定是金融稳定的关键，但仅仅维护银行业稳定对于金融发展来说是不够的。银行业不仅要稳定，而且还要大力发展。政府应当把银行业的发展置于金融发展的优先位置，这在中国即将“入世”时变得尤为迫切。“多元融资”指的是中国需要所有上述的三种融资渠道，不仅应当加强银行和金融市场的发展，同时也要鼓励自我融资和非正式融资机制。所谓“适度超前”是指中国政府应当积极学习世界上先进金融体系的经验教训，及时识别和解决金融体系各个发展阶段中的潜在问题，有预见地、主动地改革和发展金融体系。最后，与“国际接轨”意味着中国的金融体系应当成为国际金融体系的一部分，并应按照国际标准随时间向前演进。中国最终应当建立现代金融体系。

三、 我们对银行业的稳定与发展应采取哪些战略

中国加入世贸组织时对金融自由化的承诺主要涉及银行部门（在一定程度上还涉及保险部门）而非证券部门。大致来说，“入世”两年后，外国银行将可以对中国企业开展本币业务；“入世”五年后，外国银行将能够对中国居民开展同样的业务且没有地域和客户限制。

很多国际金融专家在赞赏中国政府对金融开放的坚定决心和承诺的同时，也表达了对中国必须在这么短期内做好准备的强烈担忧。

中国需要在五年时间内做大量工作以将潜在的金融风险降至最低。况且，由于公众预期的作用，金融开放对经济的实际影响可能来得更早一些。实际上，外国金融机构很可能在开展业务之前就已在中国建立起了自己的人力资本和组织实力，积累了金融资源和培养了研究能力。因此，我们认为，在即将“入世”的情况下，中国政府迫切需要事先制定一整套有关金融稳定与发展的战略。下面我们提出几条旨在维护银行业稳定和促进银行业发展的具体政策建议。

（一）如何增强国内银行的稳健性

正如上面所讨论的，银行业稳定与发展是中国金融稳定与发展的关键。这要求立刻对增强银行的稳健性给予重视。很多经济学家已经建议把降低企业的杠杆比例（即企业的债务权益比率）作为降低贷款拖欠率和减少潜在金融危机的破坏性的一个方法。我们对此表示同意。事实上，中国政府在一定程度上已经采取措施朝这方面努力，债转股便是一例。为了提高国内银行的稳健性，我们在此提出另外两项措施。我们完全意识到这些措施可能会增加银行的运营成本，同时还可能降低银行的利润。但是国际经验表明，如果谨慎地制定和执行这些措施，增加的成本是可以控制的。如果考虑到减少风险的可能性和减少危机的损害程度，付出的成本仅仅只是危机带来的极大损害的一小部分，因此付出这些成本是很值得的。

1. 减少银行对股市的风险暴露

近些年中国的银行在一定程度上为股票市场繁荣做出了贡献，但是它们也因此越来越暴露在股市的风险之下。银行资金进入股市有两个主要渠道：一是把钱借给了证券公司，后者或者自营股票或者把钱转借给客户；二是把钱借给了参与股市的国有企业。尽管中国政府已经加强了对这类借贷行为和股市保证金交易的管理，但银行和企业的国有属性以及中国在执法力度上的不够可能使银行和股市的关系趋于复杂化。而且，银行对股市的风险暴露已经把银行、证券公司、国有企业以及股票投资者的利益捆在了一起，所有这些人都想从高股价中获利。这样的利益联盟便形成一股强大的社会力量，它不仅会增加金融体系的脆弱性，而且会妨碍政府实施有效的金融稳定政策。

国际经验给我们提供了有益的教训。美国1933—1934年银行大规模倒闭的部分原因是银行对股市过多的风险暴露。尽管自此以后，美国股市又崩溃了很多次，但是由于修改了银行法，实行分业经营，从而限制了商业银行对股市的风险暴露，所以后来的这些崩溃都没有再引起大的银行业危机。尽管现在美国的银行又被允许混业经营，但是它们对股市的风险暴露相对有限。这不仅是因为政府监管的严格，而且也是因为美国银行自己内部的风险管理能力的提高。为增强中国银行的稳健性，我们建议，作为一项重要的银行监管政策和实践，银行需要减少其对股市及其他高风险金融工具的风险暴露。

2. 适当提高银行的资本金和呆账准备金率并改善流动性

国际上的证据表明，较稳健的银行拥有较高的资本金比率和流动性比率，因为较高的资本金比率和流动性比率不仅有助于缓解银行的“道德风险”问题（即冒过度风险投资的行为），而且可以改善整个银行体系中银行间风险共担机制。这对发展中国家的银行更是如此。尽管国际清算银行确定的银行资本充足率为8%，香港银行的实际资本充足率超过了12%。国际货币基金组织通过其“金融部门评估项目”进行评估的一些国家的银行资本充足率高达17%。要提高资本金比率，不仅需要银行监管者强有力的审慎监管，而且需要银行自己更好地进行内部风险管理。要达到这个目标，中国国内的银行需要极大地改进它们的风险管理技能。提高流动性比率意味着银行应持有更多的易流通的政府债券和其他高等级债券，银行可以在二级市场卖出这些债券以增加新的流动性，或者它们在与其他银行进行流动性交易时可以用这些债券作为抵押。政府在其债券首次发行时，给予银行更多的优先。当然，作为先决条件，中国需要发展更具有流动性的政府债券市场。

用于冲销坏账的呆账准备金也很重要，特别是因为中国的银行由于历史原因积累了大量的不良贷款。在亚洲金融危机之后，韩国政府已经在很大程度上强化了准备金政策。在韩国，如果一笔抵押贷款被评为“次级”，那么这笔贷款的准备金率为20%。被评为“可疑”或“损失”的贷款的准备金率分别为75%和100%。由于增加呆账准备金的最佳时机往往是经济周期的上升阶段，如目前的中国，因此我们建议应当允许中国的银行通过保持存贷款间的合理利差来赚取合理的利润，其中一部分应被用作增加准备金以冲销资产负债表中的坏账的准备金。

（二）如何建立稳定和竞争的现代银行体系

1. 在增强竞争和保持稳定之间取得平衡

“入世”以后，中国的银行部门将面临来自外国银行的强大而又激烈的竞争压力。国际金融组织和外国政府也会主张银行间更激烈的竞争。然而，银行部门与制造业这样的实际部门不同。在实际部门，通常是竞争越多越好，在银行业却不一定。由于上面讨论的银行业务的特殊性，在银行业竞争和银行体系稳定之间可能存在着某种权衡关系。比如有观点认为，当有限制地发放市场准入牌照时，获得牌照的银行便可获得所谓的“特许权价值”（franchise value）。由于担心如果失败就会失去这种价值，银行在贷款时会变得更谨慎。在这种情况下，减少竞争会有利于稳定，但是竞争太少显然不利于稳定。因此，竞争与稳定之间的关系是很微妙的。

我们完全同意中国银行业的现状是太缺乏竞争，这是由于政府过多限制准入造成的。我们并不是反对增加竞争的政策，而是反对简单化地认为竞争总是越多越好并混淆金融部门与实体部门的特点。在促进银行部门的竞争过程中，政策制定者需要在增加银行业的竞争从而提高银行的静态效率和保持银行体系整体稳定之间寻找适当的平衡。

在制定银行竞争政策的过程中，政府需要注意银行分别在两个主要市场上进行竞争，即批发市场和零售市场。国际经验表明，外国大银行通常都是批发市场而非零售市场的主要参与者。因此，尽管零售市场最为显眼，政府仅仅把注意力集中在零售市场是不够的，还需要特别关注批发市场。

2. 银行业监管的关键是创造“公平竞技场”

中国“入世”后，来中国开业的外资银行将获得与国内银行同等的待遇和权利。在这种背景下政府对银行业监管需要有新方法，其关键是创造公平竞技场（leveling playing field）。公平竞技场是市场公平竞争的一个基本原则。

尽管在华的外资银行目前在很多领域还受到限制，但是它们在另一些领域却有些隐含的优惠。例如，目前外国银行被限制在上海这样的沿海大城市中经营业务。这样的“限制”将来可能为外国银行创造一种不公平的优势，因为中国的银行事实上被要求为所有地理区域提供服务，包括那些外资银行不会有任何兴趣进入的、难以盈利的贫困地区。如果中国的银行继续提供“普遍服务”（universal service），外资银行集中在富裕的沿海地区而获得实际上的“超国民待遇”，竞技场就不是公平的。因此，将来当许多对外资银行的限制被取消时，需要有新的法规使竞争环境变得公平。例如，一部要求所有银行

（中国的和外国的）都要满足富裕和贫困地区的贷款需求的银行法规就是与公平竞技场原则相一致的。

我们可以在其他国家，甚至是美国，发现此类法规的具体实例。为了鼓励存款机构（如银行）帮助满足其经营的社区（包括那些中低收入的聚居区）的信贷需求，美国国会在1977年通过了《社区再投资法》（Community Reinvestment Act）。该法要求定期评价每家存款机构帮助满足其服务的整个社区的信贷需求的记录，并且将这一记录作为审批该机构申请增设存款分支机构的一个考虑因素。为了创造公平竞技场，中国也可以考虑类似的做法。

四、 我们目前迫切需要哪些制度建设来保障金融稳定与发展

为了达到金融稳定与发展的目标，中国需要一些制度建设用以保证及时发现问题，仔细地分析问题，全面地制定政策和战略，并有效地执行这些政策和迅速解决问题。基于国际经验和我们的分析，我们认为目前中国在加强制度建设方面有两个迫切需要：第一是应尽快加强危机处理能力，包括设立高层次的金融风险管理委员会（Financial Crisis Management Committee）和建立早期预警系统（early warning system）；第二是应尽快整合和加强国内对金融稳定和发展问题的研究能力。

（一）如何建立强有力的金融危机处理能力

1. 设立高层次的金融风险管理委员会

加拿大和芬兰在处理金融危机方面的国际经验和中国处理自然灾害方面的经验都表明应尽快设立高层次的金融风险管理委员会。我们建议，中国政府应设立由主管金融的副总理领导的、由中国人

民银行一位副行长和财政部一位副部长以及有其他金融监管部门高层官员参加的金融风险管理委员会。在危机期间，央行行长和财政部长也应当参加委员会的工作，并且委员会应当迅速地向总理办公室汇报。金融风险管理委员会应当比处理自然灾害的委员会更重要，原因很简单：金融危机带来的损害更大。正如研究显示的，芬兰的金融危机带来的损失达年 GDP 的 30%，而印度尼西亚用于处置银行坏账而付出的财政成本高达年 GDP 的一半以上。

预先设立金融风险管理委员会的重要性和紧迫性起因于两点。第一，当危机将要爆发时，政府最多只有 48 小时的时间（考虑到周六和周日以及世界各国的不同时区）来决定是否限制危机、如何处理危机和如何执行战略。这就是伦敦经济学院的查尔斯·戈德哈特（Charles Goodhart）教授提出的所谓“48 小时法则”。戈德哈特教授是金融稳定问题的一位主要权威，曾任英国中央银行——英格兰银行首席经济学家。第二，在洪水或地震这样的自然灾害中，因为不存在有能力改变灾害性质的人为力量，即便有人想从更大的灾害中获利也无能为力。相反，在金融危机中，却存在着可利用危机操纵金融市场从中获取暴利的人为力量。一个典型的例子是 1992—1993 年欧洲汇率机制危机中的乔治·索罗斯和他的对冲基金。作为强有力的对手，索罗斯和他的基金打败了英格兰银行并从中获得了亿万美元的利润。几个亚洲国家政府曾怀疑索罗斯也是在亚洲金融危机中战胜对手的。因此，一国政府必须事先主动地做好战略准备，绝不可在危机中被动行事。从某种意义上说，建立金融风险管理委员会的第一个理由与建立医疗急救队类似，但第二个理由的重要性则超过了医疗急救队。由于这两个原因，政府必须保持警惕并事先准备好强有力的危机处理能力。

2. 建立早期预警系统

金融风险管理委员会要想良好地运作，政府必须正确地和及时地获得信息，这就需要建立早期预警系统。早期预警系统用于实时监视银行和金融体系的财务状况，包括金融机构结构和业务经营方面的全面信息、宏观经济和国际金融市场的变化（特别是可能引发金融危机的变化）。建立有效的早期预警系统需要政府不同部门间的交叉合作，以对整个金融和经济活动进行监测。国际货币基金组织和一些国家的中央银行最近已经建立起各自的早期预警系统，这些预警系统监测大量的经济和金融指标，如实际利率的高估水平、经常账户赤字占 GDP 的比重、短期债务与外汇储备的比率、外汇储备增长率、出口增长率、银行系统的合计资本金比率、流动比率以及不良贷款等。中国政府可以从国际货币基金组织那里寻求有关中国如何建立自己的早期预警系统的技术援助。

（二）如何整合和加强国内的研究能力

1. 加强对金融稳定和发展的研究能力的重要性和急迫性

为了使政策制定和实施有一个牢固的基础，中国需要大大加强研究能力。实际上，我们上面所提的许多建议都毫无疑问地需要进一步完善、充实，甚至辩论，这就需要中国的经济学家和政策制定者开展进一步的研究。从长远考虑，中国不能只依靠外国专家的建议，而是需要培养自己对金融稳定和发展的强大的研究能力。因此，我们建议，作为加强国内研究能力的第一步，应尽快整合有关金融稳定与发展问题的研究力量。

最近的国际经验表明，有关金融稳定与发展的研究正在形成一种新的趋势，它与以往对货币和汇率政策的研究是并行的。这里有两个重要的例子，分别与英格兰银行和国际货币基金组织有关。英格兰银行将其人力资源的很大一部分用于研究金融稳定问题。事实上，即便在英国金融管理局（FSA）从英格兰银行分离出来以后，英格兰银行仍旧有大约300名工作人员从事有关金融稳定问题的工作，远远多于从事货币和利率政策工作的人数。类似地，德国的中央银行也有相当多的人员（数以千计）从事与金融监管和稳定问题相关的工作。国际货币基金组织最近在两个现有的职能部门——财政事务部和货币与汇兑事务部——之外新建立了一个国际资本市场部。实际上，货币与汇兑事务部一半以上的资源也已经被用于与金融稳定问题有关的工作。

与此相比，中国在金融稳定问题方面的研究能力令人相当忧虑。中国包括学术机构和政策机构在内的对金融政策的综合研究能力相当薄弱，特别是对金融稳定与发展问题的研究。尽管外国专家通过短期访问可以提供一些有用的想法，但这些不能取代本地的、深入的、系统的和联系本国实际的研究。

2. 加强对金融问题研究能力的两条途径

我们建议应采取两条途径来整合和加强国内对金融问题的研究能力。第一条途径是中国人民银行需要通过扩大其现有的研究局和研究所并提高它们的研究质量来大力加强自身的研究能力。它们的研究不仅应当像过去那样注重货币、利率和汇率政策，还应包括金融稳定与发展问题，同时对后者应配备充足的人员。在应该建立有关金融稳定与发展研究能力的各政府部门中，具有首要责任的就是中国人民银行。这是因为除了负责执行货币和汇率政策外，中央银行还通过一般性的货币操作和紧急流动性支持（因为中央银行是最后贷款人）在金融危机处理中充当关键的参与者和协调人。因为货币、利率和金融政策的有效实施需要中央银行有一定程度的独立性，因此由其他政府部门建立主要的政府研究机构并且指挥中央银行应该做什么看起来不大合适。当然，这些关注金融稳定的政府部门也应拥有自己的对金融稳定与发展的研究能力。

但是仅仅靠政府的研究机构是不够的。第二条途径是应当在政府机构之外建立其他研究机构，最有可能的是在一流的学术机构比如一流的大学中。这是基于这样的考虑：非政府研究机构从事的研究工作不仅可以同政府部门的研究工作互补，而且它们在那些对政府研究机构来说过于敏感的课题上更具灵活性。不仅如此，学术机构还可以作为国内和国外学术界及政策界之间进行研究思想交流的一个有效渠道。国际经验已经证明了学术研究机构的重要作用。例如，伦敦经济学院金融市场小组的研究与英格兰银行的研究紧密地联系在一起，美国的主要研究型大学为美联储和国际货币基金组织的研究提供了重要的学术贡献。如果没有这些主要研究型大学的贡献，很难想象会有这些政府部门和国际组织的高质量研究成果。因此，为了大幅度提高学术水平和政策制定质量，中国有必要花大量精力和资源充实并提高政府内和学术界的研究力量，这是一本万利的投资，也是当务之急。

第四部分

政府改革

中国的经济改革为什么与众不同

——M 型层级制和非国有部门的进入与扩张

一、引言

近来，经济学家又恢复了对中国经济改革的兴趣，1979—1991年的13年间，中国的经济改革在各个方面都取得了重大进展：中国经济的总体实绩比它自己过去的记录要好，比同等发展水平上的大多数发展中国家要好，也比东欧国家和苏联要好（不管在1989年剧变之前还是在其后）。从理论和政策角度看，中国与众不同的改革战略（不同于东欧国家和苏联）及其突出的改革成就特别令人感兴趣，同时，也令人迷惑不解。

中国的经济改革是在1979年即中国共产党十一届三中全会（1978年12月）以后正式开始的。开始的时间排在南斯拉夫（1950年）和匈牙利（1968年）之后，与波兰（1980年）大体相同。

---

* 与许成钢合著。原载于《经济社会体制比较》，1993年第11期。董彦彬译自英文。

1978—1991 年的整个改革时期内，中国以年均 GNP（国民生产总值）8.7%（或年人均 GNP 7.3%）的速度增长。出口增长更快，以致中国的出口占 GNP 的比例从 1978 年的 4.7% 上升到 1991 年的 17.2%。

改革取得成功的更令人信服的证据是改革期间人均实物消费量和耐用消费品的增长。例如，1978—1991 年，人均食用植物油、猪肉和鸡蛋的消费量大约提高了 3 倍。1978—1990 年，农村地区人均居住面积大约增加了 130%。户均耐用消费品的数量如彩电和洗衣机更是明显增加。例如在 1991 年，平均每两户农家有一台电视机，而每户城镇家庭则有一台以上。中国无疑仍是一个低收入的发展中国家，但上述事实清楚地表明，改革期间人们的生活水平大大提高了。

中国的经济实绩与东欧国家和苏联形成了对比。虽然这些国家 1990 年和 1991 年的 GNP 下降幅度达两位数主要是经济转轨时期的一种暂时现象，但下降幅度之大，实在不能够忽略。最为重要但也往往被忽视的，就是 1990 年剧变前东欧国家和苏联在 20 世纪 80 年代这 10 年中的经济停滞。据官方统计，匈牙利的 GDP 年平均增长率在 1981—1985 年为 1.8%，而在 1988 年和 1989 年则几乎为零。波兰的 GDP 年平均增长率在 1981—1989 年不到 2%。

除政治考虑外，讨论中国与东欧国家之间的差异时，经常出现两种意见。第一种意见认为两者经济发展阶段不同：东欧国家和苏联的发展阶段比中国高得多——中国人均收入很低，农业部门占优势，而东欧国家和苏联的经济都“过度工业化”了。第二种意见认为两者的改革战略不同：中国实行一种渐进的零打碎敲式的战略，这与 1989 年以后大部分东欧国家和苏联实施的“大爆炸式”战略正好相反；与波兰为求宏观稳定而采取的“休克疗法”以及捷克迅速的大规模私有化不同，中国的改革首先从农业开始，然后转向工业；

中国采用了双轨价格制度而不是把价格完全放开，建立了刺激经营者的承包制度而不是实行私有化。

我们认为，上述两种意见都很有意义但都不能令人满意。一是中国的工业化水平也许比大多数人想象的要高。1978 年，中国的工业总产值占社会总产值的 62%（重工业占 35%，轻工业占 27%），尽管非农业部门的劳动力仅占社会全部劳动力的 29%。在 GNP 中，1978 年中国的工业占一半左右，而在东欧国家工业部门则占 60% ~ 65%。而且，中国在三类地区（即工业化程度低的地区、工业化程度高且中央政府控制强的地区和工业化程度高而中央政府控制弱的地区）中，改革最为成功的是那些工业化程度高且政府控制弱的地区，而不是工业化程度低的地区。二是渐进式战略的主张提出的问题比它解决的问题还要多。我们不应该孤立地研究东欧国家的激进式转轨，要知道这是多年的渐进改革在极度困难或失败以后发生的。具有讽刺意味的是，中国的早期改革战略在很大程度上沿用了东欧国家渐进式改革的许多方法。事实上，匈牙利在 1968 年开始的改革初期取得了一定成功，但进入 20 世纪 80 年代后便遇到了困难。如果说中国运用渐进式改革而成功，那么为什么它适用于中国却不适用于东欧国家呢？进而言之，为什么不能说中国的成功只是暂时的，中国不久也会遇到与匈牙利相同的问题呢？

在本文中，我们提出一种理论，用以解释中国的改革与东欧国家和苏联的改革之间的差异。我们首先提出大量的证据表明，与东欧国家和苏联不同，中国改革期间非国有部门的持续进入与扩张是强有力的，并且速度很快，以致在 80 年代末就达到一种临界规模。在中国，非国有部门事实上已成为经济增长最重要的动力。虽然中国非国有部门的迅速扩张有很多原因，这种扩张之所以没有在东欧国家和苏联发生，原因可能更复杂，但本文认为，理解中国非国有部门显著扩张的关键在于中国改革以前存在的层级制组织结构。东欧国家和苏联的组织结构是一种以职能和专业化“条条”原则为基础的单一形式（U型经济）；相反，中国的层级制是一种自1958年以来就存在的以区域“块块”原则为基础的多层次、多地区的形式（M型经济）。

中国M型层级中的基层政府（农村地区的乡、村政府，城镇的区、街道政府）与其上级政府之间没有多少讨价还价的权利，但它们有很大的自主权得以在国有部门以外建立市场取向的企业使本地区得到发展。而且，地区之间争先致富的竞争也迫使地方政府容忍甚至鼓励私有企业的发展。虽然在政府层级内部行政机构的相互联系是垂直的，但地区之间的相互联系却是水平的、市场取向的。极为有限的讨价还价能力与极大的自主权结合在一起，就会削弱行政控制，强化M型层级制内的市场活动。中国的情况特别令人感兴趣的是这样一个事实：非国有部门（包括私有部门）的发展是在逐渐削弱现有行政控制而不是一下子摧毁现有结构的情况下取得的。因此，中国非国有部门的进入和扩张是演化性的，没有像东欧国家和苏联那样出现巨大的动荡。

许多中国问题专家早就指出，中国的计划体制与东欧国家和苏联相比权力更分散些，改革增强了地方政府的力量。但是，中国和西方的经济学家强调的是“行政性分权”的缺点与成本。当然，行政性分权会导致地区冲突和地方保护主义，导致浪费性的重复建设，缺乏生产的规模经济，助长地方政府的行政干预。我们并不反对这些观点，但我们也认为，这些意见只是事情的一部分。我们将从组织理论的角度观察与任何组织联系在一起的收益和成本，分析它们对于向市场经济转轨的意义。既然人们已经认识到地区性分权的成本，我们在本文中的分析就集中在多层次、多地区组织形式的好处这一被忽视但又很重要的方面。也就是说，集中分析 M 型组织为促进非国有部门的进入与扩张提供的机会和可能性。非国有部门无意之中的成长，对中国经济改革的成功至关重要。

本文后面的部分安排如下：第二部分解释中国非国有部门和私有部门的定义。第三部分对 1979—1991 年非国有部门的持续进入与扩张提供一些经验证据。第四部分描述东欧国家与苏联的 U 型层级制和中国的 M 型层级制的制度细节。第五部分解释在中国的 M 型层级制组织中非国有部门为什么有可能大量扩张。最后一部分是结论，讨论非国有部门对中国进一步改革的意义。

二、 什么是中国的非国有部门

1. 非国有部门

在定义非国有部门之前，我们首先对国有部门下一个定义。在中国，根据宪法，国有企业为“全民”所有。实际上，每个国有企业都归属以下四级政府机构中的一级：（1）中央；（2）省；（3）地区；（4）县［市分三级：省级（直辖市）、地级和县级］。典型的情况是，政府委托其主管部（局）管理“它的”国有企业。因此，甚至对于国有企业来说，在控制方面，在与政府面对面地讨价还价方面，它们也不是彼此相同的。

非国有部门包括不属于国有部门的所有企业。根据对它们进行管理的政府（如果有的话）所在地，或根据其雇员的户口登记地，非国有企业又分为城镇企业或乡镇农村企业。一个有意思但又容易迷惑人的事实是，许多农村企业都坐落在城镇，之所以称之为“农村企业”，仅仅因为它们是由农村社区政府（如乡或村政府）管理的，而且大多数雇员都登记为农村劳动力。据中国官方统计，非国有制有三种类型："集体所有制""个体所有制""其他类型所有制"。表 1 提供了官方分类和本文分类的详细情况。

表 1　非国有部门分类

<table>
<tr><th>官方分类</th><th colspan="2">集体</th><th>个体</th><th>其他</th></tr>
<tr><td>城镇</td><td>区办、街道办</td><td>城镇合作</td><td>城镇个体</td><td rowspan="2">其他</td></tr>
<tr><td>农村</td><td>乡（镇）办、村办</td><td>农村合作</td><td>农村个体</td></tr>
<tr><td>本文分类</td><td>社区所有</td><td colspan="3">私有</td></tr>
</table>

集体：城镇集体包括：（1）属于区（县、市）一级政府的企业（"大集体"）；（2）属于街道的企业（"小集体"）；（3）城镇合作企业。农村集体包括：（1）属于乡镇政府的企业；（2）属于村政府的企业；（3）农村合作企业。中国的集体企业在 20 世纪 50 年代初就已经存在了。在农村，乡办企业和村办企业的前身是 1958 年"大跃进"时出现的公社和大队企业。

个体：家庭（或个人）企业，雇工不超过 7 人。1978 年以后才允许出现。

其他类型：主要包括：（1）雇工 7 人以上的私营企业；（2）外资和"三资"企业；（3）其他类型的合营企业（如国有和私营的合营）。这些所有制形式直到 20 世纪 80 年代初才出现。

2. 私有部门

定义中国的非国有部门还比较容易，定义私有部门就不那么简单了。如上所述，在中国，"私营企业"被定义为雇工人数超过 7 人的私有企业。这种狭窄的定义旨在防止意识形态上的困难。例如，雇工不超过 7 人的个人或家庭企业被划为"个体"，而不是"私有"，尽管这当然是私有的一部分。"三资"企业和外资企业也是如此。很自然，"个体所有制"和"其他类型所有制"应该包括在私有部门之内。但从两方面看在一定意义上仍嫌太窄。首先，许多

"合作"实际上是一种雇用许多人的合伙制，在中国南方尤其如此。其次，一些乡办和村办企业以及城镇中的区办和街道办企业实际上是一种比较含糊的集体所有制名义下的私有企业。

由于缺乏进一步的资料，所以我们采用近似值，本文中我们的私有部门定义包括所有的合作企业，而不包括所有的乡办和村办企业。我们推测这样做没有太大偏差。因此，中国私有部门就包括官方分类中的个体所有制、其他类型所有制以及合作所有制。集体所有制的其余部分，即属于城镇中的区或街道、农村中的乡或村的企业，可以看成是社区部门。

三、 中国非国有部门的持续进入与扩张：证据

1. 一般特征

1979 年以来，中国非国有部门经历了迅速而持续的进入和扩张。1978—1991 年，在非农产业就业人数中，非国有部门就业人数所占比例从大约 40% 上升到 57%。中国的非国有部门从事各种类型的活动：建筑业、运输业、商业、服务业，特别是工业。这也许正是中国非国有部门与 1989 年前东欧国家中非国有部门之间的关键差别所在。1981—1990 年，非国有工业产值占国家整个工业的比例已从 1978 年的 22% 上升到 1991 年的 47%，相应地，工业产值中国有部门所占的比例从 78% 持续缩减到 53%。从历史的角度看，1991 年国有部门所占比例已经低于"一五"计划结束时 1957 年 54% 的水平了。

中国工业中趋向非国有部门的所有制构成的变化不是在一夜之间发生的。事实上，这种变化在 1979 年以前就开始了。尽管中国真正的私有工业直到 20 世纪 80 年代初才出现，但从 1969 年到 1978

年，集体工业占整个工业的比例已经从11%上升到了22%，也就是说，集体工业产值占整个工业的比例每年增长1个百分点。但这种重心向非国有部门的大量转换从1979年开始才表现得更为明显：1979—1992年，非国有部门占整个工业的比例平均每年上升2个百分点。如果按这个趋势发展，到2000年，即使在不实行私有化、不关闭无效率的国有企业的情况下，中国的国有部门在工业中也将会缩减到只占三分之一。

与高增长率并存的是，非国有部门比国有部门更有效率。例如，乡办或村办企业的全要素生产率的年增长率比国有企业高出10倍左右。实际上，如果在中国按非国有部门在工业产值中所占比例排列各省座次的话，那么前五个也是那些增长率高出平均增长率的省份(浙江、江苏、广东、山东和福建)。

应该特别强调中国非国有部门进入与扩张的两个特征：第一，非国有部门的持续进入与扩张不是因为中央政府改革方案中有意识的设计造成的；相反，它很大程度上来自地方的积极性，走的是一条演化式的而非革命式的道路。与此相联系的第二个特征是，非国有企业的组织和发展模式在各个地区之间存在极大的差别，例如，出口和外商投资在广东和福建两省中起着重要的作用，但在其他高增长的省份中就没那么重要；乡办企业和村办企业在江苏和山东两省中是非国有部门的主导力量，而在浙江，个体企业、合伙企业和私营企业则重要得多。

2. 农村地区的非国有部门——乡办、村办企业和私有企业

在非国有部门中，最大且最有活力的部分要算农村企业，即所谓的乡办、村办和私有企业。1978—1991年，农村企业的数量从152万家增加到1 908万家，就业人数从2 827万人增加到9 609万人。1981—1990年，农村企业的总产值年均增长率为29.1%，其中，工业产出的年均增长率为 28.1%，远远高于全国工业的年均增长率 12.6%。1986—1990 年，乡、村企业的出口也以年均 65.6% 的速度增长。

1990 年，大约 75% 的农村企业总产值来自工业，其中轻工业占 55%，重工业占 45%。随着农村企业的迅速成长，它们在国民经济中的地位已从农业的附属部门变为增长的重要动力。1978—1990 年，农村企业在整个国民经济中的比例是，就业人数从 23% 增加到 39%，总产值从 7% 增加到 22%，工业产出从 9% 增加到 25%。1990 年，乡、村企业的出口占国家出口总量的 24%。总而言之，到 20 世纪 80 年代末期，中国的农村企业已经扩展到占非国有部门的一半以上，占全国的大约四分之一。

农村企业的迅速成长也改变了中国农村地区的产业结构。1980 年，农村地区总产值中农业的比例为 69%，非农产业为 31%，其中工业占 20%。10 年以后，到 1990 年，农业产值的比例下降到 46%，而非农产业产值的比例提高到 54%，其中工业占 40%。

3. 私营部门的出现

在中国，私营部门直到 20 世纪 70 年代末期才出现，而私营工业只是在 80 年代初才开始。1985—1990 年，私营工业企业的数量有了很大的增加。在工业产值比例中，城镇集体经济大幅下降（从 45% 到 29%），而农村个体企业（从 4% 到 11%）和其他所有制类型的企业（从 3% 到 10%）则蓬勃发展起来。在非国有部门内部的工业产出中，私营部门所占的比例从 1985 年的 13% 上升到 1990 年的 27%，五年内翻了一番。这就是说，1990 年整个工业总产值中有 12% 或 1/8 是由私营部门创造的，而在 1985 年这个比例是 5%。私营部门在农村地区的扩张尤其迅速。1984 年，农村私营部门的就业人数和总产值占整个农村就业人数和总产值的比例分别为 24% 和

14%，到1988年，这个比例相应增长到49%和33%。

中国私营部门的一个重要部分是“个体经济”。1978年中国恢复了个人或家庭经营，从那以后，私营部门中的这一部分在农村和城镇都呈现快速的增长，其中大部分是工业企业和商业企业。1981—1988年，个体经营企业的数量从180万家上升到1 450万家，增加了7倍，就业人数从230万人上升到2 300万人，增加了9倍。

四、M型和U型层级制结构

非国有部门惊人的进入与扩张将中国的改革与东欧国家的改革区别开来。在解释这种现象的多种原因中，关键之一在于1979年以前中国建立的不同的层级制行政管理结构。特别是我们认为，中国的M型与东欧和苏联的U型层级制结构之间的制度性差别，对它们各自的改革战略和改革实绩具有很大的影响。

受钱德勒的影响，威廉姆森在研究美国工商业企业时也使用了“U型”和“M型”这两个词。在威廉姆森那里，U型是指在18世纪末19世纪初出现的根据职能建立的单一制企业形式，M型是指20世纪20年代以来出现的、根据产品或地区建立的（单层）多部门企业形式。需要说明的是，本文所用的U型、M型组织概念与威廉姆森的概念虽有联系，却具有不同的内涵，对M型组织尤其如此。在本文中，M型是指多层次、多地区的层级制，而不是指多部门的层级制。我们与威廉姆森在M型组织概念上的差别之一在于，在威廉姆森的多部门企业概念中，分权只发生在总部与部门层次上，部门本身却根据职能来组织。相反，在我们所用的M型组织概念中，分权发生在层级制的所有层次上。这种差别具有十分重要的意义：对中国改革至关重要的基层地方政府的一些重要特征，只能由我们的

M 型组织概念来解释，而与威廉姆森的 M 型企业概念无关。

1. **东欧国家和苏联的 U 型层级制**

在东欧国家和苏联，经济是用 U 型组织的，其中，层级式的信息流动和控制根据职能方式或专业化原则组成单一的形式（即“条条”形式）。大多数企业是按工业部门分类的，并在各个部的直接监督之下，地方政府是中央的下属机构，它们的作用仅限于从下面收集信息和贯彻上面的计划，而没有很大的自主权。

为了充分利用规模经济，避免运转中的冲突，U 型层级制经济中各个部之间很少有职能的重叠。企业高度专业化，规模极大。对于 U 型经济的正常运转来说，全面而严格的计划、以行政方式协调部之间和企业之间的活动是至关重要的。举个例子可以看出其复杂性，在 20 世纪 70 年代末期，苏联国家计委要协调 62 个部，大约 4 800个计划额度和1 200万种产品。

苏联经济按 U 型组织有几个历史原因。U 型组织能够充分利用规模经济和专业化的优势。在经济处于较低的发展阶段时尤其如此。这就是说，当目标明确、决策相对简单时，U 型组织具有调动稀缺资源实现赶超的优势。而且，苏联在 20 世纪 20 年代建立集权经济的时候，世界上大多数人都知道 U 型是行政性地组织工业生产的唯一办法，资本主义经济中的多部门型企业在那时刚刚出现。列宁和考茨基关于把社会主义经济建成一个大工厂的宣言不仅反映了他们个人的偏好，也反映了当时人们对经济组织的理解。因此很自然，20 年代西方大企业运用 U 型来组织和管理的方法就深深地影响了苏联经济组织的形式。

当经济变得比较复杂的时候，U 型组织的缺陷就变得严重了。为了改变组织结构，赫鲁晓夫撤销了所有的部，采用了一种单层次、多地区的体制，成立了 105 个地区经济委员会，所有的国有企业都属于这些委员会。

但是，这一变化的代价被证明是非常昂贵的。在苏联，典型的情况是，一个或几个巨型企业为整个经济生产一种产品。如果没有额外的扩张机会，将组织从单一形式改变为多地区形式需要重复建设。可是，重复建设显然很浪费。因此，改变组织结构花费的成本就会大于改革带来的收益。事实上，赫鲁晓夫改革中的主要问题之一就是，在转型阶段，许多地区搞重复建设。1965 年，在对地区经济委员会日益增长的“地方主义”的责难声和协调地区计划执行机构运转十分困难的呼吁声中，赫鲁晓夫的改革失败了，地区协调体制被原先的部委体制取而代之。

2. 中国的 M 型层级制

与上述东欧国家与苏联的情况不同，中国经济是根据管辖范围原则运用多层次、多地区形式组织的（即“块块”形式），其中每一层次上的每个地理区域都可以看作一个运作单位。每单位按地理方式再进一步划分，同时，这一单位按职能方式控制自己的企业。计划执行单位（地方政府）在职能和产品的供给方面是半自主和相对自给的。

在中国的多层次、多地区形式的层级制中，有六个行政管理层次：中央、省、地区、县、乡（以前的公社）和村（以前的大队）。在中国官方语言中，每个层级上的地区叫作“块块”，与此相对的是“条条”，即按职能和专业化进行的行政控制：在中央政府的直接控制之下，有 30 个省级地区和几十个职能部与产业部。与苏联不同，中国这些部的一个重要职能在于，除直接控制一些隶属于中央政府的大型国有企业外，还间接规制和协调那些隶属于地方政府的国有企业，由于工作负担大大减轻，在中央一级所需的部的数量也比苏联要少得多（前者不到 30 个，后者却有 60 多个），中央直接计划下达的产品数量也比苏联少得多（前者是几百个，后者则达 1 000 多万个）。

每个层次上的每一地区内层级制结构是中央政府的翻版。例如，一个县有 10～20 个乡。县政府根据职能方式和专业化原则（如设立财政局、纺织工业局等）控制属于本县的企业，同时它也监督本县管辖范围内的乡政府。与此类似，一个乡除控制本乡企业外，还监督乡内的各村。

1958—1984 年农村地区的人民公社制度就是一个说明 M 型层级制特征的好例子。在中国，公社政府（现在的乡政府）就是基层政府（只有村一级在其下面）。一个公社完全不考虑专业化和职业分工，包括了工、农、商、教育、娱乐，甚至军事（民兵）等各种活动。在城镇地区与公社相对应的是街道委员会，它自己同样有许多集体企业。

在 M 型组织中，地方政府被赋予半自主的权力，对上级责任很小，同时不接受上级的大量财政支持。基层政府尤其如此。在层级制的底层，社区政府在与上级政府和银行进行面对面讨价还价时处于很弱的地位。因此，社区政府要从上级那里得到投资配给，或得到给乡办企业，特别是给隶属于它的非国有企业的补贴，是极为困难的。要得到银行的优惠贷款，也困难重重。

显然，中国 M 型层级制与东欧国家和苏联 U 型层级制之间的差别不仅仅在于中央政府和省政府之间的关系方面。一方面，整个经互会不应看成是一个我们所说的大型的 M 型层级制，因为在经互会每个成员国内部，经济是绝对按职能方式组织的。另一方面，中国省这一级的内部结构也不同于东欧某一国家的内部结构，尽管两者的规模类似。例如，具有 U 型层级制的匈牙利就与中国的广东省有着不同的组织结构。作为一个省，广东是中国庞大层级制的一部分，但广东本身也是按包括多地区的 M 型组织的，其中有地、县、乡和村，而且它们都是半自主的经济单元。

中国把经济组织选择为 M 型是有其历史根源的。在 1949 年前的中共控制地区，经济和军事力量就是用 M 型组织的。有三个因素使中国很容易就选择了 M 型组织：组织的规模与协调的复杂性、通信与交通的落后、文化背景。

中国的 M 型层级制结构也经历了一个很长的历史演化过程。事实上，由于意识形态和政治方面的原因，中国的第一个五年计划（1953—1957 年）就是在苏联专家的帮助下制订的，这也是把斯大林模式（U 型组织）在中国经济中再版的一个过程。不过，1958 年在毛泽东的推动下，中国就开始偏离苏联模式，而转向人们所说的在层级制内进行“行政性分权”的方向。1958 年（“大跃进”）和 1967 年（“文化大革命”）出现的两次行政性分权高潮对中国经济的组织结构产生了重大影响。一方面，许多国有企业的管理权力从部下放到省、地区甚至县。另一方面，地方政府发展本地区经济的积极性受到鼓励。到 1978 年，这种多层次、多地区的层级制结构已经发展成为一种与东欧国家和苏联极不相同的制度形式。

在 20 世纪 80 年代的改革过程中，由于通过两种新的方式实行进一步的行政性分权，所以这种多层次、多地区的组织形式加强了。第一种方式是财政“分灶吃饭”的制度。虽然方案各异，但其基本思想都是：各省与中央签订合同，规定好今后几年上交的税利（或补贴）总额（或比例），剩余部分归省所有。第二种方式是允许地方政府建立“预算外”账目，用来发展本地区经济，而不受中央政府太多的控制。

3. U 型层级制与 M 型层级制的成本与收益：初步评价

在文献中，人们用市场做对比，分析了集中制度——层级制的成本与收益，并分析了资本主义经济中大型组织的单一形式和多部门形式。有的文献还很好地描述了苏联传统计划体制的U型组织的成本与收益。另外，许多中国问题专家还研究了在中国行政性分权下层级制经济的问题，如浪费性的重复建设、没有利用规模经济、地方保护主义和地区分割。但就我们所知，还没有人对M型与U型层级制的成本与收益进行一般性的比较，特别是分析它们对于向市场经济转轨的意义。

U型组织和M型组织的成本与收益影响了体制的静态效率、稳定性和变迁过程。这两种体制的成本与收益取决于下列因素：可用的生产技术；经济或生产的规模与复杂性；通信和信息处理能力以及外部冲击的类型。

（1）规模经济与专业化。与U型层级制相比，M型层级制在利用规模经济方面效率较低。中国的汽车工业就是这方面最好的例子——全国有几十个生产汽车的小型国有企业，平均每个企业年产量不到1万辆。而且，M型层级制在调动稀缺资源集中建设一些重点项目方面的效率也比较低。

（2）信息处理和协调。M型层级制由于自身的分权性质，对协调其运转的通信和信息处理的要求比较低。例如，苏联中央政府不得不协调成千上万种产品的生产与分配。而在中国，中央只与几百种产品打交道，其他的由地方政府自主处理。因此，在经济的复杂程度比较高或者通信和信息处理技术比较落后时，M型层级制在减少协调所需的通信和信息的数量方面具有优势。

（3）激励。在U型层级制中，下层的动力被设计成对上级命令的执行。当事人容易受到其上级经常性的武断控制，因此他们努力避免变化和风险。在M型组织中，地方政府被赋予半自主的权力。与U型层级制相比，虽然M型组织在非常协调地执行上级命令方面不太有效，但能较好地调动基层单位的积极性。这是因为地方政府自主权范围内的工作不易受到上级的武断控制。M 型组织的这一特征对地方政府进行试验提供了强大的激励。

（4）试验方法和制度变迁。人们认为，中国改革的一个主要特征是它成功地使用了试验的方法。非常有趣的是，东欧国家和苏联在 1989 年以前的改革中也曾进行了一些试验，却经常不成功；即使在有的地方成功了，也很少能在全国推广。这就产生了一个问题：为什么中国在使用试验方法方面比较特殊呢？

在 U 型组织中，所有的产业和地区都是高度专业化的（经常是“过度专业化”）。因此，计划执行单位紧密的相互依赖和严格垂直的行政协调对于保持经济的正常运转是至关重要的。U 型层级制中地区之间相互依赖的程度很高，允许一个或几个地区做试验就会付出高昂的代价，或许是不可行的。由于试验会打破经济的正常运转，所以就可能严重阻滞经济的发展，而不管从地区角度评价试验是成功还是失败。U 型层级制的这些特征使得地区性试验的范围受到限制，从而可能减少了成功的机会。甚至当一种试验成功时，在整个经济范围内的大规模推广也需要很高的协调成本。

但在 M 型层级制中，地区之间的相互依赖相对较弱。在这种情况下，M 型组织中地区性试验的改革策略就会成本较低，比较可行。在地区相互依赖比较弱的情况下，即使试验失败了，也不至于严重地扰乱整个经济。如果试验有成效，那么由于成本不同，在 M 型层级制中进行地区试验也会比在 U 型层级制中容易。因此，在 M 型结构下进行更多的试验，不同地区的人们就会有更多的机会发展多种多样的“变种”，并可在多种选择中进行比较和挑选。从这个意义上说，M 型组织在制度变迁过程中更灵活。相反，U 型组织中强烈的地区依赖性则会使制度比较僵硬，难以发生变化。

（5）对外部冲击的反应。外部冲击有两种类型，一种是对组织中大多数人具有类似作用的冲击（惯常冲击），另一种是对组织中不同的人有不同影响的冲击（特异冲击）。就第一种类型来说，组织中的人们认为冲击对所有人的影响都差不多，这时就很少发生激励问题。因此，U 型层级制具有迅速调动资源的优势，人们也会服从有助于处理外部冲击的命令。这就是大多数军事力量和重大的防灾减灾过程（洪水和地震）为什么经常用 U 型加以组织的原因。

就第二种类型来说，冲击对组织内的人有不同影响，这就会出现严重的激励问题和协调问题。如果冲击是经常性的，U 型组织就会处于不利地位。一旦冲击到了 U 型组织内的某个单位，那么，由于组织强烈的互补性，这个单位的麻烦就会扩展到整个组织。相反，由于 M 型层级制中单位之间的相互依赖很弱，当组织中一个或几个单位的运转受到外部冲击影响的时候，产生的不利影响向整个组织的扩展就比较缓慢。这也就是说，外部冲击对 M 型层级制的影响是局部的。这是 M 型层级制更适应地区试验的另一个原因。

五、 中国的 M 型层级制与非国有部门发展的关联

1. M 型层级制对非国有部门的直接影响

在不立即摧毁现存层级制的情况下，M 型组织是造成非国有部门迅速进入与扩张的直接原因。M 型组织中最有意义的方面是那些与基层两级政府有关的方面，这两级政府在农村中是指乡和村政府，在城镇中是指区和街道政府。下文的“地方政府”即指这两级基层政府。

（1）建立非国有企业的动力和权力。M 型组织中地方政府的主要职责是地区的发展和福利。但与此有关的大多数资金问题只能靠

地方政府自己去解决。在这种情况下，地方政府就有很强烈的动力去建立或支持地方企业。在基层，由于上级没有分配给太多的投资基金，基层政府只好转向建立或支持非国有企业。20 世纪 70 年代，江苏省（包括改革前的许多年）社队企业的迅速成长，显示了 M 型组织在调动地方政府自发地建立并扩大非国有企业的积极性方面的潜力。

较弱的讨价还价能力与半自主的地位结合在一起会深深地影响地方政府的动力与行为。由于在层级制内讨价还价的余地很小，地方政府官员就极少将精力放在与上级的谈判方面。而市场上的赚钱机会更多，所以他们把更多的注意力放在地方企业上。

（2）非国有企业的硬预算约束。国有企业的一个普遍问题是软预算约束。这对于隶属于中央和省政府的企业来说尤其严重，因为政府权力太大，以至于不得不挽救那些处于困境的企业。

可是，在中国 M 型层级制的底层，地方上半自主的银行部门的财政资源非常有限，与上级银行部门的谈判力量也很弱。因此地方政府调动财政资金的能力比较有限。地方政府微弱的谈判力量使它们不能帮助正在亏损的地方企业摆脱困境，而只能解散那些经营很差的企业。因此，非国有企业的预算约束实际上要比国有企业的预算约束硬得多。由于预算约束硬（或比较硬），地方政府在使用贷款和经营非国有企业时就会更加谨慎。非国有企业的效率因此得到提高。

1989 年经济紧缩时期，全国范围的乡镇企业破产的数量可以作为非国有部门中硬预算约束的证据。据官方报道，1989 年约有 300 万家乡镇企业破产，或被其他乡镇企业吞并。而在同一年内，几乎所有的国有企业都被国家拯救了。1990 年，乡村集体企业的亏损企业占乡村集体企业总数的 7.5%，1991 年下降到 4.6%。与此相对应，亏损的国有企业占全部国有企业的31%。

（3）地区间的横向联系与市场的形成。区别M型层级制和U型层级制的一个重要特征是地区之间及地方政府之间横向的潜在竞争性的联系。在M型层级制中，尽管地方政府与其上级或下级之间的联系是纵向的，但是，如果地方政府有半自主的权力，如果存在众多的非国有企业，那么，地区之间及地方政府之间就会存在很强的横向联系，在层级制的底层尤其如此。地区之间的横向联系为国家计划范围以外的企业之间从事市场取向的交易与贸易创造了条件，并很快建立了一种竞争性的市场环境。例如，一个地区在某一产业取得成功时，周围其他地区也会紧随其后。这就是在中国现有的层级制体系内市场机制迅速出现的原因。

相比较而言，在U型层级制中，两个企业之间的交易是通过它们共同的上级推动的。这种做法的理论基础可以用企业的专业化来解释。在专业化程度较高的情况下，严格的行政性协调对经济的正常运转就十分重要。因此，U型层级制内横向联系的发展就会严重地破坏层级制的正常运转。没有横向联系的发展，市场机制也就很难出现和发育。

（4）企业家精神的发展与局部知识的利用。由于下层官员在层级制中的谈判地位不高，升迁的诱惑对于他们已经减少了。他们对职业的一种选择就是经商。一些官员辞职经商，更多的官员则是在他们的工作岗位上经商。他们的主要工作不是执行上面下达的命令，而是利用其自主权赚钱。企业家精神于是在众多的政府官员或党的干部中发展了起来。

M型层级制中集聚了许多有价值的人力资本，如果政府官员转变为企业家，这些资本就能得到更好的利用。例如，他们管理或管制企业的经验，对当地经济情况的了解及其在商界甚至政界的关系，都是促进非国有企业进入与扩张的宝贵财富。

(5) 中央与省政府的作用。在改革中，中国政府将经济发展作为最大的重点。中央政府公开宣布了鼓励人们致富的政策，从而使一些人、一些地区比别人、别的地区较早较快地富裕起来。伴随着这一政策，中央政府批准了关于建立经济特区和在其他地区进行试验的意见，这都可以看成是利用了M型组织的特征。这些政策极大地鼓励了地方政府和企业家用各种方法进行试验，以便更早更快地富裕起来。

中央政府在改革中的其他重要作用有以下几方面：(1) 通过向地方政府下放更多的权力，实行进一步分权或加强M型组织。这会大大调动地方政府官员的积极性，但同时也会出现许多问题。(2) 批准和推广在地区试验中发现的成功的改革经验。在这方面，中央政府的作用是被动的，但减少了改革中的风险。(3) 对改革或制度变化进行限制（如不允许国有企业私有化）。中央政府规定的许多限制不是基于经济标准，而是基于意识形态或政治标准。我们看到的中国渐进改革在很大程度上就是对这些约束性限制的反应。

非国有部门的快速成长并不在政府的计划之内，相反，它几乎是在宽松的政治和经济环境中的一种自发过程。事实上，中央政府也公开承认，非国有部门的快速成长的确出乎意料。我们想要指出的一点是，给定M型层级制结构和基层政府发展非国有部门的积极性，如果中央政府致力于经济发展，那么，即使中央政府的作用有限，改革仍会走得很快。

最后需要指出的是，大多数的省政府都被授权在中央政府规定的范围内用不同的改革措施进行试验。这有助于解释省与省之间的改革为什么有那么大的差异。

2. M 型组织与其他改革措施之间的相互作用

尽管我们主要强调 M 型层级制对于中国非国有部门的进入与扩张的重要性，但我们也认为许多改革措施，如开放政策、建立经济特区、东南部沿海地区出口导向战略、价格双轨制以及农业改革的成功等，都是很重要的因素。我们认为，在我们对中国的 M 型层级制组织的分析框架中，这些措施的功能可以得到更好的理解。

（1）开放政策。由于实行开放政策，许多外国投资被吸引到中国，非国有企业有机会进入国际市场，利用国际资源。对于利用海外原材料，又将产品投放到国际市场的企业来说，现有的计划体制对它们几乎没有什么约束作用，因此，它们完全是市场导向的。这在广东和福建两省最为典型。

开放政策与 M 型组织的特征之间的联系是非常紧密的，这种联系对非国有部门的扩张也有很重要的影响。在上一部分中我们分析指出，在 M 型层级制内的改革中运用试验策略的成本较低，比较可行。事实上，开放政策的一个极为重要的部分是建立经济特区，这些特区就是吸引外资的试验地区。带动那些邻近地区如广东珠江三角洲地区非国有部门成长的正是这些特区。

如果用 U 型来组织经济，那么开放几个地区进行试验，即使不是不可能的，也会比较困难，或成本较高。这是因为，如果一个打算开放的地区发展水平较低，对外资的吸引就会很有限，如果发展水平较高，那么，由于地区之间强烈的相互依赖，这种试验就会打乱整个经济的正常运转，即使试验在本地区是成功的。

从更广泛的意义上说，开放政策不仅对于在非国有部门仍居少数的出口导向型企业有影响，而且对所有的非国有企业也有影响。思想、观念和技术的输入，尤其是市场竞争的输入，有助于逐渐侵蚀传统的计划体制，建立一个市场环境。开放政策也为基层的政府官员提供了更多的市场机会，因而有助于他们在短时间内变成企业家。

（2）价格双轨制。价格双轨制实际上可以追溯到1979年以前。这一制度在经济中的大范围普及与M型组织的特征及非国有部门的出现密切相关。价格双轨制绝不是一种全新的改革措施。在1958—1970年的行政性分权期间，在地方政府的支持下出现了大批小型非国有企业。由于这些企业是计划外的，为了它们的生存，不得不容忍存在一种计划价格与市场价格并存的双轨价格。“文化大革命”期间，计划体制瘫痪了，许多国有企业的投入品不能从计划中得到保障，因此，地区之间、企业之间的横向协作，包括半合法的黑市和易货交易，甚至在国有部门中也开始发展起来。20世纪80年代的价格双轨制只不过是将已经存在的实践公开合法化，使其范围扩大而已。

价格双轨制在经济学家中一直很有争议。批评者强调价格双轨制的腐败效应，如国有部门中无效的讨价还价效应（寻租行为），以及国有部门与非国有部门之间资源的错误配置，等等。赞成者则认为，在边际价格是市场价格的时候，计划部分实际上变成了一次性付税，国有部门的经理就会因此做出正确的决策。在这里，我们集中探讨价格双轨制的另一种影响。在因某种原因（如避免对整个经济的巨大冲击、避免政治困难）价格不能一次性放开的情况下，将所有商品都引进合法的市场就非常有利于促进非国有部门的进入与扩张，尽管这是在边际上，而且是一个不完善的方法。这是因为非国有部门快速成长的一个必要条件，是存在包括生产资料与原材料在内的投入品的合法市场。在价格双轨制下，非国有部门只是面对一种价格（市场均衡价格），因此，它是在一种或多或少的完全自由的市场环境中运转的。价格双轨制只是对国有部门而言。而非国有部门是在市场均衡价格下运转的，非国有部门的效率有可能比国有部门的效率高。对于非国有部门的迅速扩张来说，高效率是至关重要的。

（3）农业改革的成功。非国有部门的巨大扩张与中国农业改革的成功是密切相关的。的确，我们可以看到农业改革的贡献至少来自三个领域：①积累资金；②释放劳动；③创造需求，即创造市场。但是，剩余劳动力、资金储蓄和市场潜力本身并不能自动地转化为增长。推动贸易需要制度，组织生产与分配需要企业家。为在体制内有效地利用那些有利条件而提供灵活安排的正是M型组织。例如，非国有企业中的许多企业家实际上就是几年前的党员干部或政府官员。他们的组织经验和在地方政府中的关系已经变成了非国有企业的财富。

六、结论性评论：非国有部门对中国进一步改革的意义

非国有部门的进入与扩张使得中国的经济改革进程较之东欧国家和苏联的改革更为顺利，至少目前仍是如此。但同时也出现了新的问题，提出了新的挑战。

（1）非国有部门的发展与国有部门的非国有化。东欧国家的转轨表明，国有部门大规模的迅速私有化，代价是十分高昂的。如果中国具备了M型组织的初始条件，那么在转轨的初始阶段，用演化式的方法发展非国有部门也许比较容易，代价比较小。随着这一过程的继续，国有部门在整个国民经济中的作用最终将会变得比较小。

非国有部门的迅速进入与扩张通过强化竞争对国有部门也产生了显著的影响。非国有部门的激烈竞争，迫使国有企业为了生存或者要求更多的补贴和贷款，或者加以变化和创新。许多亏损国有企

业的经理抱怨说，它们赔钱的主要原因是农村企业的竞争，因为它们不能将价格降到农村企业那么低的水平。因此，仅仅由于政府再也负担不起不断增加的补贴，国有部门的改革也变得比过去任何时候都更为迫切。近来，中国政府搞活国有大中型企业的号召就反映了这种迫切性。

此外，非国有部门的迅速扩张对于将来中国国有部门的非国有化（而不是私有化）的可能性也具有重要意义：成功的非国有企业将会兼并国有企业，国有企业也可以转变为非国有企业（国内和国外的）的合营企业，或者变为股份公司。通过挤出效应与接管、兼并及所有制转型的方法，经济最终将更加依赖于非国有部门。这也许就是中国非国有化的一种可供选择的方案，一条痛苦较少的转轨之路。

（2）宏观经济的稳定性。与东欧国家改革相比，从宏观经济波动来看，中国的改革一直比较稳定：通货膨胀率低，财政赤字少，外债少，外汇储备多。宏观经济的这种稳定性直接受益于非国有部门的良好绩效。非国有部门对中国近年来的出口繁荣做出了很大的贡献，这也是中国在外贸收支上保持良好记录的基本原因。而且，在一个非国有企业亏损的时候，政府（或国家银行）并没有像对待国有部门那样强的义务去补贴非国有企业或再向它们提供资金，这就有助于减少政府的赤字。最后，由于生产活动的迅速增加和经济的快速增长，增加的货币供给并没有转化为人们在东欧国家所看到的很高的通货膨胀率。

不过，在不远的将来仍存在一些造成中国宏观经济不稳定的潜在危险，原因有以下两方面：一是亏损的国有企业将使政府的负担不断加重；二是非国有部门本身也会变成不稳定的根源。在很大程度上，由于缺乏市场取向的财政货币制度和手段，中央政府将失去对地方的控制，从而使宏观经济处于危险之中。

中国特色的维护市场的经济联邦制

中国的经济改革吸引了许多经济学家、政治学家、政策分析家和国际投资商去努力解释其成功的原因。大家都同意，分权化在其中起了关键的作用，分歧只在于它为什么会起到这样的作用。

本文旨在通过对有关中国的几个分权化问题的总体考察，来重点分析以下几个方面的问题：

• 40 年来，特别是 1979 年以来中国分权化的历史；

• 分权化的类型与经济表现之间关系的理论，特别是“维护市场的经济联邦制”（market-preserving federalism）的关键作用；

• 中国的分权化与其他联邦制国家的比较；

• 对中国的分权化的经历做出评价；

• 中国走向未来改革的路径：有中国特色的维护市场的经济联邦制。

这个视角有助于阐述一系列有关中国改革成功的关键问题：首先，什么原因使分权化机制得以运行，也就是说，正面的经济效果

---

* 与巴里·温加斯特合著。原连载于《经济学消息报》，1995 年 7 月 8 日至 10 月 27 日，共 14 期。原名为“分权化：有中国特色的市场保护联邦制”。王五一译自英文。本文由作者做了校订和删节。

产生的源泉是什么？它只是简单地因为中央政府把权力下放到地方政府和企业吗？其次，分权化机制有哪些一般性原则？分权化有局限性吗？最后，临时性的分权化和基于规则的（rule based）分权化有何不同？

本文的主题之一是市场并不能自我维护。一方面，由于市场产生财富中心，所以它就很容易受到政府的掠夺侵害，因此必须防止这种掠夺，市场才能发展；另一方面，政府和企业也要面对硬的预算约束。从这个观点看，经济改革就应该包括两个步骤，即它不仅要求政府设计一种新的经济制度，而且还要求它提供可信的承诺维持这一制度的正常运转。如下面将要述及的，中国经济的成功部分地是由于分权化在一定程度上为市场化过程的持续创造了条件。

为了便于分析，我们把分权分为两类：一类是由中央政府向地方政府的分权，一类是由政府向企业或家庭的分权。本文讨论的重点是第一类分权，第二类分权将顺便加以讨论。以前，经济学家常常把第一类分权称为“行政分权”，把第二类分权称为“经济分权”，那意思好像是说，只有后者才具有市场化改革的含义，而前者则没有。这里不想否定这一说法的合理成分，而是想指出，它可能过于简单化。实际上，中央政府向地方政府的分权不但对于市场的发展有着决定性意义，而且这两种分权是相互补充而不是相互替代的关系。除了特别注明的以外，本文中使用的“分权化”一词是指由中央政府向地方政府的分权。

全文将按以下顺序展开。第一部分讨论中国分权化的历史。这一部分主要讨论的内容是：过去15年里发生的分权化是中国分权化历史上的第三次浪潮，这次浪潮与以往的两次有着诸多不同，它提供了中国经济改革的基础。第二部分转向对分权化本身的理解，讨论的焦点是被称作“维护市场的经济联邦制”的这种特殊类型的分权化。这种分权化非常有助于解释为什么中国的经济改革如此成功。第三部分把中国的分权化与其他联邦制国家进行比较，尤其要分析维护市场的经济联邦制在美国早期经济增长中的作用。我们将进一步讨论在其宪法建立之前的美国与当今中国面临的一些类似的经济难题，还将把18世纪的英国以及其他联邦制国家的历史与中国当前的分权化进行比较分析。第四部分对中国所走的分权化道路做出评价。第五部分是全文的结论，描绘一种通过有中国特色的维护市场的经济联邦制来巩固中国正在形成的市场经济的可能性。

一、 中国分权化的历史演变

中国的政府结构与经济结构可以表征为一个M型的层级结构，即，它主要是一个按地域原则组建的多层次、多地区的结构。它不同于东欧国家和苏联的U型单一层级结构。在M型结构的框架内进行的分权化改革，构成了1979—1993年这15年间中国改革的主题之一。要理解中国经济成功的原因以及正在出现的问题，就必须了解分权化演化的历史过程。要知道，分权化并不是这次改革的发明，它实际上也是1979年以前中国进行的两次改革努力的主题之一。当然，这次的分权化与以往的两次有着重要的差别。

1. 前两次分权化浪潮

(1) 第一次分权化浪潮：1958年

中国的第一个五年计划是在苏联专家的帮助下制订的。当时中国的经济组织结构正在努力照抄苏联式的集权的中央计划模式。下面的数字可以说明这一努力的结果：中央隶属的国有企业的数目从1953年的2 800家增加到1957年的9 300家，归中央计划调拨的物资由1952年的55种增加到1957年的213种。

1957 年召开的中国共产党八届三中全会做出了改善工业管理和中央与地方财政关系的三个决定。尽管 1958 年开始贯彻实施这些决定的时候受到“大跃进”的影响而在一定程度上偏离了其初衷，它们还是给中国的经济结构带来了极大变化。比如说，除少数例外，所有的国有企业一律下放给地方政府，从而使 1958 年的中央隶属企业减少到1 200家，它们在工业产值中的占比也从 40% 缩小到 14%；计划由中央计划和全国性计划转向地区性计划；固定资产投资，包括大项目的投资，由中央政府决策改为由地方政府决策；实行了财政收入分成体制，地方政府取得了增减财政税收的权力，结果，中央财政的比重由 75% 下降到 50% 左右，并且，预算外收入与预算内收入的比例到 1960 年时，已由 8. 5% 增加到 20. 6%；在企业自主权方面，相当一部分权力下放给了企业，这包括指令性计划指标由 12 项减少到 4 项，在企业与政府之间实行利润留成和分成，给企业以人事任免和雇工权；在农村，人民公社的建立代表了分权化与集权化的混合，一方面，许多政府机构下放到了公社；另一方面，公社也从生产队那里取得了许多权力，包括根据国家规定制定生产决策和财务决策的权力。

在中国，中央计划体制的基本框架是到 1956 年才完全建成的。仅仅两年以后的 1958 年，分权化便开始了，与此同时“大跃进”也开始了。地方政府对分权化确实做出了积极的响应，地方小工业迅速繁荣起来。在计划经济而不是市场经济的框架内，骤然的分权化导致了严重的（比如地区间的）协调失控。地方政府的软预算约束产生了一系列问题，尤其不可避免的是投资的迅速膨胀和重复建设。例如，1958—1960 年 3 年内的固定资产投资总额达到了 1 000 亿元，大大高于 1953—1957 年 5 年内固定资产总投资额 600 亿元的水平。

接踵而至的 1960—1962 年的经济灾难迫使政府中止并逆转了这

一改革。在农村，部分的分权化使生产队（它是在大队和公社之下）成了基本的核算单位。公社仍然保留着，但它的权力被削弱了。同时，政府允许农民耕种小块的自留地并开放了某些农贸市场。

中央政府的收权始于1959年，起初是投资决策，然后是财政体制。到20世纪60年代初，收权基本完成。所有的大中型国有企业重新划归中央隶属，到1965年，全国42%的国有企业成了中央隶属企业。进而，中央政府重新控制了大中型项目的固定资产投资。中央调拨的物资由1958年的132种扩大到1961年的503种，中央财政收入的比重也由50%回升到60%。

有必要比较一下这一时期苏联的情况。也是在20世纪50年代中期，苏联批评了自己的过度集权的计划体制。1957年，赫鲁晓夫建立了105个地区经济委员会以代替中央政府的各个部。这个改革失败了，原因在于"地方主义"的泛滥。1965年，苏联取消了地方经济委员会，恢复了原来中央各部的建制。比较来看，中国"大跃进"以后虽然中央收了权但仍然保留了相当一部分权力给地方（这与大量小企业的存在有关），而苏联的收权则是彻底的"开倒车"。在以后中国的改革中所发生的由分权向收权的逆转，没有一次是彻底的——地方政府总设法截留一部分权力。

（2）分权化的第二次浪潮：1970年

第二次分权化浪潮始于1970年。这一轮分权化的产生有两个主要原因：一是为了实现出于军事考虑的地方自给自足。这一军事考虑来源于毛泽东对苏联入侵及第三次世界大战之可能性和紧迫性的估计。二是为了实现第四个五年计划的高增长目标。第二次分权化浪潮与1958年那次有许多相近的特征。比如，把最大型国有企业下放到省市一级。1965年，国有企业工业产值的约一半是中央企业生产的，1970年的分权化以后，这一比重降到了8%。在固定资产投资方面，到 20 世纪 70 年代中期，地方政府控制的预算内固定资产投资已由 1969 年的 14% 增加到 27%。由中央政府分配的物资种类由 1966 年的 579 种，减少到 1972 年的 217 种。在财政体制上，除关税和中央企业上缴的收入以外，几乎所有的财政收入都包括在地方财政收入中，同时试验了中央与地方的各种财政分成方案。

这次分权化浪潮的成果之一是地方小企业的崛起。300 多个县市建立了小钢厂；大约 90% 的县建立了农机修配厂。当时的“农业机械化”的口号成了农村工业发展的催化剂，这些农村小工业便是几年以后乡镇企业发展的起点。

尽管有随之而来的 20 世纪 70 年代中期的中央收权，但与苏联、东欧国家相比，中国经济的分权化程度仍然是很高的。1978 年的中央企业产值的比重不到总产值的一半。这一年，全国 58 家汽车制造厂的绝大多数是地方国有企业。而在当时的苏联和东欧国家，几乎整个汽车制造业都由中央政府控制。

2. 过去 15 年改革中的分权化：1979—1993 年

开始于 1979 年的这 15 年的改革也伴随着一个分权化的过程。分权化（包括中央向地方的分权和政府向企业的分权）、市场化和对外开放形成了此次经济改革的三个主题，这一点使得此次分权化与以往的两次相比有着很大不同。从改革战略来看，“摸着石头过河”的改革哲学，双轨制的改革实践，试点、渐进、增量的改革方法，所有这些构成了此次改革的基本特征。这 15 年的改革可以分成三个时期，每一个时期都由一个关键性的政治事件开头：第一，1978 年 12 月召开的具有历史意义的中国共产党十一届三中全会，正式启动了中国改革的进程。第二，1984 年召开的中国共产党十二届三中全会及其关于城市经济体制改革的决定，标志着中国经济改革的全面推进。第三，1989 年的政治风波是一个分水岭。1993 年 11 月召开的中国共产党十四届三中全会通过的《关于建立社会主义市场经济体制若干问题的决定》可以看作这一阶段改革的结束，也标志着新的改革阶段的开始。下面概述这一改革阶段中与分权化相关的变革。

（1）改革的开始：1979—1983 年

在农业和工业部门的改革同时是财政分权的改革。1980 年开始了财政领域里的分权改革，实行了被称为“分灶吃饭”的财政收入分成体制（也称财政承包制）。这次的财政分权比以往的两次幅度要大，其内容包括：

①北京、上海、天津三个直辖市保持原有体制不变；

②江苏继续进行财政收入固定比例分成试验；

③广东上缴固定数额，福建得到固定数额的补贴；

④8 个贫困省按每年 10% 的递增速度得到固定数额补贴；

⑤其余的 15 个省一律按一定五年不变的原则与中央进行收入或补贴的比例分成。

从增量上看，一些省在新体制下财政收入增长部分的百分之百归了省财政，其目的是要调动地方财政创收和发展地方经济的积极性。

分权化与对外开放联系在一起。从 1979 年开始，许多省份被允许建立自己的外贸公司，从而开始了外贸领域分权化的过程。在这方面，广东与福建两省由于其地理位置的优势而被允许比其他省走得更快。1979 年 7 月，中央政府决定这两个省在对外开放方面“先走一步”，允许它们实行特殊政策和灵活政策。例如，这两个省被允许其出口外汇收入增长部分仅上缴 30% 。

1980 年，中国建立了四个经济特区，其中广东省的三个特区深圳、珠海、汕头与香港毗连，福建省的厦门特区在台湾海峡的西岸。这些特区不仅像通常人们强调的那样获得了税收方面的优惠，更重要的是，它们享受了一个有利的制度与政策环境，以及更多的经济发展的自主权。例如，它们有权批准最高达 3 000 万美元的外资项目，而其他地区在这方面的权力则小得多。在中国的其他地区仍然是中央计划和公有制占主导地位的时候，这些特区已经被允许成为私有经济占主导地位的市场经济。

（2）改革的高潮：1984—1988 年

1984 年召开的中国共产党十二届三中全会做出了进行城市经济体制改革的决定，其中一个重要的转变是，由“有计划的商品经济”的口号代替了以前的“计划经济为主，市场调节为辅”的口号。这个时期是改革迅速发展和深入的时期。

①财政分权的继续。在这个改革时期中，直到 1993 年，主导的财政体制仍然是 1980 年奠定的财政承包制。但在此期间关于财政税收体制改革的讨论一直在进行，包括一定程度上的某些尝试，比如 1983 年6 月实行的“利改税”的改革。一些改革者于1986 年提出了价格、税收、中央与地方财政关系、金融、外贸及外汇体制的一揽子改革方案。1986 年底，这个方案实际上被中央政府拒绝了，政府倾向于另外的改革路子，如价格双轨制、企业承包制、财政承包制等。

到这时，中央与省级之间的财政收入分成体制已经覆盖了所有省份。财政收入被划分成了“中央固定收入”和“地方收入”两大块，中央收入全部上交中央，用于分成的只是地方收入这一块。1988—1993 年，共使用了6 种基本分成类型。这些分成类型的一个共同特征是，对于地方政府来说边际税率是递减的。不少省市政府实际上成了剩余收入索取者，因为几乎百分之百的边际收入都归了地方。

上述分成原则也同样适用于省政府与它的下级政府的收入关系。

这调动了地方政府发展地方经济和建设地方税基的积极性。这一点在最基层的乡镇感觉尤其明显，乡镇的工业很少，税基薄弱，剩余劳动力的出路问题紧迫，所有这些使乡镇有着强烈的发展本地经济的愿望。

财政分权的结果之一是财政收入与 GDP 比例由 30% 下降到 20 世纪 80 年代末的不到 20%。与此同时，中央财政占总财政的比例也下降到 40%。另一方面，地方政府及其行业主管部门的所谓“预算外收入”则有所扩大。改革以前，预算外收入很小，1978 年时，只占到 GNP 的 9%，而当时预算内收入占到 GNP 的 35%。到 1991 年，预算外收入已占到 GNP 的 15%，而预算内收入则下降到 GNP 的 18%。

②金融的分权化。1983 年，中国的专业银行与中央银行实现了分离，这是银行系统分权化的一个重要内容。1984—1988 年这段时间内，专业银行的地区分支机构实行了“存贷挂钩”的政策，即它们在当地开展的贷款业务取决于它们在当地能吸收多少存款。如果地方专业银行出现了资金短缺，由中央银行的地方分支机构负责在本地区的范围内调剂资金，必要时由它向中央银行总行申请再贷款。由于中央银行的分支行一直建到县一级，所以这种一层一层的、自成体系的地区资金调剂制度甚至也一直深入到县。

这种银行体制的一个重要特点是，省、地、县政府可以对当地的银行分支机构的信贷决策产生很大影响。银行的地方分支机构处于“双重领导”体制下，即它们一方面受上级银行领导，一方面又受当地政府领导。随着改革的深入，后者的分量实际上在逐渐加大。地方政府可以直接参与信贷计划的制订，包括向地方专业银行强加一些给本地企业的贷款项目。事后，地方政府可以决定企业是否要偿还这些贷款。地方政府的权力，来源于对地方银行分支机构领导人员的人事任免权以及分配住房和其他福利的权力。因此，地方政府与信贷渠道的联系太通畅了，而中央政府根本无法制止地方政府与地方专业银行相勾结、在投资饥渴的驱使下所形成的巨大的信贷膨胀压力。

③省、市、县政府的权力。作为改革的结果，1980 年初，更多的中央隶属国有企业下放到了省、市和县级政府，其中下放到市一级的最多。到 1985 年，按产值统计的中央企业的比重只占到乡及乡以上国有企业的 20%，省市两级占到 45%，县占 9%。但 80 年代分权化改革的后果，绝非仅限于现有国有企业控制权的下放。更重要的是，地区经济发展的根本责任现在已压到了当地政府的头上，它们也因而享有了更广泛的权力。许多改革政策的制定权也放给了地方政府，其中包括减少计划的范围，给地方政府更多的制定价格、建新企业和自筹资金上项目（包括预算外集资和银行贷款）的权力。

地方政府金融实力的增强使上面这些变化的现实性更大了，而地方政府金融实力的增强则来源于预算外资金的扩大和银行渠道的通畅。与此同时，随着地方政府从中央政府手里获得了更多的权力，相应地，它也从中央政府那里承接了更多的责任，如教育、卫生、住宅、地方基础设施等的开支负担。这样一来，中国的地方政府在财务上越来越自治化了。

④乡村集体企业的作用。归乡村社区所有、由乡村政府控制的乡村集体企业，是这一时期中国经济发展中最壮观的一部分。到 1992 年底，乡村企业的产值占全国工业总产值的四分之一。从一开始，乡村企业就是独立于计划之外的市场性企业。在乡村企业的巨大成功中有几个因素在起作用。农业改革的成功产生的剩余劳动力以及通过储蓄而积累的可观资本额，是其重要因素。然而其成功的终极原因还要到乡村企业及乡村政府的积极性中去寻找。首先，这

种企业体制使乡村政府拥有剩余索取权。这使得乡村政府有很大的积极性，在财政分权化改革的背景下，通过发展这种企业来建立自己的税基。其次，与国有企业体制相比，乡村政府和乡村企业受到了两种限制：一是硬预算约束，即乡村企业可以破产和解雇工人。另一个限制就是，乡村政府没有权力或能力对自己的企业实行保护政策。也就是说，它们不能用行政手段保护自己的企业，如设置贸易壁垒排斥竞争等。到了县级或县以上，这两点限制就大大地放宽了。

⑤分权化与市场化。此次分权化改革是在一个不断增长的市场化环境中进行的。1985 年，中国正式实行了价格双轨制，企业因此可以在市场上根据市场价格进行计划外交易。而非国有企业只有一种价格，即市场价格。非国有企业占全国工业总产值的比重，由 1984 年的 31% 增加到 1988 年的 43%。于是在这个改革阶段，非国有企业与国有企业的市场交易额，两者加起来已成为国民经济的主要交易形式。

在中国的市场化过程中，产品与要素的地区间流动的发展却不顺利。一方面，从总体上看流动性还是在增加的，如人员的大规模跨地区流动和外资从国外向中国的流入。然而另一方面我们也看到，分权化给予了地方政府更多的动机和手段，使之成为地方保护主义者。所谓的“诸侯经济”现象使中央政府和经济学家大伤脑筋。通过对中国国内市场经济发展的考察，世界银行（1993）得出了下面的结论：“虽然在资源配置的价格机制替代方面取得了很大的进步，但产品与要素（资本、劳动和外汇）市场仍然被各个地区分割成碎块。产品与生产要素（特别是资本投资）与海外的流动性联系，看上去比国内其他省份的流动性联系更容易一些。某些省的经济行为就像一个单独的国家而不像一个大国家的一部分。”

(3) 改革的继续：1989—1993 年

1989 年以后改革并没有完全停顿。比如价格改革，1988 年时，绝大部分产品的价格还是双轨的，在计划轨道上，中央政府只管少数像能源、运输等关系国计民生的重要产品的价格，而其他产品的计划价格则由地方政府来管理。广东省走在价格自由化改革的前列，其他省跟着它的步子走。这个机制得以运转的原因在于，当有的省实现了价格自由化以后，不跟着走的省在成本上就要吃亏。黑龙江的例子很能说明问题。它毗连俄罗斯，是位于中国最东北部的一个省，也是一个比较保守的省。1989 年，黑龙江省政府公布了一个“383 计划”，这一计划的设计目标是要把该省用于统计通货膨胀指数的 383 种产品的价格涨幅大大降下来，由 1988 年的 17% 降到 13%。这一政策最终被证明代价高昂，并引发了政府和大众的反对，人们批评这一政策耗费了太多的钱财。广东省的做法正好相反，也是这组产品，广东省对之完全实施了自由化。由于这一改革，价格下降了。广东省的相反的政策取得了与黑龙江省相同的效果，却没有耗费政府的任何钱财。在经济学家的建议下，黑龙江省的这个计划被放弃了。

1992 年初，邓小平前往广东省视察，他在几个经济特区做了停留。在南部地区地方政府强有力的改革愿望的支持下，邓小平打破了中央内的政治平衡。接踵而至的是中央于 1992 年 10 月宣布要“建立社会主义市场经济体制”。此后，地方政府忽视中央政府意志的现象不断发生。例如，许多既不是经济特区，又不是沿海开放城市的内陆城市，也建立了许多开发区以享受税收优惠和更多的自主权，这些开发区的设置大多并未经中央政府同意。

1992 年的分权化改革的后果与金融系统的联系最大。地方政府与企业合谋，运用各种方法绕过信贷指标进行融资，其最常用的办法有：第一，从非银行金融机构借款，如地方信托投资公司，许多信托投资公司实际上是国有银行的下属机构。第二，发行金融或公司债券，这种融资渠道往往可以绕过信贷指标。第三，非法使用银行间拆借资金。

有趣的是，1993 年初，中国经济面临着与 1988 年类似的宏观经济失衡状态。1993 年 7 月，中央政府下发了“十六点方案”，旨在通过市场和行政的双重途径来紧缩货币供应。这个方案自然受到了地方政府的抵制。在与地方政府协商以后，信贷于 9 月、10 月再度放松，这为 1994 年初的通货膨胀压力奠定了基础。

3. 改革的新阶段：1994 年以后

中国共产党第十四次代表大会正式肯定了建立“社会主义市场经济”的概念，据此，十四届三中全会通过了《关于建立社会主义市场经济体制若干问题的决定》（以下简称《决定》）。会议一结束，从 1994 年 1 月 1 日开始，一场改革旋风在外汇、税收、财政、金融与银行以及企业等领域全面展开。

《决定》至少在五个方面与以往 15 年的改革战略有着根本区别。

（1）中央政府第一次勾画了（虽然是粗略地）一个有中国特色的市场经济的基本框架和综合同步的经济转轨的改革蓝图。在几个关键性的改革领域里，这个蓝图有着比以往远为明确的经济转轨目标，并且非常注重不同经济改革领域之间的互补与协调。这标志着新的改革战略与以往的“摸着石头过河”战略的重要区别。这个蓝图并没有号召一步到位式的改革，它主张配套改革，重点突破。

（2）在这个新阶段里，改革者已经将其注意力由分权化转向在市场的基础上寻求分权与集权的平衡。改革中地方政府的崛起是分权化的一个结果。然而，一个功能健全的统一的市场经济，根本不同于中国那种地方政府垄断、保护本地市场、阻碍产品与要素跨地区流动的“诸侯经济”。因此，是那些主张市场化的改革者——而不是那些反对改革的保守派——主张和实施了一定程度的再集权化。分税制和中央银行作用的加强是这个再集权化的两个例子。

（3）决定用统一的市场规则替代双轨制。一个决定性的措施是，从1994年1月1日开始，统一汇率和税率，消除了在这个问题上的所有制歧视。价格双轨制与分权化密切相伴而构成了“渐进改革”的一个内容。它一方面保持了既有的制度条件（旧价格），另一方面逐渐减少这个制度条件在交易中所占的比重，通过这个方法，缓和一些矛盾。然而，双轨制的历史使命已经结束，继续的双轨制只会阻碍统一的市场规则的建立。

（4）《决定》将企业改革的重心由“扩大企业自主权”深化到与产权、资产经营、公司治理、公司管理甚至部分私有化等相联系的问题上来。市场经济的理论与实践都表明，得到明确界定和执行的产权，对于市场经济中的现代企业成功来说都是非常重要、不可或缺的。

（5）中国政府已经明确表示要实行国际上通行的规则和做法，以实现中国经济与世界经济的接轨。以前，在制定法律法规时，往往强调中国的特殊国情，最近的几个例子说明，这个倾向已经改变了：中国于1993年7月1日实行了西方式的会计制度；正在努力降低关税以争取进入关贸总协定；根据国际标准制定了公司法和保险法。

二、分权化与维护市场的经济联邦制

对中国经济成功及其未来趋势的理解必然涉及分权化和经济行为的关系问题。首先要理解的是，是哪些东西使分权化有价值。它仅仅是中央向地方及企业的权力下放，还是涉及其他因素？分权化有局限性吗？其次，分权化有哪些新原则？最后一个问题是，应该把分权化理解为单独一个国家特殊的事情，还是理解成一个有普遍原则的问题？

1. 维护市场的经济联邦制的定义

分权化有三种类型：（1）不伴随权力下放的行政代理；（2）权力分散化的联邦制；（3）完全的分权化。

最极端分权化形式是完全的分权化，即国家把一切政治经济权力完全下放到地方，包括国防、财政、货币等。在完全分权的情况下，权力下放得是这样彻底，以至于中央政府实际上已经不存在了，即使它还没有在字面上消失。

与完全的分权化相对应，分权化程度最低的一种类型就是第一种类型，即不伴随权力下放的行政代理。它仅仅把贯彻执行政策的任务放给了地方，却并不给地方制订计划和选择政策的权力。在这种类型的分权化下，中央政府不但制订计划和政策，而且确定和监督政策与计划的执行者。因此在这种类型下，地方政府没有任何自主权。

介于这两种极端类型之间的是一种在政府层级体系内部的权力划分。这就是各种各样的联邦制。联邦制是一组制度安排，而不是单一形式的制度。由于在这组安排中的各种形式有着很大差异，我们需要对它们进一步分别定义，关键的理解在于这样两点：一是权力的配置，二是这种权力配置的可靠性和持久性。

经济联邦制最本质的特征是分权化，但并不是任何分权制度都会形成联邦制。如果一种制度满足下面三个条件，则这样的制度就可以称为联邦制：

（1）存在一个政府内的层级体系，例如，在中央政府之下还有一个地方政府。

（2）在中央政府与地方政府之间存在一种权力划分，从而任何一级政府都不拥有绝对的制定政策法规的垄断权，同时又在自己的权力范围内享有充分的自主权。

（3）制度化的地方自主权对中央政府的任意权力造成强有力的制约，使得中央与地方的权力分配具有可信的持久性。

所谓的“维护市场的经济联邦制”的定义是在以上三条外再加上两条：

（4）地方政府在其地域范围内对地方经济负有主要责任。同时，一个统一的全国市场使得产品和要素可以跨地区自由流动。

（5）各级政府都面对着硬预算约束。

由于上述五个特征在逻辑上是独立的，因此存在多种形式、多种类别的联邦制是完全可能的。五个中的每一个，在维护市场功能上都起到了重要作用。其中头两条确定了联邦制层级的最基本的必要条件。但仅仅有这两个条件还不够，因为，如果第三条得不到保证，放下去的权力随时可能再收回来，则建立在这样的基础之上的联邦制一般不会持续。

联邦制的一个核心难题是，中央政府具有压制下级政府的力量，它可以迫使地方政府改变它不喜欢的决定，或干脆取消联邦制。对中央政府所具有的改变、解除或伤害联邦制的能力若缺乏制约，就会大大地弱化联邦制的自我维持能力。因此，一个真正有生命力的联邦制必须解决这个问题。

要想让市场得到维护，经济联邦制就必须对各级政府的权力施加限制，以促使中央政府和地方政府运用它们的权力促进而不是妨碍经济的发展——通过对中央政府管制经济的权力以及地方政府破坏统一市场的权力施加限制，维护市场的经济联邦制恰恰可以做到这一点。中央政府和地方政府都必须面对硬预算约束，也就是说，它们不能出于政治目的而无休止地超预算支出。如果所有地方政府在预算约束上都采取不负责任的态度，则由此形成的财政问题将迫使中央政府面临困境。当然，中央政府也要有一定程度的硬预算约束（尽管做到这一点可能更困难一些），因为中央政府的软预算约束会导致它干预货币的发行，从而使得货币政策不稳定。

2. 维护市场的经济联邦制的效果

完善的维护市场的经济联邦制有下述经济效果：

最重要的是，维护市场的经济联邦制引入了地方之间的竞争，这产生了一些重要的经济效果。

第一，地方之间的竞争会促使地方政府努力提供一个良好的环境以吸纳生产要素，如资本和劳动力的流入，其典型做法包括：为要素所有者提供所有权保障，提供基础设施，帮助市场进入等。那些这方面做得不好的地区就会发现，生产要素流向了别的地区。可见，地区间的竞争为地方政府提供了很强的激励，促使它们去努力提供最好的地方公共品和保护要素所有者的利益。

第二，硬预算约束意味着地方政府有可能破产，这会促使地方政府在财政上慎重从事。硬预算约束会在支出环节上限制地方政府对亏损企业给予不断救济，把政府的财政行为限制在对地区经济发展有用的服务性支出上，例如，基础设施、住宅等，以便为生产要素向本地区的流入创造一个良好环境。

第三，地区间的竞争还意味着，没有任何一级政府拥有对其经济政策制定的全部垄断权。假如某个地区政府对本地区的企业规定，必须雇佣本地农村来的工人，并且要支付这些工人的相关开支（如住房、食品和社会保障），而且不能解雇工人，那么，这类出于政治或社会目标的对企业的管制会使本地企业在市场上与没有这种限制的其他地区的企业进行竞争时处于劣势，而其他地区的企业会有更低的成本和更强的竞争力。这大大地降低了地方政府操纵本地区企业的可能性，因为如果它要这样做，很可能使其企业在市场上失败。

重要的是要意识到，经济联邦制的力量之一就是制约强大的中央政府的经济功能。也许眼下具有改革意识的中央领导人在一定范围内收权，不会对当今经济产生本质影响，然而，如果让那些对经济改革和市场作用存有不同看法的未来一代领导人来运用这种权力，情况可能就不会是这样。仅仅建立在个别政治领袖的信念基础上的市场，就远不如建立在信念和制度双重基础上的市场的可靠性大。于是这又产生了对中央政府权力的一个制约因素：经济权力的下放加强了经济政策的持续性，从而使经济改革可以不依赖于它的发动者而继续推进。这样一来，维护市场的经济联邦制就不仅仅是建立在当今领导人对市场的信念的基础上。它实际上创造了一系列与领导人信念无关的客观激励，这些激励有助于减少政治领导人对未来随意干预市场的可能性。

维护市场的经济联邦制在实践中如不完善，它的优越性就会打折扣。例如，如果没有对统一市场的有力执行，则很多地方政府就可能设置地区间的贸易壁垒，从而阻碍生产要素的流动，增加外地企业市场进入的困难，降低市场效率。这样的分权制度就可能导致诸侯经济。另一个例子是，如果地方政府没有面对硬预算约束，比如它们可以很容易地从中央政府那里得到贷款或其他收入，结果将是地方财政的精打细算意识将会削弱。

3. 分权化的一些原则

维护市场的经济联邦制的最重要特征并不在于简单的分权本身，而在于分权的内容。经济权力的分散与预算约束相结合是关键，因为这使地方政府产生合理行为的激励。并不是分权化本身带来了经济的成功，重要的是分权化形式。

其他一些特征与维护市场的经济联邦制下的分权形式的理想设计相联系。正如经济学家一直强调的，提供公共品与服务的权力必须建立在合理的基础上。其基本原则是，特定的公共品应该放到最有条件提供它的政府层次上去管理，而哪种公共品应该由哪级政府来管，这又取决于它们的性质和领域。那些属于国家领域的公共品应该由中央政府来管，属于地方领域的公共品应由地方政府来管。这就把中央政府的作用限制在了诸如国防、统一市场及控制货币体系等全国性问题上。征税权也必须合理地在各级政府间分配。

这些产品或政策，包括管理统一市场、制定货币政策、实施明确统一的法律与产权制度，以及像国防、外交等重要的国家公共品，都应该集权于中央政府，因为它们确实是固定的公共品。统一市场不能靠简单地把权力下放到分散的各个省来管理，因为这会形成“囚徒困境”，每个省都倾向于设置贸易壁垒，从而面临产生诸侯经济的危险。这一点可以从目前世界范围内的国家间经济关系的经验中得到证明。

货币政策也是这种情况，如果地方政府保持着对货币政策的控制，它们就不会面临硬预算约束。这个问题只能由统一的集权管理来解决。当然，这可能又会带来一些关于中央政府的激励与制约问题。同样，国防与对外政策也必须是国家的公共品，因而应当集权。

4. 临时的还是基于规则的分权化

最后是关于规范化的问题。分权制度应是正式的、基于规则的，还是一个非正式的、临时的？一个非正式的、临时的方式适应由旧制度向新制度转轨的初级阶段，这在这一阶段也许是唯一的选择。

但从制度的长期运行来看，以下几点表明，这种非正式的分权化对制度的持续稳定运行可能有害。

第一，在新体制建立的初期，特别是当这种新体制的形成在很大程度上依赖于一个政治强人的时候，一个非正式的制度完全可以因为这个政治强人的性格、他的政治支持、他的眼光及他的政治权力把事情推行下去。但是，正如韦伯在20世纪初就看到的，经过长时期的运转，一旦政治权力由政治强人转到第二代领导人手里，产生的体制要想保持下去就必须制度化。道理在于，仅仅建立在政治领袖个人目标、观点和偏好基础上的体制，一旦离开了它的创造者就很难再有所作为。多数政治接班人都不能复制其前任的伟绩。

第二，在由计划体制向市场体制转型的过程中，一组非正规化的特殊安排有益于在计划体制之内的创造市场活动。这个阶段的主要任务是，创造一个在现行计划体制的框架内从事贸易并可从中获得短期收益的市场。在这个阶段，非正规化的特殊安排不但是可行的，甚至可以说是必要的，因为人们此时还没有就新体制的规则和制度特征达成共识。20世纪80年代的中国看来就处于这个阶段，但是随着时间的推移，这样的安排就不够了。一旦达成共识，改革的着眼点就转到了如何在新体制下保持一个长期的市场激励体系问题，而非正规化的临时安排是不可能解决这个问题的。于是，制度化和正规化就成了实现维护市场目标的必要条件。进一步看，如果非正规的临时制度的持续时间过长，会导致建立新体制的成本越来越高。

第三，规范化的最大优越性是它的透明性、可预测性和普适性，它可以降低交易成本。一个相关的问题是转型期间的腐败问题。一个广为流传的“民间理论”认为，有一点腐败不是坏事，因为它可能启动市场化改革。有人打比方说，腐败就像润滑剂一样有助于开动这架生锈的机器。然而，这个说法应当在这样两个方面加以限制：

（1）在改革的初期阶段可能是这样。（2）更重要的是，在人们已经达成了关于建立市场体制的共识，并且新的规则和制度已经公布并开始实施的时候，腐败就成了进一步改革的障碍。此时的腐败不但不会“润滑市场”，相反，它可能阻止市场的正规化建设。腐败的特征之一是它的不透明性，它必然导致不可预测性和机会的不平等，这与维护市场的目标是冲突的。

第四，对于维护市场的经济联邦制来说，是否需要一个中央与地方的权力得到界定的正规化政体。从长期分析的角度来看这一点尤其重要，因为将来必然会产生中央与各省及各省相互之间的纠纷。历史给我们的启示是，如果事先存在一个广泛认可的决策程序，则纠纷更可能和平解决。相反，等到纠纷已经发生的时候再由涉及纠纷的各方先设计谈判程序再进行谈判，则大家的着眼点必然要放在如何制定一个有利于自己的谈判规则上。如果谈判程序是在一个比较合适的时间、在和谐的关系下、在没有任何倾向性的基础上制定的，人们不仅会很自然地接受这个谈判规则，并更可能公正地相互理解。

三、 中国的分权化与其他联邦制国家的比较

在过去的几个世纪里，世界上最富的国家都是实行经济联邦结构的。这包括16—17世纪的荷兰、17—19世纪的英国、从19世纪至今的美国。这一部分比较分析的对象主要是美国，也将提及18世纪的英国。

1. 1781年以来美国联邦制的演变

美国的联邦制是由若干几乎完全独立的州为了追求共同目标而形成的，而不是由一个单一的国家经由分权化而形成的。然而，从

下面的讨论中我们将看到，在1787年联邦宪法通过以前的一个时期，美国所面临的问题和当代中国所面临的问题有很多相似之处。当年的美国和现在的中国的一个共同问题是，由制度带来的难题都是过于分权化。

美国联邦制经历了一个多阶段的演化过程，采取了许多不同的具体制度形式。在从英国独立出来的早期，13个前殖民地在《邦联宪章》（Articles of Confederation）（1781—1787年）的基础上组成了美国。在这个短暂的历史时期里出现的一系列问题，导致了政府形式的重大修改，最终形成了1787年的宪法。与《邦联宪章》时期相比，1787年以后的联邦政府在某些特定政策领域的权力加大，当然今天的美国联邦政府的权力又远比当初大得多。在《邦联宪章》时期的联邦政府并没有控制一些与全国经济密切相关的公共品供给，最明显的是国防、货币发行和统一市场的权力都分散在各州。到1787年实行新政体后才把这些权力集中上来。在此后的100年里，美国联邦制的基本特征就是维护市场的经济联邦制。除了一些特定的公共品供给与管理外，几乎所有权力都留在了州里。各州几乎完全控制了各自的地方经济，但没有阻止商品跨州贸易的权力。到19世纪末时，联邦政府在经济管理方面的职能是很小的。

通过促使各州实行专业化经济，维护市场的经济联邦制在19世纪美国的市场经济形成过程中发挥了关键作用。于是，便形成了在自由的经济环境中展开地区间的激烈竞争，并在这一竞争中形成了不需要人为规制的统一市场。进而，中央政府也可以理直气壮地将该由它管的公共品管起来，如国防、货币制度（这里包括维持对各州政府的财政硬预算约束）、监管统一的共同市场。

关于统一的共同市场，宪法中的一些条款起到了关键作用，其中最突出的是商务条款和特权与豁免条款。商务条款产生了两个方面的约束作用：第一，它限制了各州管制商品的州际流通及设置贸易障碍的能力；第二，它把联邦政府的职能限制在真正的联邦事务上。特权与豁免条款限制了各州对本州与外州的企业或机构实行歧视性待遇的可能性，这项条款一方面给予外州的个人和公司同样的权利，另一方面免除了本州的个人和公司的一切优惠，税收也完全一样。

结果，世界上最大的共同市场产生了。宪法对州和联邦政府权力的规范为19世纪美国经济的急剧扩张奠定了决定性基础。伴随着州际分工格局的形成，国民财富迅速增长。因此，美国宪政一方面创造了这个全美范围内的统一市场，一方面又维护着这个市场，而联邦制在这里起到了核心作用。

2. 早期美国与当代中国的相近点

早期美国与当代中国无疑存在着重大的差别。现在中国有一个强有力的中央政府，它任命地方政府官员，更不用说对军队的绝对控制。然而，中国眼下面临的问题与《邦联宪章》时期（1781—1787年）的美国面对的问题有相近之处。

首先，分权化造成的缺点很相近。中央政府不能生产那些必不可少的全国性公共品。像《邦联宪章》时期的美国一样，中国当前的问题也是出在控制货币体系和维护统一市场上。由于在分权化中得到了更多权力的地方政府并不能自觉地负起维护统一市场的义务，所以中国经济明显地出现了诸侯经济的倾向。美国当初的情况也是这样。一些通过重要通商口岸而毗连的州（如围绕着波士顿的新罕布什尔州和罗得岛州，围绕着纽约的康涅狄格州和新泽西州），当时都设置了贸易障碍阻止更大的州的商品流动。像今天的中国一样，当时的独立诸侯经济问题也是美国经济的一个大问题。当时很大一部分市民认为，联邦政府甚至没有能力负起协调国防的主要责任。

其次，那时美国政府解决问题的手段也与现在的中国相近。当时追求改革的主要政治集团是所谓的联邦主义者。在《邦联宪章》下联邦政府不能提供必不可少的公共品，这使联邦主义者不得不设计了一个新的政府形式，这种政府形式一方面能够提供全国性的公共品，一方面又不致使联邦政府的权力过大以至于损害各州的利益。最终的结论是，联邦制可以做到这一点。联邦制使联邦政府不仅有了确定的权力范围，而且有了明确的权力目标，这就是提供那些单个州无法提供的联邦公共品和服务。1787 年的新政体使联邦政府获得了维护全国统一市场的权力。进而，当各州周期性地发明出花样翻新的贸易障碍时，联邦政府的这一权力便一再地显示它的作用。除了明显的关税和进口障碍以外，一些州还试图对外州在本地经营的公司提高收费。绝大多数此类问题在新政体下都通过中央政府的干预得到了解决。

现在中国面临同样的问题：如何使分权化、经济联邦制、限制政府权力等制度化。有两个相关的课题摆在中国面前。第一个课题是，美国的经验证明，要实现上述目标，不仅要依靠政治领袖本人的偏好，而且要依靠对其行为动机的制度约束。对中国来说，这就要求中央政府在重新集权问题上慎之又慎，只有在分权化过程发生了明显的失败时才不得已而为之，如近年来出现了“诸侯经济”倾向以至于不得不加强统一市场的管理。但一般说来中央政府权力的扩大，尤其是在税收方面，会产生严重的问题。原因在于，中央政府实力的增加会导致其权力范围的扩大，在这种情况下，一旦政府落入反市场的政治力量手中，则政府的经济控制权越大，它就越容易在市场经济的道路上开倒车。中国面临的第二个课题更加复杂。缺少法治和民主传统，使得现在的中国无法像当初的美国那样，通过选举机制促使政治领袖反映民意和自觉限制中央政府权力。在这一点上，中美两国有着很大的不可比性。

总之，把以上两点综合起来看，目前中国这种分权化的临时性安排有必要进一步制度化，这不仅于眼下是一件积极的事情，而且还能为中央政府的行为创造一个长期性的行为动机，促使它继续进行经济改革和市场化建设。

3. 18世纪英国的联邦式结构及其地方官员的作用

维护市场的经济联邦制在18世纪英国的工业革命中也扮演了一个重要角色。18世纪的英国与当代中国有一个重要的历史共同点，那就是地方官员在经济增长中的关键作用。这是我们之所以要在这里考察这个问题的理由。

虽然18世纪的英国名义上不是联邦制，但它确实具有上述维护市场的经济联邦制概念的全部特征。特别是在1688—1689年“光荣革命”以后，中央政府规制经济的权力受到了很大的约束，而地方则取得了更多的自主权。

这对于经济行为模式有着重要意义。经济史学家强调指出，工业革命的一个本质特征是置以往的有关经济生产的法律规章于不顾。但这既不是个别现象，也不是一律如此。不同的地方有着不同的动机去执行或不执行这些规章。众所周知，工业开发并不是首先在既成的工业中心进行的，原因在于，老工业中心里的那些现行法规给那些在工业革命中起了关键作用的企业家带来了很大的不便，他们于是转而到那些没有什么旧秩序和地方利益需要加以保护的地区去寻求发展。这一点与中国的情况很相似——出于同样的道理，中国近年来的新增长中心并不是那些老的工业基地。

英国的地方官（justices of the peace）有很大的权力，虽然他们是由国王任命的，但是他们多来自地方乡绅，往往在地方上拥有财产，因而他们的个人利益与地区经济息息相关。重要的是，他们的政治忠诚对象是地方而不是国王，他们关心地方经济的繁荣大大超过他们对国王的关心。结果许多地方官帮助本地区建立和维护着良好的经济环境，从而使工业革命的企业家避开老的商业利益集团的势力范围和管制到比较自由的地区发展自己的事业。

通过比较18世纪工业革命时期的英国和当代改革时期的中国，我们看到了两国之间的相近点，即地方官员控制地方经济的重要意义。二者的地方官员对地方经济的关心对于整个国家经济的繁荣都起到了重要作用。这个历史的相近点不仅表现在它们的经济成功上，而且我们关于维护市场的经济联邦制的理论说明它们成功的逻辑也是一样的。

四、 对中国分权化方式的评价

如前所述，分权化在中国不是新事物，在此次改变之前的1958年和1970年，中国已经有过两次分权化了。但这次分权化不同于以往那两次，这次分权化是与市场化和对外开放结合在一起的，它对中国的经济制度和经济行为产生了深刻的影响。根据前述的五个条件，我们看到中国分权化的主要问题在于以下三个方面：第一，缺乏统一的大市场；第二，地方政府的软预算约束；第三，分权缺乏制度化。我们先来考察中国分权化的积极一面。

分权化改革战略的第一个优点是，它作为中国改革战略的一部分，有助于克服来自中央政府对改革的抵制及对改革的政治约束。20世纪80年代初保守派的势力还保持着强大力量时的情况就可以证明这一点。在改革共识尚未形成时，分权化战略为冲破当时的政治障碍提供了一个有效途径。与渐进主义相结合，分权化创造了一个来自地方和基层的改革支持机制，从而为改革奠定了动力基础。市场化改革从几个地区和部门取得了支持：像广东那样超高速增长的沿海地区、农村（农业改革带来了农村生活水平的巨大变化）、非国有部门（乡镇企业急剧扩张）。

分权化改革战略的第二个优点就是，允许进行地区试点。中国的 M 型组织为这种地区试点创造了一个高度灵活的、适应性很强的制度基础。试点是一个避免大风险、大错误的好办法，并且，人们可以通过试点学习关于市场经济和恰当的经济转轨途径的知识。地区试点还可以给人们提供一些改革的实际宣传样板，它们可以帮助人们理解、接受改革，并从这些样板中学习如何进行自己的改革。经济特区的宣传效果就是非常巨大的。

分权化改革战略的第三个优点源于地方政府对中央政府改革政策不稳定的约束力，地方政府对改革的要求、主张和坚持，有助于改革政策的连续性。从这个意义上说，分权化决定着改革的持续性程度。虽然为防止中央政府政策多变而对之施加的约束是有成本的，但它在防止改革在关键时刻发生逆转方面则表现出了显而易见的优越性。另一个有助于保持中央政府政策连续性的改革措施就是对外开放，它对改革的持续性起到了重要作用。但对外开放在约束政府的行为方面所起的作用不应被估计过高。

在旧体制没有完全改变的情况下，分权化带来了经济的高速增长，特别是非国有部门增长，这可以被看作分权化的第四个优点。在 1993 年我与许成钢合著的文章中，我们详尽考察中国 M 型层级体制下的分权化与非国有部门特别是乡镇企业的超常发展之间的关系。在扩大税基的内在欲望和地区间致富竞赛的外在压力下，地方政府对以市场为基础的非国有部门的发展给予了积极支持。中国非国有部门的高速增长有两个有趣而独有的特征：它是在国有部门仍在继续运转的情况下发生的，又是在地方政府的支持下进行的。分权化在非国有部门的扩张中起了关键的作用。

虽然分权化为中国的经济带来了巨大利益，但也要看到，它也伴随着许多不容忽视的问题，如腐败、通货膨胀、宏观经济不稳定以及“诸侯经济”等。根据我们的考察，这几个问题的关键原因是，中央政府不能稳定地提供或控制一些关键的全国公共品，如货币体系、统一市场、商业法规和独立的司法制度等。一个重要的全国公共品——统一的货币制度——的欠缺，使得地方政府能找到路子搞到资金，从而使全国的货币供应不断地趋于膨胀。当所有地方政府都这样做的时候，结果就是通货膨胀。而没有任何激励使任何一个地方政府不这样干，当经济过热的时候，地方政府都指责是其他省市而不是自己造成了这个经济后果。统一市场的不完善意味着某些地区可以运用它们的自主权去设置贸易障碍。中央政府在维护统一市场方面缺乏权威性，会导致分权化改革战略的失败。

五、 中国的方向： 有中国特色的维护市场的经济联邦制

当改革的政治阻力还很大的时候，当旧的计划制度还十分坚硬的时候，当市场发育很大程度上取决于人们对改革持久性的预期的时候，恰恰是分权化创造了市场化改革的根本动力。另一方面，中国分权化的性质又决定了，如果目前这种非规范的分权化格局最终不能被有效地支持市场运行的、制度化了的、规范化的分权化体制所取代，则中国分权化的优势就可能向反面转化。

以上，我们分析了中国分权化过程的历史演变，还把中国的分权化与其他国家的联邦制进行了比较。我们认为，有中国特色的维护市场的经济联邦制是继续已经出现的市场经济的途径。这意味着，中国政府面临的挑战是十分复杂的，它不是一个简单的分权或集权

问题。真正重要的问题是：一方面要使中央政府能够有效地控制全国公共品，如货币体系和统一市场，一方面又要保持分权化的优越性。

在回答了为什么中国需要一个有中国特色的维护市场的经济联邦制问题以后，下一个难题就是应该怎么去做了。中央政府必须能够提供主要的全国公共品，而在目前的组织结构下它显然又很难做到这一点。来自地方的要求应当能通过制度化渠道到达中央政府，而目前这一点是很不够的，最后，反腐败要求增加透明度，要求信息公开。确实，单是这几项就要求中国进行另一次“长征”。

第五部分

创新创业

硅谷的故事

一、 硅谷奇迹

硅谷这个地方对我有特殊的意义。我 1990 年搬到硅谷，9 年间目睹硅谷的腾飞。硅谷的名声越来越大，人气越来越旺，房价也越涨越高，我对此有亲身的体会。硅谷是指从旧金山向南到圣何塞，纵深约有 100 公里的一块面临太平洋的平坦谷地。斯坦福大学位于硅谷的中心。就是这么小的一块地方，1998 年的产值大约相当于当年我国 GDP 的四分之一，也就是说这么一块小地方顶我们 3 亿人左右的产值，真是十分可观。

硅谷其实早已存在。只是在过去几年中，特别是 1996 年以来，显得格外红火。当然主要原因是互联网在全世界的普及。硅谷最早的创业家是惠普公司（Hewlett-Packard）的两位创业人。他们在 20 世纪 30 年代大萧条时期白手起家，在一个车库里研制出了振荡器并创办了惠普公司。现在的惠普公司仍然是硅谷中雇员最多的公司。

---

* 原载于《经济社会体制比较》，2000 年第 1 期。

在惠普的发展史上，也有过多次转产的经历，先是做精密仪器，后来又做计算机、打印机，等等。另一家对硅谷发展有很大影响的公司是50年代的仙童半导体公司（Fairchild）。硅谷后来许多著名公司的创业人都是从这家公司出来的。有趣的是，当初他们离开仙童公司的原因，是不满该公司老板——因发明半导体而获1958年诺贝尔物理学奖的威廉·肖克利（William Shockley）——的专横作风。他们后来自创企业，发誓树立新风气。

硅谷是什么？硅谷这块土地原以农业为主，特别盛产大樱桃，直到70年代还到处可见樱桃树。在外人看来，硅谷是高科技的圣地，但是从来没有人或政府定义过什么是高科技或高科技含量。硅谷在不断的创新中变化，60年代硅谷的主导产业是半导体，70年代是处理器，80年代是软件，90年代则是互联网。硅谷是变化的。硅谷也有起落。比如房价的涨落就是明证。1991年买的房子，到1995年房价大概跌了20%，近年来又涨上去了。所以硅谷也不是永远增长的，整个创新过程是一个新陈代谢、时起时伏的过程。整个美国也一样。80年代日本气势汹汹，把汽车行业占领了，家电行业也占领了，还买了很多美国标志性的房地产。有统计说美国在80年代损失了5 000万个工作岗位。然而，就是因为损失了这5 000万个工作岗位，90年代创造了7 000万个附加值更高的工作岗位，使美国经济焕发了新的气象。如果没有80年代的阵痛和调整，就没有现在的繁荣，这是一个除旧迎新的调整过程。

硅谷是一个奇迹，一个资本主义的奇迹。之所以称它是奇迹，是因为它超出了人们的想象。不要说中国人、亚洲人，就连欧洲人也都惊叹不已，未曾料想到硅谷的火热。有人把互联网看作与18世纪工业革命相比的又一次意义深远的产业革命。我们现在下定论还早，很多事情还看不清楚，无法判断，但是互联网已开始改变人们的生活，这一点是不容置疑的。对硅谷的学术研究才刚刚开始，目前还没有理论和经验数据解释它成功的奥秘。在这篇文章中，我将根据我这些年对硅谷的个人观察以及同硅谷各种人物的交谈，来讲一个硅谷的故事。

二、“硅谷文化”

有一种看法，认为硅谷就是一所大学、一个科技园区和很多资金加总而成的。这是一种机械的“三合一论”，与硅谷的发展事实不符。1994 年，伯克利加州大学的安娜李·萨克森尼安（AnnaLee Saxenian）写了一本书：《地区优势：硅谷和 128 地区的文化与竞争》。该书比较了波士顿附近 128 公路周围的高科技公司与硅谷高科技公司的发展历程。值得注意的是，波士顿附近有两所著名大学——哈佛大学和麻省理工学院，又有充足的资金——波士顿靠近纽约这一金融和商业的中心。在 80 年代以前，128 公路周围的高科技遥遥领先于硅谷。但是 80 年代以后，硅谷超越了 128 地区，对此，连该书作者本人都感到意外。她很坦率地说，她在 80 年代写硕士论文的时候，原来的主题是想论述硅谷为什么将走下坡路，因为那里的生产成本变得越来越高。但后来的事实表明硅谷的收益增长得更快。这引起她深思，她试图去解这个谜，写了这本书。

显然，著名学府和充足资金并不是造就硅谷的充分条件。那么，硅谷奇迹究竟是什么造成的呢？这个问题我问过很多硅谷人，还没有人能给出令人信服的答案。不少人把硅谷的成功归因于“硅谷文化”。“文化”一词太虚泛了，它可以把我们尚不理解的因素都装在里面，但有一点大家都同意，那就是硅谷文化的重要成分是创业文化。那么又是什么构成创业文化呢？虽然我们还不能对此有准确的说法，但我注意到近年来硅谷人喜欢形容硅谷是创业公司的“栖息地”（habitat）。用一个生物学的术语形容硅谷文化，的确耐人寻味。栖息地原指动植物栖身之地。动植物之所以在此栖息是因为环境适宜，而环境则包括了复杂的因素，比如气温、湿度、植被，还有许多我们尚未了解的因素。把硅谷说成是高科技创业公司的栖息地，说明其中层次复杂，难以用机械或电子工程的术语恰当地形容它，最好用生物学的术语做类比。这一栖息地至少包括以下七个方面的因素。

第一，硅谷公司的生产结构是开放型的。萨克森尼安的书中讲道，128 公路周围的公司（比如王安公司、Digital、Prime Computer 等）大而全，自成体系，配件相互不通用，这是一种封闭式的生产方式。而在硅谷，公司不是大而全，而是专业化，不同公司生产的部件相容。这种开放型的生产方式有利于快速的革新。

第二，硅谷人才流动频繁，跳槽的情况常有发生。听说某人原来在 3Com 工作，后来跳槽到另一家公司。两年后又想回来，但觉得有点不好意思。3Com 公司的人说，没有关系，我们非常欢迎你回来。这在其他地方恐怕就比较难了。在硅谷，有时候换公司你都不用换停车场，因为停车场的这边是你原来工作的公司，而对面可能就是你将要去的公司。伴随着人才流动的是信息流动和知识传播。

第三，加州的法律环境较为宽松，使跳槽变得容易。美国是联邦制国家，各州法律并不相同。一位法学专家特别指出，美国各州都有商业秘密保护法律。雇员受雇时，要签一份保证书，防止将来跳槽时泄露商业秘密。在其他州这一法律的执行过于严格，使得原公司比较容易告成跳槽的人。但在加州不是这样，这就有利于跳槽。

第四，硅谷人容许失败。在硅谷失败了不丢脸，一家公司没干成，再去干另一家公司。在硅谷常听到这样一句话：It’s OK to fail，即失败是可以的。硅谷对失败的宽容气氛，使得人人都想跃跃欲试，开创新企业。这也对不想试的人造成压力。若在其他许多地方，失败了则会遭人白眼。

第五，硅谷人的生活和工作观是“活着为了工作”（live to work），而在其他地方，则是“工作为了活着”（work to live）。硅谷人是工作狂。工作本身是乐趣。创业本身是目标。百万、千万、亿万富翁们穿的是牛仔裤，吃的是比萨饼，喝的是可乐。他们的消费与他们的财富相比小得不成比例。

第六，在硅谷工作的外国移民特别多。美国已是移民国家，但硅谷尤其吸引新移民。硅谷是多民族的大熔炉。如果任何地区人的才能的自然分布相似的话，那么能更多吸引新移民的地方将不成比例地获得更多的聪明才智。在硅谷有两种新移民数量最多，一是印度人，一是中国人（包括来自中国台湾和中国大陆的）。“IC”本来是集成电路的英文缩写，在硅谷它成了印度人（Indian）和中国人（Chinese）的英文缩写。第一代新移民尤其工作努力，因为他们在他乡没有依靠，故此背水一战。

第七，美国的全国证券交易商自动报价系统（纳斯达克）股票市场为硅谷公司上市创造了有利条件。绝大多数硅谷公司上市时还不盈利，因此没有资格在纽约证券交易所（NYSE）上市。于是纳斯达克股票市场为这些公司上市开了方便之门。众所周知，公司上市是通过资本市场筹措资金的方式，而我更想强调的是上市又是激励创业者的主要动力。

以上只是对构成硅谷栖息地的不完全的描述，这些因素一起造就了一片新天地，人们对它的理解还刚刚开始。

三、 企业家与创业公司

我们常常会把企业家和经理混为一谈。实际上这是两个不同的概念。在英文里企业家是 entrepreneur，由此衍生出“企业家精神”（entrepreneurship）一词。经理是 manager，来源于“管理”（managing）一词。企业家开创从前没有的事业。新想法、新产品、新工艺、新人马、新市场，从无到有，弃旧从新。企业家与革命家相像，他们喜欢标新立异，甘冒风险，不喜欢四平八稳。企业家创建一家公司成功后，往往卖掉这家公司，再去创办另一家公司，以此为乐。硅谷有一位名叫吉姆·克拉克（Jim Clark）的企业家，创办了网景公司（Netscape）。在这之前，他创办了好几家公司，办好了就卖掉。现在他又在创办第 7 家公司。企业家往往没有受过正规的商学院教育，所以没有现成的框框。但经理不一样。经理的主要职责是要管理好一家现有企业，做好各方面的协调。在大多数情况下，他们不愿也不应冒太大的风险。经理往往受过正规的工商管理硕士（MBA）教育，有的还是名牌大学毕业。当然，企业家和经理之间有关联，有先是企业家后又成为经理的，也有先是经理后来成为企业家的，或者一个人同时既是企业家又是经理。例如，惠普的两位创业人是企业家。但惠普成长起来以后，他们又是很好的管理者，很好的经理。但这不是通则。在多数情况下，一个人的素质不太容易既适合做企业家又适合做经理。一个很好的企业家可能是非常糟糕的管理者。比如思科公司（Cisco）的创业人是一对夫妻，他们的管理技能就很差。这也是创业公司的创始人往往后来会被股东炒鱿鱼的原因。

在硅谷，创业是一种风气。其他地方人们多热衷于买卖股票，但在硅谷，人们想的是如何自己创办企业，乃至发行原始股。

创业的两个最初的基本要素是人和想法（ideas）。现在，从有一个想法到公司上市，大概18个月，而且这个周期越来越短。创业人发扬的是“延安精神”、“插队精神”。大家挤在租来的小办公室内，每天喝点可乐，吃点比萨饼，穿着随意甚至邋遢。近几年来，特别在与计算机有关的公司，创业人起初不拿工资。他们拿干股，等将来公司上市，或者卖给别的企业时发大财。因为那点工资对他们来说也没有什么了不起的。如果要发工资的话，还要筹这笔钱，成本会很高。比如Hotmail是一个印度人办的公司。他的公司从创业到卖给微软仅一年时间，以上亿美元成交。微软愿意出大价钱的原因是它拥有几千万客户，而Hotmail说，我们的客户就是我们的资产，估价时可比照有线电视客户的价值。

企业家创业的公司，上市或者卖给其他企业后，创业家就此大功告成。通常创业家不愿意在公司里继续干下去，而是另起炉灶。20世纪80年代，思科公司的创始人在斯坦福大学计算机系做工程师。在工作中，他产生了一个想法，在计算机之间加一个硬件便可以使互联网变得方便。他去找校方，但校方不愿意搞，他又问能不能把它介绍给其他大学，校方也不愿意。一气之下，他和妻子跑到旧金山，用25美元注册了一家公司，取名Cisco（思科），是旧金山英文名称San Francisco的最后五个字母。公司的标志是金门大桥。他们没有钱，就用信用卡上的1万美元透支开始创业，制造了第一台路由器（router）。企业家不到万不得已不愿意去找风险投资家要钱。风险投资的资金对企业家来说成本高，甚至本人会被炒鱿鱼。此事就发生在思科公司，下面还会讲到。

创新（innovation）与创业（start-up）又是两个密切联系但又不相同的概念。创新可以在已有的企业中实现，也可以通过建立新企业实现。创业指的是在已有企业之外建立全新的企业。有趣的问题是：为什么很多创新不是发生在已有的、技术力量和资金都很雄厚的大企业，而是产生在那些看上去既无技术力量，又无资金的新立小企业。比如，个人电脑是由苹果公司的两个年轻人发明的，而不是 IBM 公司。又比如个人电脑操作系统最初是 IBM 向微软购买的。显然，论技术和资金，当时的苹果和微软公司都无法与 IBM 相比。

这不是一个简单易答的问题。它可能与两方面的因素有关。一是激励。大公司无法给创新者提供足够的报酬，因为风险太大，报酬要足够大，缺乏激励导致许多新想法无法在大公司中生长。二是约束。大公司内部创新往往会受到软预算约束的困扰：在一家大公司内部，停止一个项目或关闭一个部门是很困难的决定。而市场淘汰一家小公司则轻而易举。

我们看到，许多创新是通过创业来实现的。因此，现在一些大公司除了自己搞研发外，还去购买小企业的产品或技术。

四、 创业资本／风险投资

在斯坦福大学附近沿 280 公路，有一个地方叫沙丘大街（Sandhill Road）3000 号，那里有几幢小楼房。据说，大约美国一半的创业资本公司都在这里。这显然是创业资本公司的圣地。创业资本的投资风险非常高，但我们通常只听到成功的例子，那是因为或者失败的公司已经消失被人们遗忘，或者失败者不愿意谈及失败的经历。事实上，平均大约九成的风险投资是不成功的。但有些成功的投资，回报是投资成本的成百上千倍。正是由于高风险/高收益，风险投资多由私人而非政府进行。

风险投资公司有一套经营方法。比如 KPCB（凯鹏华盈）是硅谷一家有名的风险投资公司。它当初投资了英特尔、亚马逊、苹果等后来特别成功的公司。有人说这是世界第一风险投资公司。它有多少人呢？一共25个人，包括9个合伙人，四五个助手，加上几个秘书，仅此而已。举该公司投资亚马逊的例子。亚马逊的创始人在一个星期六来风险投资公司约见，说有一个想法，在网上卖书。公司留下了他的网址，并且约此人一个星期后再来。然后几个合伙人就立即上网订了几本书。书很快就寄来了。所以，很简单，一星期后就签约，这项投资就这么做成了。这一笔生意当然赚了大钱。那么他们的项目鉴定报告有多长呢？一共两页。在该公司，一个项目往往是一个合伙人主要负责，但最后要9个合伙人一致同意才上。所以他们摸索了一套自己的办法。另外的公司可能是另外一套办法。成功的就生存下来了，输者被自然淘汰。

再讲Hotmail的例子。创始人是一个印度人，斯坦福大学的毕业生。他一开始根本没有想到做Hotmail，而是想做网络上的数据库，为此谈了半天，风险投资公司认为没有希望。临结束前他说，我还有一个想法，是做免费的基于网页的电子邮件。这里面其实有两层想法：一是免费，一是基于网页。免费这一想法并无新意，这之前已有三个公司搞免费电子邮件，都失败了。而第二层想法，即电子邮件基于网页，是一个全新的想法。基于网页的电子邮件的最大方便之处有二：一是无论你走到哪里都可以用；二是一个互联网账户可以多人使用私人的电子邮件。这一点在像印度和中国这样的国家特别有意义，因为互联网账户稀缺，而每个人都想要自己的私人信箱。毫不奇怪，印度的用户占Hotmail用户的四分之一。风险投资公司最初问他要多少钱？他说50万美元。但最后只给了30万美元的启动资金。Hotmail成功了。

人们谈论风险投资，往往仅限于资金方面的作用。风险投资提供了资本，但是风险投资的另一个很重要的功能是帮助组织和改造公司的领导班子。所谓领导班子，指 CEO（首席执行官）和主管财务、销售和技术的几位副总裁。世界上比资本更缺乏的是好的公司领导班子。在美国，据说现在有 150 家大公司找不到合适的 CEO。一家风险投资公司比别的强，关键在于它知道谁和谁能搭配在一起，不仅每一个人都要好，还要这几个人能在一起配合，这就难了。硅谷集中了各种各样的人才，而风险投资家有广泛的关系网，熟悉各种各样的人。哪个风险投资家这方面能力强，他投资的公司上市的时候，市场价值就高。

风险投资公司组织领导班子时，有时不得不把创业人赶走。企业家当然会很愤怒。乔布斯创建了苹果公司，后来被赶走了。最近又把他请回来，那是后话。另一个有名的例子是思科公司。这对创业人夫妻创业后，风险投资公司 KPCB 给他们注入了资金。结果怎么样呢？该风险投资公司派人来当总经理，因为它是大股东。结果有一天开会时，把女合伙人叫来跟她说，现在董事会做出决定，你被解雇了。之后，男创业人也离开了。这位女士像艺术家一样，管理毫无章法，跟其他管理人员不和。而男创业人根本就是一个技术人员，对公司战略毫无感觉。夫妻俩一气之下，把 33% 的股票全卖了。当时他们的股票价格大概只有 10 美元，现在超过 100 美元。后来他们俩离婚了，这位女士跑到新罕布什尔开了一家专门卖指甲油的公司，或许她会感慨思科公司已是硅谷最成功的公司之一。

企业家把公司做大了，公司治理结构会有一个转变过程。企业从创业进入成熟后，需要不同的人才来管理。这个转变过程需要有机制。风险投资家往往在其中起了一个很重要的作用。因此，风险投资公司与所融资企业的关系非常密切。从组织班子、参与管理、实行监督这一角度看，风险投资公司与华尔街上的投资银行和共同基金等金融中介机构有重大差别，因为后者与它们投资的公司之间的关系是“保持距离型”（arm's length）的，它们的操作只限于交易而不参与公司的战略决策，而前者对它们所投资的公司起战略决策作用。

五、“另类”大学

讲硅谷的故事不能不提斯坦福大学。熟悉历史的人都知道，斯坦福大学在硅谷的产生过程中起过非常重要的作用。与斯坦福大学有关的企业（即斯坦福的师生和校友创办的企业）的产值就占硅谷产值的50%～60%。斯坦福的科研实力很强，但这恐怕不是全部。波士顿附近的哈佛大学和麻省理工学院加起来，我想比斯坦福大学的科研实力更强。在旧金山东边的伯克利加州大学，其工程技术实力也不亚于斯坦福，但在它周围并没有类似硅谷的区域出现。

在某种意义上，斯坦福大学是“另类”大学。首先是校方对师生创业的积极态度。有时候一个人的影响力有特殊意义。20世纪30年代斯坦福大学工程学院院长特曼教授（Frederick Terman）就是这样一个人。正是他把已在东部工作的学生休利特（Hewlett）和帕卡德（Packard）招回斯坦福大学，自掏腰包给他们投资了500多美元帮助他们开创惠普公司。据说这是世界上第一笔“天使资本”（angel capital）。天使资本是指个人（即天使）出笔小钱给萌芽中的企业。企业有了一定产品后才去找创业资本做风险投资。后来惠普公司对硅谷的影响有目共睹。特曼教授开此先河，开创了大学支持教授、学生创业的风气，并一直影响到现在。

斯坦福大学师生创业是一种风气。硅谷的有些公司就是一些正在斯坦福大学就学的学生们创办的。著名的例子是雅虎（Yahoo）。

当时杨致远（Jerry Yang）和一个同学写了一个搜寻器的程序，放在学校的网络上。虽然很受欢迎，但学校管计算机的人抱怨网络因此变得太拥挤。结果他们就自己出来办了家公司，取名雅虎，纯属玩一玩。没有想到一不留神赚了大钱。斯坦福大学工学院的一座楼里先后诞生了三家著名公司：升阳（SUN）、硅谷图文（SGI）和思科（Cisco）。升阳的英文 SUN 是斯坦福大学网络（Stanford University Network）的缩写。创业人是斯坦福的师生，当时发明了工作站（workstation）后，便自己出来办了公司。开创硅谷图文公司的是斯坦福大学的一位教授，这已不是他的第一家公司了。网景浏览器的前身 Mosaic 原是伊利诺伊大学的教授开发的。伊利诺伊大学是美国工程科学的领先大学，拥有超级计算机。吉姆·克拉克发现后，把他们整个科研小组挖到硅谷，创立网景公司，并开发了网景浏览器，从此改变了人们上网的经历。网景公司上市时极为轰动。类似地，Unix 操作系统是伯克利加州大学发明的操作系统，现在被广泛应用在升阳公司的工作站上。

需要指出的是，斯坦福大学并没有“校办工厂”或“校办企业”。它办的工业园区当年以象征性的 1 美元价格出租给创业公司。它的技术专利办公室只是帮助教授申请专利。学校的几十亿美元基金交给一个资本管理公司做多样化投资以分散风险，其中只有很小部分投在风险投资公司。但大学不参加所投资企业的管理，在这个意义上，学校并不“经商”。学校的基金主要来源于校友和成功企业家对学校的捐赠。学校则以捐赠者命名建筑物和聘请讲座教授的方式铭记这些捐款者。

六、硅谷以外的“硅谷”

那么，在硅谷以外还有哪些“硅谷”呢？在美国国内，有波士顿地区、休斯敦地区、华盛顿郊区的北弗吉尼亚地区，等等。在美国国外比较引人注目的地方有中国台湾的新竹、印度的班加罗尔和以色列的特拉维夫。其中新竹和班加罗尔的共同特点是它们与硅谷的密切联系，在某种意义上说是硅谷的延伸。

新竹的例子很有意思。我1988年访问中国台湾的时候参观过新竹科学园区，当时还不太成功。90年代以后，由于大量的台湾留美学生回归，使得新竹成为一片新天地。台湾留学生到美国学习比大陆留学生早20年，是六七十年代开始的。很多留学生毕业后留在美国公司工作，其中在硅谷的也不少。当时被认为是"人才外流"。到了80年代末期和90年代初期的时候，这些人已经做得相当不错了，做到高层管理人员（总裁、副总裁、部门经理）和高级工程师的职位。相对来说，大陆留学生是80年代初中期去的，比台湾晚了20年。因此，技术上也好、管理上也好，还没有上到"高"的层次。到了90年代初中期，不少台湾留学生回台湾办公司，有些还两边跑。他们创办的公司，多与美国和硅谷有密切联系，这种联系不仅表现在产品和技术上，而且表现在市场和想法上，结果信息非常畅通。现在再也没有人抱怨"人才外流"了。实际上现在是人才国际大循环。正因为如此，才使得新竹成为在美国国外与硅谷最接近的"硅谷"。这使我想起微软的人在回顾他们的创业史时曾说过，他们是骑在IBM这头熊的背上发展的（riding the bear），当时他们只能骑到IBM上。台湾新竹现在就是骑在硅谷这头熊上。

拿中国台湾与韩国比较更有启发。韩国在高科技发展上是另一个路数。它是购买美国技术专利最多的国家，买回来之后就自己开发，韩国强调自己的品牌。韩国也有很多人留学美国，但毕业后就回国，与美国企业的联系不深。至少现在看来，中国台湾的高科技发展要更胜一筹。

近年来，印度的班加罗尔有很大发展，原因是许多硅谷的公司去那里开公司。印度劳动力比中国的更便宜，而且工程训练和教育良好。另外印度还有两个优势：一个优势是英语是他们的母语。我们中国人太受语言的限制，特别是男性，虽然工程技术可以，但语言能力普遍较差，这很影响软件的开发。有趣的是，在硅谷的中国人开的公司多数是从事硬件开发的，而印度人开的公司多数是从事软件开发的，这就很说明问题。语言能力影响人际交流，这就使得在美国的中国工程师比印度工程师吃亏，不太容易被提升。管理人员一天到晚大部分工作是交流，写电子邮件。我们中国人写的电子邮件，用词就不用说了，句子一看全是中文翻过去的。印度人的英语好，还带有英国的韵味，更受美国人的欣赏，他们在高科技公司就升得比较快。

第二个优势是印度与硅谷有 12 个小时时差。为什么这样说呢？在硅谷，如果一个客户有一个软件问题，晚上 5 点钟送到公司去，第二天上午 9 点钟就可以来取。因为硅谷的下午 5 点钟正好是印度的早上 5 点钟，所以一个电子邮件过去，那边晚上 9 点钟活儿就干出来了，正好是硅谷的第二天早晨 9 点。

由于印度的这些优势，再加上英国留下的西方体制，使得硅谷的公司愿意去印度投资。

七、 硅谷不是计划造出来的

我们从硅谷的成功中看到的是个人的积极性和创造性的充分发挥。硅谷不是计划造出来的，也不可能产生于僵化的体制。只有一种自由的创业体制和非常分散的决策过程才能创造出硅谷这样的奇迹。发展高科技，资金固然重要，但更重要的是要有一种能充分发挥人的创造力的体制和文化，用以造就创业者的栖息地。

企业家和企业家精神，创业和创业公司，是推动资本主义市场经济发展的重要动力。在主流经济学中，过去只局限于研究价格调节机制。在非主流的经济学里，特别是奥地利学派，则非常强调企业家精神。比如熊彼特，他认为资本主义的最大活力是企业家的创新，被他称为“创造性毁灭”（creative destruction）。奥地利学派的另外一个重要代表是哈耶克。他从根本上批评计划经济，认为社会的知识是分散在每个个人身上的，而任何计划者都不可能把握所有信息。因此，只有发挥每一个个人的积极性，激发他们的创造性，经济才会有活力。计划经济的失败，以及如今硅谷的成功，都证明他们的观点是正确的。

有一种观点认为，越是高科技越是要政府管，因为市场会失灵。这在理论和实践上都站不住脚。什么是高科技？高科技的重要特点是不确定因素大，风险大。如果政府参与大量的创业投资，将会冒很大风险。另一方面，如果政府“发钱”的话，白给的钱没有人不想要。更为根本的是，新知识来源于创造者，来源于老百姓，而政府的知识落后于在第一线从事开发的老百姓。等政府明白了，已经晚了。进一步说，政府的政治取向，政府官员的思维习惯，往往是计划经济的手段和热衷于找灵丹妙药，也不利于高科技的健康发展。更令人担忧的是，政府直接插手投资和审批，对有审批投资权的官员就是大开腐败之门。

然而，我们也应看到，在发展高科技方面政府不是没有作为。政府应该做的一件重要事情就是调动和保护创业者的积极性。比如，放宽政策，明确产权，允许技术入股，允许企业转让；搞好中国的纳斯达克，为企业上市创造条件；放宽留学生回国政策，支持海外与国内的高科技合作；等等。

中国人不缺乏企业家精神。当前最大的制约因素还是在我们的体制上。还是那些老话，要“松绑”，要“放水养鱼”，要有“深圳速度”。时下，这些口号不大提了，却刮起了“规范”风。在“规范化”的旗号下，不少政府部门肆意“加绑”。各种“规定”“证书”“许可证”铺天盖地而来，压得企业和企业家们喘不过气来。试想一下，比尔·盖茨和乔布斯当年有资格拿到我们颁发的工程师证书吗？他们的企业会被我们的“专家”认定为“科技含量高”的企业吗？我很怀疑，因为他们连大学都没有毕业，而个人电脑当时简直就是玩具嘛！归根到底，不是中国缺乏企业家精神，而是我们的体制把企业和企业家都捆死了，这才是问题的要害。不松绑的话，不要说高科技，就是普通科技也没有希望。

深圳近年来的成功提供了一个很好的我们身边的实例。几年前我们还不能想象深圳会成为我国高科技的重镇。论科技实力，深圳远不及北京和上海。但是深圳作为经济特区，远离政治中心，大胆实施了一系列利于创业的政策，比如深圳率先实行了技术入股和员工持股，调动了创业的积极性。深圳市政府注意转换职能，为企业提供高效率的服务。深圳又是一个移民城市。正是因为这种环境，一大批新兴企业在这里生根、成长。讲了硅谷的故事后，再来看深圳的崛起，我们就不会大感吃惊了。

第六部分

相关学说

科尔奈的理论与经济改革

科尔奈的经济理论在近年内被介绍到中国，时间虽短，但在中国经济学界的影响并不小。这不是没有原因的。中国的城市经济改革，如果自 1984 年算起，已有两年了。其间的进与退，成功与失败，使经济学家越来越意识到，正确的改革方案的提出与实施，应基于对现行社会主义经济运行机制的正确分析。经典的马克思主义经济理论和现代经济学都未系统地讨论这一问题。自然，以此问题为研究中心的科尔奈经济理论便受到格外重视。

雅诺什·科尔奈，匈牙利人，1928 年出生于匈牙利布达佩斯。科尔奈曾任世界经济计量学会理事和会长，联合国发展计划委员会副主席。他现在是匈牙利科学院院士，经济研究所教授，兼任美国哈佛大学经济系教授。

早在科尔奈的理论被介绍到中国之前，他已经是一位世界知名的经济学家了。在西方经济学界，他被认为是当今研究社会主义经济的最重要的经济学家之一。科尔奈的成名作是他的博士论文

---

* 原载于《知识分子》，1987 年冬季号。原名为“科尔奈的经济理论与社会主义经济改革”。

《经济管理中的过度集中》（1957）。此书随即被英国牛津大学出版社译成英文出版，表明了西方经济学界对这位不满 30 岁的年轻经济学家研究工作的极大兴趣和重视。科尔奈的这本书，一反流行的教条主义说教，客观地描述和分析了现实社会主义经济的运行和存在的问题。他的这种实证研究方法贯穿了他后来的全部研究工作。他的每一本重要著作都被译成英文出版，其中包括：《结构决策中的数学规划》（1967），《反均衡论》（1971），《突进与和谐增长》（1972），《短缺经济学》（1980），以及《矛盾与两难困境：关于社会主义经济与社会的研究》（1986）。

在研究社会主义经济的学者中，科尔奈的学术背景是独特的。这里可以用美国著名经济学家索洛（Robert Solow）的评论来概括：科尔奈“懂得西方经济学；生活在社会主义国家中，并对其有着清楚的观察”。[①] 的确，科尔奈生活在匈牙利，亲身经历了匈牙利社会主义经济的建立、巩固、发展和改革的全过程。这种体验是西方经济学家不可能有的。另一方面，与绝大多数生活在社会主义国家的经济学家不同，他系统地研究过西方主流经济学理论，近 20 年来又不间断地访问西方国家，担任客座教授。这就为他与西方经济学家的交流提供了难得的机会。比如，《反均衡论》一书是科尔奈在美国的斯坦福大学和耶鲁大学访问时完成的；《突进与和谐增长》一书是他在挪威讲学的讲义；《短缺经济学》一书是他根据他在瑞典斯德哥尔摩大学的讲义整理而成；《增长、短缺和效率》一书则是芬兰杨松讲座（Jahnsson Lecture）的内容。科尔奈正在准备写一本新书，内容将基于他目前在哈佛大学开设的一门研究生课程的讲义。

科尔奈的经济理论，按其研究对象划分，大致有三个部分。

① 见 Kornai，*Contradictions and Dilemmas*，扉页。

（1）关于社会主义经济的运行理论，这是他的主要工作；（2）经济学的一般方法论和对于一般经济机制的研究；（3）对于资本主义经济运行的评论。本文并不准备介绍科尔奈经济理论的全部，而只限于介绍科尔奈关于社会主义经济运行的理论。我所遵循的原则是，尽可能客观地向读者展现科尔奈本人的经济思想。当然，内容的取舍、组织和对其理论的解释将不免受限于笔者的水平。

一、 澄清几个基本概念

科尔奈在他的研究工作中，明确区分了一些常被混淆的范畴。例如社会主义的理想模式与社会主义的现行模式；改革前的社会主义经济与改革中的社会主义经济；描述或实证的社会主义经济理论与规范的社会主义经济理论；等等。

科尔奈认为，世界上现存的几十个社会主义国家①——有像中国、苏联这样的大国，也有像贝宁、古巴这样的小国；有像民主德国这样的富国，也有像埃塞俄比亚这样的穷国——尽管国情千差万别，但它们具备一些共同特征，使经济学家可以从中抽象出一个“社会主义经济”，并以之为对象研究其规则。科尔奈研究的不是社会主义经济如何比资本主义经济优越，或是理想的社会主义经济应该如何运行这类规范性问题，而是社会主义经济在现实中是如何运行的，以及其内在因果联系这类实证性问题。科尔奈理论研究的原则是尽可能的坦率和客观。他说过，他是一个证人，而不是一个法官。

① 根据科尔奈的定义，世界在1984年共有27个社会主义国家，共计17亿人口，约占全世界总人口的35%。见 Kornai，*Contradictions and Dilemmas*，“美国版序言”。

首先，对于社会主义经济，科尔奈区别开“理想模式”（vision）和“现实形态”（reality）。他列举了三种不同的社会主义理想模式，各自代表着一种不同的意识形态。[①]（1）理性的中央计划经济模式（rational centrally planned economy）：这种模式认为市场调节是盲目的，因而是混乱的，并相信只有依靠计划调节才能克服这种盲目性。这种理想模式是社会主义国家经济学教科书的基本内容，其历史可以追溯到马克思，其现代形式就是中央计划加数学与计算机，如苏联的康托罗维奇（Kantorovich）学派。（2）市场社会主义模式（market socialism）：这种模式主张在维持生产资料国有制不变的条件下，依靠市场调节分配资源和安排经济活动。这种模式起源于波兰经济学家兰格（Oskar Langer），同时也是南斯拉夫、匈牙利和中国大多数经济改革者心中的理想。（3）“社团”社会主义模式（association socialism）：这种模式既反对理性的中央计划经济模式，又反对市场社会主义模式。它认为前者太官僚主义，后者太资本主义。这种模式强调人们的自觉、合作、协调和自治精神。它的代表人物有蒲鲁东、毛泽东、卡斯特罗和西方的所谓“新左派”。科尔奈认为，上述三种模式都只是理想，从来都没有实现过。比如，即使改革走在前面的匈牙利，离市场社会主义的理想也还差得很远。至于“社团”社会主义，毛泽东在中国曾尝试过，但以失败告终。尽管如此，这三种理想对于人们的思维和行动有着重要影响。

根据科尔奈的观点，现实的社会主义有过三种不同形态（phase）。[②] 第一种叫作英雄主义—热情形态（the heroic-enthusiastic phase）。在社会主义国家初建时，曾有过这种形态，比如 20 世纪 50

① 见 *Comments on Papers Prepared in the World Bank about Socialist Countries*，第三节。
② 同上。

年代初期的中国。观察表明，这种形态总是短暂的。第二种是指令式的官僚等级形态（bureaucratic-hierarchical phase），比如过去半个世纪的苏联。历史表明，这种形态并不是暂时的，有其内在稳定性。第三种形态是朝市场社会主义方向的改革形态，比如今日的匈牙利。科尔奈强调，这三种形态之间并没有时间顺序上的必然关系，因此不宜称之为阶段。那种认为第二种形态必然会发展为第三种形态，进而通向市场社会主义理想的观点缺乏依据。

科尔奈关于现实社会主义经济的分析，是从对指令式官僚经济的分析入手。他称之为“传统的社会主义经济”，以区别于“改革中的社会主义经济”，后者专指正在朝市场化方向改革中的社会主义经济，它不同于人们想象中的“成熟的市场社会主义”，这种形态还从未出现过。

社会主义的各种不同形态或理想，依赖于不同的协调方法（coordination method）分配资源和安排经济活动。在引入准确的概念之前，首先需要澄清“计划”和“市场”两词的含义。科尔奈认为，“计划”一词在实际使用中有两种不同的含义。① 第一种，计划是指事先对未来各种可能性的研究和对各种解决方式的比较。在这种意义下，计划的产物是一份方案文件。第二种，计划是指计划调节机制，即通过自上而下的计划指令使资源分配得以实现的协调方式。西方经济学中的命令经济（command economy）和社会主义国家教科书中的计划经济（planned economy），都代表这种含义。因此我们可以说，法国和日本的经济是有计划的（在第一种含义下），但法国和日本的经济不是计划经济（在第二种含义下）。类似地，“市场”一词也有两种含义。第一种，市场是指商品交换的场所；第二

① 见 Kornai，“The Hungarian Reform Process：Visions，Hopes and Reality”，第五节。

种，市场是指市场调节机制，即完全由市场供求情形决定资源配置的协调方式。因此，在纯粹的计划经济中，市场机制是不存在的（在第二种含义下），但是市场（在第一种含义下）是存在的，所以我们仍可以讨论市场中买卖双方的关系，尽管双方的行为不完全由市场因素所决定。

科尔奈把主要的协调方式分为“官僚协调方式”（bureaucratic coordination）和“市场协调方式”（market coordination）两种。[①] 在市场机制下，买卖双方在法律面前平等，他们的相互关联是横向的（horizontal）。在官僚机制下，协调者与被协调者是不平等的，前者在上边，后者在下边，他们的相互关联是纵向的（vertical）。官僚机制既可以是直接官僚机制，即政府直接通过计划指令分配资源和收入（即上面所说的计划机制），也可以是间接官僚机制，即政府通过对价格、税收、补贴等经济手段控制对资源和收入的分配。科尔奈认为，无论是直接的还是间接的官僚机制，在本质上代表着经济人之间一种深刻的纵向联系，这与市场机制完全不同。分清两种不同的调节机制，并深思官僚机制中纵向联系的作用，是理解社会主义经济运行及其问题的关键。

二、 科尔奈对社会主义经济的分析： 基本结论

1. 短缺现象与卖方市场

我们知道，资本主义经济的主要问题之一是商业周期中的失业，

① 另外两种协调方式为“道德协调”（ethical coordination）和“侵略协调”（aggressive coordination），见 Kornai，*Bureau Cratic and Market Coordination*。应当注意的是，“官僚”一词在这里纯粹是一种描述，毫无贬义。相比之下，“官僚主义”则带有贬义。（1985年巴山轮会议后，经济学家吴敬琏、张卓元将此译为“行政性协调”，已被国内经济学界所接受。）

过多的库存和过低的生产能力利用率，等等。这就是西方经济学中讨论的超供给（excess supply）的经济背景，在凯恩斯的《通论》中有详细的分析。科尔奈认为，与此相反，传统社会主义经济的本质是短缺，即超需求（excess demand）。[①] 科尔奈在《短缺经济学》一书中详尽地解释了他所称的“短缺”的真正含义。需要说明的是，读者若不细读该书全文，仅从其书名，容易误解科尔奈的理论。比如，误认为科尔奈只见短缺，否定滞存（slack）。

凡在社会主义国家生活过的人对短缺现象并不陌生。人们的直接体会是消费品和服务的短缺。但科尔奈认为，短缺不仅仅发生在消费领域，更重要的短缺发生在生产领域。比如原材料短缺、劳动力短缺、进口货物短缺、外汇短缺，等等。综合起来，科尔奈对社会主义经济的短缺有下述看法和分析[②]：第一，社会主义经济的短缺与资本主义经济在战争或特殊阶段的短缺有本质的不同，它是长期的（chronical）和可再生的（reproducible）。第二，在社会主义经济中，短缺与滞存并存。滞存可以因产品质量太差卖不出去而发生（产出品滞存），也可以因其他互补投入品的短缺而造成（投入品滞存）。第三，长期短缺和与之并存的滞存产生了一个重要的动态现象——强迫调整（forced adjustment），例如强迫替代（forced substitution）。比如，买不到质量好的产品只好买质量差的，缺少某种型号的材料就用类似型号的代替，等等。第四，短缺的另一个动态现象是其恶性循环：人们因预期短缺而囤积，从而使短缺更为严重。

短缺意味着市场的一种“非均衡”（disequilibrium）状态。“卖方市场”（seller's market）、“超需求”（excess demand）和“吸吮”

---

① 见 Kornai，*Economics of Shortage*。

② 同上，第二章。

(suction) 是这种状态的不同表达用语，都是指在给定的价格、收入等条件下，买者不能满足其需求愿望。这时买卖双方的地位是不对称的：卖者占有优势，买者处于劣势。科尔奈认为，在卖方市场的情形下，卖者不受到需求的约束，但受到资源的约束。因此他把传统的社会主义经济称为“资源约束型经济” (resource constrained economy)。与之相比，古典的资本主义经济则是“需求约束型经济” (demand constrained economy)。在那里卖者的资源约束不起作用，起作用的是需求约束，因此，人们观察到的是“买方市场”。

2. **后果**

科尔奈进一步分析了社会主义经济中的短缺现象与卖方市场对人们的经济行为，以及对整个经济产生的后果。卖方市场与买方市场这两种非均衡状态产生的后果形成鲜明对比。人们常常批评在资本主义的买方市场情形下，生产能力闲置给社会带来了浪费和失业对工人的物质与精神利益造成了巨大损害。在社会主义条件下，失业虽然消失了，生产也扩张到了现有资源和生产能力的极限，但是卖方市场的形成和长期短缺给经济带来了新的后果。一方面，短缺使消费者的利益受到直接或间接损害：买者对购买愿望总不能实现感到不满；由于短缺，人们花在排队、寻找上的时间与精力是极大的浪费；买者的劣势地位使他必须花大力气去“说服”卖者，因此“走后门”等不正之风流行；相反，卖者的优势地位使他可以粗鲁对待顾客，而顾客只好忍气吞声；等等。科尔奈说过，失业当然是对人的严重打击，但一对青年因住房短缺而不能结婚时的烦恼也是可想而知的。另一方面，短缺和卖方市场在生产领域产生严重后果：卖方市场的情形造成卖者的一种安全感，使他没有压力去提高产品的质量，更没有压力去不断推出新产品。更一般地说，因为生产者的日子很好过，他们便没有积极性进行技术革新。在劳动力市场是卖方市场的情形下，工人的士气会涣散，纪律会松懈，因为即使被解雇，也不愁没有其他工作。

在科尔奈看来，工人的士气和纪律，企业不断创新，引入革命性的新产品，是一个经济具有活力的最重要因素。人们一般认为，私有制本身就可以保证足够的刺激使人们致力于新的产品与技术。但科尔奈认为这并不充分。如果某个私有企业长期处于卖方市场的情形，它恐怕不会有足够的积极性提高产品质量和创造新产品，因为维持现状就可以保证可观的利润，何必去冒险？这显然与它若处于买方市场的情形很不相同。

3. 原因：政策失误

科尔奈认为，造成短缺的原因之一是政府经济政策方面的错误，它包括三个方面。[①] 第一，由于绝大多数社会主义国家的起点非常贫穷落后，政府急于追赶发达国家，因此制订了快速发展的计划。这种突进（rush）政策导致大规模投资和对企业下达过紧的指标，片面追求数量上的扩张。短缺便自上而下，由于冒进的政策而造成。第二，发展战略失误使经济结构很不合理，即所谓“比例失调”。比如重工业投资过多，而农业、基础设施等跟不上，使经济发展卡在“瓶颈”部门，造成短缺。第三，在给定的产出条件下，物价水平过低，或者实际工资过高，使消费者的需求愿望大于供给可能。这是西方经济学中讨论的“压抑的通货膨胀”（repressed inflation）情形。

在20世纪60年代末至70年代初，科尔奈曾经认为上述政策失误是造成短缺和卖方市场的主要原因。他由此提出经济应和谐增长，不要突进的意见。这反映在他的《突进与和谐增长》一书中。受过西方经济学训练的读者不应对此种推理方式感到陌生。因为西方经

---

① 见 Kornai，*Anti-Equilibrium*，第二十二章。

济学教导人们如何分析错误的政策对经济造成的后果，这里的政策包括价格政策、财政政策、货币政策、关税政策，等等。随着匈牙利经济改革的发展，科尔奈发现在政府纠正了冒进政策，并有意把发展速度降低之后，短缺虽有缓和，但没有从根本上改变。于是，科尔奈把注意力集中到政策以外的方面。

4. 原因：经济与社会体制

体制在这里是指那些成文的，或不成文的，明显的，或隐含的，可能影响人们经济行为的各种规则与约束（即制度经济学中讲的 the rule of the game）。经济与社会体制是一个复杂的系统，科尔奈着重分析了其中的三个方面：（1）经济协调机制；（2）企业的财政金融预算约束；（3）政府与企业的关系。

（1）科尔奈认为，资本主义经济协调方式主要依赖于市场机制，它代表一种横向联系。社会主义经济协调方式主要依赖于官僚机制，它代表一种纵向联系。传统的社会主义经济与改革中的社会主义经济的主要区别是，前者依赖于直接官僚机制，而后者依赖于间接官僚机制。官僚机制的具体调节形式主要是①：（a）对日常生产运行的计划指令（包括投入和产出两方面）；（b）物资供应计划体系；（c）劳资计划体系；（d）厂长经理任命制；（e）投资决策；（f）价格制定；（g）信贷控制；（h）税收体系。直接官僚调节特别强调（a）至（e）。在间接官僚调节下，（a）和（b）可以不再存在（例如今日的匈牙利），但是其他各项仍起作用。

关于直接官僚机制（即指令性计划机制）给传统的社会主义经济带来的弊病，科尔奈在 20 世纪 50 年代对匈牙利的轻工业进行过调查研究，并将其结果写入《经济管理中的过分集中》一书。简而

① 见 Kornai，*Overcentralization of Economic Administration*，第四章。

言之，这种高度集中的计划机制，极为僵化，管得太多，但是实际上什么也管不好。因此，科尔奈那时就提出取消对日常生产运行的计划指令，代之以间接的调节手段，即运用价格、信贷和税收等经济杠杆的调节。1968 年 1 月 1 日，匈牙利开始取消这些指令。事实证明，经济并没有因此而混乱。相反，随着企业自主权的扩大，短缺有所缓和。在这种情况下，有些人认为匈牙利已经变为一个以市场为调节机制的经济了。但是在科尔奈看来，改革后的匈牙利，虽然市场调节机制与官僚调节机制都起作用，官僚调节机制（尽管是间接的）依旧起着主导作用。今日匈牙利的企业，虽有双重依赖（dual dependence），即横向的市场和纵向的官僚，但在至关重要的经济问题上，纵向的联系比横向的联系显得更为重要。①

（2）为了概括这种纵向的官僚调节机制对企业经济行为的重要作用，科尔奈首次在经济学中引入了“软预算约束”（soft budget constraint）这一概念，并以此作为他对社会主义经济的短缺、卖方市场的主要解释。② 学过西方经济学的人都知道预算约束（budget constraint）对经济人行为的重要作用。新古典经济模型建立的基本公式之一，就是“在预算约束下求目标函数的极大（小）值”。科尔奈认为，这类模型都隐含地假定了硬预算的存在。因此也只有在硬预算的条件下建立的理论才有有效的经济含义。根据科尔奈的定义，如果企业只能花费自己拥有的钱，那么企业的预算是硬的，否则的话，就称为软预算。软预算可以由下列任一种情况产生：①对企业来说，价格不是一个外部给定的量。②税收系统是软的。这里不是指税率的高低，而是指税收的规则可以被改动，或税收本身不

① 见 Kornai，“The Hungarian Reform Process：Visions，Hopes and Reality”，第三章。

② 见 Kornai，*Economics of Shortage*，第十三章。

被严格执行。③政府的免费拨款，比如投资拨款，财政补贴。④软的信贷系统。这里也不是指利率的高低，而是指信贷不能严格按照有无偿还能力来发放或偿还不按照事先的条约严格执行。

衡量企业预算是否软化，科尔奈提供了两条准则：一是看企业的生存是否自动得到保障；二是看企业的增长与它的盈利是否密切相关。根据这两条准则，社会主义企业的预算基本上是软的。显而易见，这与纵向的官僚调节机制有着密切关联。当然，在社会主义经济中，企业预算的软硬程度并不一致：比如大型企业更软，小型企业稍硬；国有企业更软，集体企业稍硬；等等。相反，资本主义企业的预算基本上是硬的。当然，在现代资本主义经济中，由于大公司的存在和政府的干预，纵向的官僚调节机制也起一定作用，因此那里的企业的预算约束比起 19 世纪或多或少软化了。

软预算是企业事先对预算约束的一种期望，这种期望对企业的行为会发生重大作用。过去研究社会主义企业积极性问题的经济学家往往注重于利润、工资、奖金及其分配形式对企业的激励作用。科尔奈并不否定这些因素的重要性，但他认为它们的激励作用是第二位的，头等重要的是硬预算预期带来的激励，因为它关系到企业的生死存亡、企业的增长这些更为重要的动态因素。如果企业预期政府官僚调节机制的存在使得它在赔钱的时候有人补助，赚钱的时候又有人会用各种形式提取剩余，企业的积极性和效率就不会高，即使有很高的奖金。

（3）社会主义经济组织的预算约束软化不是个简单的现象，有着深刻的社会原因。西方经济学家常把社会主义经济称为“命令经济”，给人一种军队组织结构的印象。国家是军官，企业是士兵。科尔奈觉得用父亲与儿子的关系来比喻国家与企业的关系更为恰当：国家对企业既有要求，又有保护。当企业有困难时，国家不会袖手旁观，特别是当企业有“充分理由”说明这种困难不是由主观原因造成的时候。然而一旦企业对政府有了这种期望，就必然会影响它的行为，就像儿子知道父亲会溺爱而改变其行为一样。科尔奈用“家长制”（paternalism，又译“父爱主义”）一词来形容社会主义经济中国家与企业的关系。[①] 人们有时用“国家保险公司”来形容国家对企业的保护。其实，“家长制”与通常意义下的“保险”有很大不同。学过西方经济学的人都知道，人们普遍不喜欢风险（risk-aversion），引入保险会使效率提高，因为这时风险被分担了。留学生在美国参加汽车保险便是一例。值得注意的是这种保险是在“硬条件”之下实现的——交一定数量的保险费，得到一定程度的保险。社会主义经济中国家对企业的隐含“保险”（implicit insurance）却是另一回事。保险者与被保险者的关系是纵向的，条件是“软的”，保险费可以不必交，或者最终的保险付款可以事后协商，等等。科尔奈认为这种“家长制”是软预算产生的社会原因，它反映了在社会主义条件下国家与企业关系本质的一个重要方面。

5. 社会主义的两难困境：效率条件与社会主义伦理原则的矛盾

科尔奈认为，矛盾（contradiction）与两难困境（dilemma）的存在是一种客观现实。经济学家虽然不应对此做出价值判断，但应正视并揭示它们。如上所述，社会主义虽然解决了资本主义经济的生产过剩与需求不足的矛盾，但它本身又产生了新的矛盾——生产紧张（tension）与无止需求（insatiable demand）。科尔奈认为上面分析的“软预算”与“家长制”在一定程度上反映了经济效率的必要条件（necessary conditions for economic efficiency）与社会主义经济

① 见 Kornai，*Economics of Shortage*，第二十二章。

的伦理原则（ethical principles of a socialist economy）之间的矛盾。

科尔奈首先列举了五条他认为是使经济有效率的必要条件：（a）一套有效的物质与精神刺激制度，用以激发生产者的积极性；（b）按照成本收益分析安排经济活动；（c）能够迅速与灵活地调整经济决策；（d）勇于创新和敢于冒险的企业家精神；（e）对经济决策的个人负责制。他认为这些条件是客观的，无论对社会主义，还是资本主义皆适用。科尔奈随后列举了四条他所称的社会主义经济的伦理原则：（Ⅰ）社会主义的分配原则——按劳分配；（Ⅱ）社会主义的团结互助原则——弱者不应受到惩罚，国家有责任帮助他们摆脱困境；（Ⅲ）安全感原则；（Ⅳ）整体利益高于局部利益，长远利益高于短期利益的原则。这些原则在社会主义国家可谓家喻户晓，深入人心。但是这些原则，与上述经济效率条件之间有不可避免的冲突。请看下面三个例子。

（1）有效的刺激制度与按劳分配原则之间有矛盾。我们假定企业A比企业B获得了更多利润。这可能是由于企业A的经营较好，工人工作较努力，但也可能有许多其他的外在因素，比如企业A的机器较先进，中央制定的价格对A较有利，等等。如果收入与利润挂钩，那么企业B就觉得不公平，这怎么是按劳分配呢？特别是当企业确实由于外部原因（比如国际市场的价格变化）陷入困境时，它更会理直气壮地请求财政补贴。在这种条件下，一方面企业就不会迅速灵活地针对外部变化调整经济决策；另一方面中央政府一定会补贴B，从而对利润重新分配。于是软预算出现了，激励制度便不会有效。

（2）根据效率条件，企业的存亡要按照成本收益分析来决定，因此破产与暂时失业将有可能发生。这显然同社会主义的团结互助原则和安全感原则相矛盾。国家保障企业的生存和工人的工作，似乎是社会主义的当然许诺。这就引出一个很深刻的问题：一个社会能否仅仅依靠正面的、鼓励性的激励方式，而完全不需要反面的、具有惩罚性的激励方式，就可以达到高度的经济效率？

（3）如果企业的投资与增长完全由企业自己决定，当然有利于企业家精神，灵活与迅速的经济调整和对经济决策的个人负责制。但是当有外部性（externality）存在的时候，投资决策会与成本收益分析的结果相冲突。这时如果根据社会主义的原则，中央对投资的决策权就不应下放。这样投资便由官僚机构决定，因此决策往往是由集体做出［与条件（e）相冲突］，并且会更多地考虑其他因素，而不严格按照经济成本收益分析结果［与条件（b）相冲突］。

科尔奈认为上述的矛盾与冲突并不奇怪，世界上本来不存在一种纯粹和完全一致的社会，人们只能在各种“原则”与“要求”之间做出妥协，而不应走上极端。有一种想法认为社会模式的设计和选择，可以像去超级市场买东西一样，从每个货架上挑选自己最喜欢的东西，比如东欧的充分就业，联邦德国的工厂纪律，北欧的福利事业，日本的高速增长，等等，然后最优地组装在一起。科尔奈认为这是不可能的。这种不可能性，类似于西方经济学的社会选择理论中著名的阿罗不可能定理（Arrow Impossibility Theorem），或其对偶形式，即博弈论（或公共品分配）中的基巴德－萨特塞蒂不可能定理（Gibbard-Satterthwaite Theorem）。

三、 科尔奈对几个重要经济问题的看法

对于人们经常讨论的一些宏观、微观经济问题，科尔奈依据他的经济思想，得出了一些与众不同的看法。下面我们讨论其中的三个问题：投资、价格和宏观政策。

1. 投资[①]

自从凯恩斯以来，投资的有效需求不足便进入了西方经济学的教科书。但是在社会主义经济条件下，人们对投资不足是陌生的。那里发生的是相反的现象，它被科尔奈称为“投资饥渴症”。从中央到地方，从各部委到各企业，任何一级、任何一个单位都希望大量投资。科尔奈认为这种现象不能单单用利率过低来解释，它确实有着深刻的体制原因。

在资本主义经济中，私人投资的动机是赚取利润。科尔奈认为在现行社会主义经济条件下，利润并不是企业投资的主要动机。投资的真正动机是为了扩张。这种扩张动力不仅来自中央政府，也来自社会的各个阶层：企业、部门和地方政府。扩张动机造成投资饥渴，过度的投资加剧短缺，短缺又为新的投资需求提供了理由。这种循环在经济的外延增长期（extensive growth period）也许有些益处，但在经济的内涵增长期（intensive growth period）却是极为有害的。

那么投资的微观机制又是怎样的呢？科尔奈认为在社会主义经济中，经济成本收益分析对投资项目的确定不起很大作用，最终的确定标准往往依赖于非价格类讯号：政府心目中的优先产业部门、瓶颈部门，甚至政治因素，等等。企业或部门意识到，争取投资的最重要一环是要使项目上马，一旦上马，就只有进行到底。结果最初上报的成本往往低于实际成本。至于投资后的回报，不必过分担心。一来决策并非一人所做，即使严重失误，也不会追究个人责任；二来可以通过各种办法“调整”最终利润：价格、税率等都可以再商量。这样，软预算的期望使社会主义企业不会像资本主义企业那

---

① 见Kornai，*Economics of Shortage*，第九章。

样在投资风险面前考虑再三。

投资的欲望固然是无限的，但是实际投资量要受到各种硬变量的约束：比如国内资源的约束、国际收支平衡的约束，等等。此外，过度投资造成消费品减少，消费者的不满也是一种约束。当这些约束到了吃紧的地步，政府便不得不紧急刹车，于是大量项目被缓建，绷得紧紧的经济暂时得以放松（在中国叫作“调整”）。可是过不了多久，扩张的动机就会驱动新的一轮投资高涨。这就是科尔奈描述的社会主义经济投资周期，它对中国人来说并不陌生。科尔奈的贡献在于，他正确地指出了这种投资周期的形成，不仅仅是由于政府投资政策的失误，而是根源于社会主义经济运行的微观机制。

2. 价格[①]

学过微观经济学的人都知道价格在一般均衡理论中的核心地位。应用这一理论，容易看出社会主义经济中的价格扭曲以及由此带来的效率损失。科尔奈感到在社会主义经济的价格问题上，90% 以上的文献都是规范性的，即讨论扭曲的价格应该如何得到纠正。这的确不错。但是，科尔奈认为，首要的问题应该是：企业在社会主义条件下能否像企业在资本主义条件下（这是一般均衡论的前提假定）一样对价格有敏感的反应？他的回答是否定的。

科尔奈认为企业在传统的社会主义经济中对价格变化的反应相当弱，即使在改革后的环境中，企业对价格变化的反应，也要比一个资本主义企业的相应反应弱得多。问题的根子在软预算约束上，在企业与国家的纵向关系上。当然，对价格的反应强弱程度视情况有所不同。在短缺经济中，企业作为卖者对价格变化的反

① 见 Kornai，*Economics of Shortage*，第十四章。

应就比较强一些，作为买者对价格变化的反应就比较弱。因为在卖方市场的情形下，买者处于弱者地位，总是千方百计地得到他想要的。

在这里需要指出，科尔奈并不是反对纠正扭曲的价格，也不是要降低价格在资源配置中应起的作用。科尔奈的思想是，要想使用一般均衡理论的结论，我们要注意检验这个理论所做的前提假设。这些假设中重要的一条就是每一个经济人都有硬预算约束，从而使价格变化对他们来说至关重要。我们在此不妨比较社会主义国家中的一般家庭与国有企业，前者的预算约束是硬的，因此对价格的变化十分敏感；而后者不然。

3. 财政政策与货币政策①

熟悉宏观经济学的人都知道政府的财政政策和货币政策对经济活动可能造成的影响。从上面对投资的分析中已经看出，凯恩斯的财政扩张政策在社会主义经济中显然是不需要的，因为社会主义体制本身已自动地提供了这种扩张刺激。不仅如此，社会主义国家政府的财政预算在国民收入中所占比例，比具有相同发展程度的资本主义国家政府的相应比例大得多。大比例的财政预算是政府的官僚机制协调经济的伴随物。在这种情况下，财政支出并不是一个可以任意改变的简单“政策变量”。国家要控制投资，要补贴企业亏损，等等——大比例的财政预算确有其体制根源。

一些人把弗里德曼（Milton Friedman）的“货币主义”理论应用于社会主义经济，认为社会主义经济过热、过紧以及宏观不均衡，是由于货币发行过多造成的。因此，控制货币发行量是解决问题的关键。科尔奈认为，这种推理如果在资本主义经济中还成立的话，

① 见 Kornai，*Economics of Shortage*，第二十章。

在社会主义经济中则不能成立。因为社会主义经济只是一个“半货币化”的经济，货币是“被动的”。社会主义的经济活动根本不像资本主义的经济活动那样，完全受财政金融预算的约束。一方面，很多计划指标本身就以实物变量的形态出现；另一方面，在任何情况下，货币的供应量都必须适应对货币的需求。传统的社会主义银行并不能行使其独立权力，它们必须服从计划委员会的指挥。科尔奈认为“货币过多”的理论最多只是一种对状态的描述，并没有提出因果关系的解释。问题的关键是在社会主义经济中，货币的供应量很大程度上是一个“内生变量”，它不能像在资本主义国家中那样，可由中央银行自主确定。

四、 科尔奈关于社会主义经济改革的思想

科尔奈关于社会主义经济改革的思想，既基于他对匈牙利改革的长期观察，又基于上文所介绍的他的经济理论。科尔奈对经济改革的研究，大多是对改革面临的难题的实证分析，而他的关于改革的建议，则基于这些分析。

1. 改革：朝何方向①

所谓改革，无非是改变现行经济体制。科尔奈认为，社会主义经济的短缺是一种常态，消费者对短缺固然不满意，但这并不会造成危机。历史表明，社会主义现行体制可以长期生存。况且，即使改革发生，在社会主义的经济与社会体制内部，并不存在一种机制，使得经济改革必然朝“市场社会主义”方向前进。恰恰相反，从社会主义经济与社会体制和相应的意识形态中，从维持这种官僚机制

① 见 Kornai，*Contradictions and Dilemmas*，第 117—120 页。

运转的一批人中，产生着一种自然的推动力，驱使现有的计划体制朝更“合理”更“完善”的方向发展，比如在原体制下引进分层计划，运用计算机技术，加强对工人的管理，改进对经理的考核，等等。

朝市场方面的改革，动力和阻力都存在，但并不可以简单地认为阻力来自保守派，动力来自改革派。在普遍意义上说，人们对于正在进行的经济改革有一种“混合感情”。改革缓和了短缺，改进了市场供应，作为消费者，人们感到有所得。作为生产者、个体户和农民感到满意；工人的工作不像以前那样保险了，但挣钱的机会增多了。贫富差别无疑在扩大，如果在这种差别扩大的同时，每个人的收入都在增加，人们可能会容忍；否则的话，人们就会不满。作为企业管理人员，他们喜欢独立自主，却不喜欢竞争。改革给他们带来了两者。政府官员的心理也是矛盾的，各种政策与文件常常表现出前后不一致。一方面，改革是靠上层的决心和权力推动的；另一方面，反对私有财产，反对市场的混乱，反对贫富差别又是他们的一种本能。即使在知识分子阶层中，很多观点也常常自相矛盾。在这种“混合感情”支配下，改革究竟能改到什么程度，科尔奈认为没有人能知道，只有历史才能表明。

2. 改革的两难困境之一：体制改革与宏观调整[1]

短缺与紧张是传统社会主义经济的基本现象。科尔奈认为，严重不平衡对改革可以产生两种影响。其一，它可以加强改革者在论争中的地位：正因为不平衡才需要改革；其二，它给改革者造成了不利的经济环境。科尔奈认为，改革带来的经济效益，虽然有一小部分可在短期内见到，但大部分需要一段相当长的时间。不错，下

---

① 见 Kornai, *Comments on Papers Prepared in the World Bank about Socialist Countries*, 第五节。

放权力，开放市场是改革的根本。但是在短期内，伴随市场的开放，宏观不平衡的现象可能更为严重。这时，极易产生重新集中的倾向：政府仍用行政命令的旧方法限制投资和进口，把下放了的权力又收上来。这种方法使用得越坚决，短期内的效果就越明显，但是这种方式本身就使改革倒退。正确地处理体制改革与宏观调整的关系，并不是一件容易的事。

3. 改革的两难困境之二：一次性改革，还是渐进改革①

改革应以何种速度进行？是一次性（one-stroke），还是渐进性（successive）？这里也有一个两难困境：一次性改革虽然可以避免双重规则带来的混乱，但是过猛的改革可能会给经济和社会带来大震动；渐进改革虽可减小改革的阵痛，却可能引起规则的混乱。对此问题，科尔奈分析了以下几种情况：

第一，关于所有制形式的改革。改革的内容之一是使各种形式的所有制平等共存。所谓平等，不仅仅指法律上的，也表现在政府对各种企业的价格、税收和信贷政策方面。究竟哪种形式更适合于哪类企业，这里需要的是历史的自然选择（natural selection），既不能人为地支持或推广某一种形式，也不能人为地压抑另一种形式。在这个意义上，所有制形式的改革只能是渐进的，即让各种形式和平共处和自由竞争。

第二，废除国家对国有企业的短期投入产出计划指标可以是一次性的。政府根本不必担心出现混乱，因为这些指标本身就很粗糙，完全可以代之以间接控制形式，比如对价格的控制等。匈牙利就是在一夜之间取消这些计划指标的。

---

① 见 Kornai，*Comments on Papers Prepared in the World Bank about Socialist Countries*，第六节。

第三，对价格与工资的改革时间不应拖得过长。这是因为每一次局部调整都会引起连锁反应，即所谓“外溢”现象。在这种情况下，伴随每一次局部调整的通货膨胀就不可避免。如果在价格改革上走一步看一步，就容易引起通货膨胀的恶性循环。

第四，使国有制企业转变为真正面向市场的独立经济实体，是一种极为复杂和深刻的变革。希望通过一次性的改革来实现这一目标是不现实的。

4. 对“天真改革派”的批评①

“天真改革派”（naive reformers）是科尔奈对那些改革先驱者的称呼，包括他本人在20世纪50年代写作《经济管理中的过度集中》的时期，以及波兰的布鲁斯（Brus）、苏联的利别尔曼（Liberman）、捷克的奥塔·锡克（Ota Sik）等经济学家的早期。“天真改革派”的改革思想，不仅反映在匈牙利1968年改革的文件中，而且也与当今中国官方的改革纲领极为相似。

“天真改革派”的核心思想是取消指令式计划，变直接官僚调节为间接官僚调节。他们以为这是使市场真正运转的充分条件。这种模式的假定是：让企业自主，追求利润最大化。这样企业就会根据市场的需求关系调节生产。在“天真改革派”看来，政府的间接控制与市场机制之间并无矛盾。相反，市场机制的引入可以给经济注入活力，同时政府的间接控制又可弥补市场的不完善性。因此，（间接）官僚调节与市场调节相互补充。这种模式还指出了两者的界限。比如，日常生产（马克思用语：简单再生产）由市场调节，而投资（马克思用语：扩大再生产）则由国家控制。

① 见Kornai，“The Hungarian Reform Process：Visions，Hopes and Reality”，第七节的部分B。

匈牙利的实践证明，这种思想过于天真。科尔奈认为，官僚机制与市场机制的并存决不保证可以得到两者的最好部分，当然也不必然得到两者的最坏部分。虽然互相补充存在，但很有限。一方面，官僚机构不会自觉地把自己的控制范围仅仅限于投资；另一方面，如果企业发展与命运并不直接与企业利润挂钩，而由上级官僚决定的话，那么企业的利润动机和自主权便被动摇。“天真改革派”想象了一种和谐的市场机制和官僚机制的共存，现实却是：企业变为双重依赖（市场与官僚），且以官僚依赖为主。

5. 改革：最低限度的“一揽子”内容①

科尔奈的理论基本上是描述性的。在讨论改革方案时，我们上面简介了他对“天真改革派”的批评。科尔奈在提出规范性建议时很谨慎，只提出过一个他认为是最低限度的“一揽子内容”(a minimum package)。他想强调的，并不是这些内容本身，而是这些内容之间的相关性，这就是“一揽子”一词的含义。科尔奈提出的最低限度的改革包括：(a) 企业的充分自主权；(b) 企业的硬预算约束：除个别情况外，取消补贴，统一税率，制定有关破产和合并的法律以及建立保证这些法律得以执行的机构；(c) 全面开放物价；(d) 确定正确的利率和汇率；(e) 进口自由化；(f) 企业应有相当大部分的利润留成；(g) 建立适当的金融机构，在自愿的基础上流通企业积累的资金。

科尔奈还强调改革需要一个战略。所谓战略，并不是僵硬的计划，而是一种全盘考虑，即一种在什么阶段引入什么措施的思考。重要的是应该想清楚下一步改革的前提是什么，而具体在哪一天引

① 见 Kornai, *Comments on Papers Prepared in the World Bank about Socialist Countries*, 第六节。

入并不重要。要做到这一点，必要的条件是要具备“思想库”与“智囊团”。这是匈牙利经济改革成功的经验之一。

五、 科尔奈的经济理论与其他经济理论的比较

最后，我们简要地把科尔奈的经济理论与马克思的经济理论及西方主流经济理论做一比较。我想在这里说明两点：第一，科尔奈的经济理论既吸收了一部分马克思的思想，又融合了西方主流经济理论的相当部分；第二，从研究对象到研究方法，科尔奈的理论独具风格，不能把它硬性划入哪一派。

1. 科尔奈的经济理论与马克思的经济理论

科尔奈的经济理论受到马克思学说的一定影响，主要表现在以下几个方面。[①] 第一，科尔奈同马克思一样，认为经济的发展与经济人的行为，受到他生活的经济、社会、政治体制的约束，并且是历史进化的产物。社会主义企业的经营行为与资本主义企业的经营行为因而表现出不同的规律。因此，不可能用一种经济理论，更不可能用一种经济模型来解释两种不同体制下的所有经济现象。第二，任一社会经济形式都有其内在矛盾，因而人们的选择面临两难困境。作为经济学家或社会学家，不应回避这些矛盾与困境，应该揭示它们，并加以分析。马克思分析了 19 世纪资本主义的矛盾与困境，而科尔奈分析了当今的社会主义经济。第三，在社会主义体制下，这些矛盾在经济上表现在社会主义的伦理原则与效率条件、短缺与无止需求、市场紧张与投资饥渴等矛盾方面。同马克思一样，科尔奈着重从体制原因，而不是从政策原因，解释这些矛盾的现象。

---

① 见 Kornai，*Contradictions and Dilemmas*，“美国版序言”和“导言”。

2. 科尔奈的经济理论与西方主流经济理论

科尔奈懂得西方经济学，在他的理论中，他接受了很多西方经济理论中的概念，也运用了不少西方经济学的方法。他区别实证理论与规范理论，微观理论与宏观理论，集中研究供给与需求的关系，等等，就是例证。在分析问题的思路上，科尔奈显然与新古典均衡学派不同，但与凯恩斯相近，即着重于分析现实经济中的非均衡现象，及其原因和结果。不同的是，凯恩斯分析的是资本主义经济的超供给情形，科尔奈研究的是社会主义经济的超需求情形。科尔奈对自由经济派的完全竞争假定表示怀疑，但是他对官僚调节机制和政府干预对经济活动产生影响的分析和结论，与弗里德曼的研究结果相近。对于新古典经济学的一般均衡理论，科尔奈并不是一概反对，而是正确地指出了它需要的前提假定，及由此确定的适用范围。他认为，这些前提假定也许能比较真实地反映资本主义经济的基本特征，但绝不能因此认为这些假定自然也反映了社会主义经济的基本特征。科尔奈认为，一般来说，我们不能以这些假定为基础来描述现行的社会主义经济。

最后，我们注意到，科尔奈理论的大部分是用文字描述的，没有像西方经济学那样抽象化、数学化。科尔奈认为没有数学化和形式化并不是优点，而是缺点。但是他指出，人们对社会主义经济的研究，目前并不是在德布鲁（Debreu）和卢卡斯（Lucas）对资本主义经济研究的那个阶段，而是在相当于亚当·斯密（Adam Smith）的阶段。因此还需几代人的努力，不断发展和精练。

参考文献

Kornai, *Anti-Equilibrium*. Amsterdam: North-Holland, 1972.

Kornai, *Bureaucratic and Market Coordination*. Osteuropa Wirts-chaft, Vol. 29, 1984.

Kornai, *Comments on Papers Prepared in the World Bank about Socialist Countries*.

Memo, Nov. 1984.

Kornai, *Contradictions and Dilemmas*. Cambridge: MIT Press, 1986.

Kornai, *Economics of Shortage*. Amsterdam: North-Holland, 1980.

Kornai, *Growth, Shortage and Efficiency*. Oxford: Blackwell, 1982.

Kornai, *Mathematical Planning of Structural Decision*. Amsterdam: North-Holland, 1967; second revised edition, 1975.

Kornai, *Overcentralization of Economic Administration*. Oxford: Oxford University Press, 1958.

Kornai, *Rush versus Harmonic Growth*. Amsterdam: North-Holland, 1972.

Kornai, "The Hungarian Reform Process: Visions, Hopes and Reality." *Journal of Economic Literature*, Dec. 1986.

Kornai and Mastos (eds). *Non-Price Control*. Amsterdam: North-Holland, 1981.

克鲁格模型与寻租理论

安妮·克鲁格（Anne Krueger）的《寻租社会的政治经济学》是寻租理论的一篇经典论文。这篇论文既分析了国际贸易中由配额制等行政管制产生的为“寻求租金”而进行的争夺，又据此建立了精确的数学模型，是寻租理论发展过程中的一个里程碑。因此，要理解克鲁格的论文，需要对寻租理论的由来与发展做一了解。

寻租理论产生的现实背景。“寻租”是在市场经济制度下由于政府干预而产生的一类经济现象。第二次世界大战后，几乎所有发达市场经济中的政府都大大加强了对本国经济的干预。政府不仅运用财政政策和货币政策调节宏观总量，而且对企业、行业也进行微观规制，即运用法律和行政手段做出各种限制性规定。比如，美国政府目前对航空、货运、通信、金融等行业都有不同程度的规制，更不必说对农业的长期、大量的补贴。政府的微观规制，部分根据是“市场失灵”论：倘若市场竞争不完全，或信息不对称，或存在外部性，市场均衡点就并非帕累托最优。因此，不少人主张在这种情况下政府应当积极干预，以弥补市场机制的不足。在发展中国家，政

---

* 原载于《经济社会体制比较》，1988 年第 5 期。

府对市场经济的干预程度往往大大超过发达国家。除了上述宏观调节和微观规制外，政府还往往以加速经济发展为由对经济的各个部门加以控制。比如设立关税，实行进口、出口许可证制度以保护国内工业；实行投资许可证制度以限制投资规模；实行信贷分配以支持政府的优先项目；等等。

上述种种政府对市场经济的干预对人们的行为有着重要影响，有些后果恐怕连干预者本人事先都无法预料。寻租理论对这种后果进行了分析。像亚当·斯密一样，寻租理论也假定每一个人都是有利己心的。但是，与市场自由竞争能将个人的利己动机转化为社会福利相反，人们为争夺租金而进行的利己活动对整个社会完全是一种浪费。寻租理论认为，在政府干预的情况下，人们为了获取个人利益，往往不再通过增加生产、降低成本的方式来增加利润；相反，却把财力、人力用于争取政府的种种优惠，比如，获取政府的进口或外汇许可证。人们的这种寻租活动有的是合法的（比如讨价还价、施加影响），也有的是非法的（比如行贿），有的介乎二者之间（比如拉关系和走后门）。从经济观点看，这些活动都消耗了大量的稀缺资源，降低了全社会的经济效益。

寻租理论要点之一：租金是政府干预的结果。寻租理论的作者大都把上述租金的形成归根于政府对自由市场经济的干预。在市场经济基础中，只有政府才能借助于法律、行政权威和运用强制手段，创造不平等的竞争环境并维持归一部分人享有的租金。与此相比，如果某一企业家因发明创造而把一种新产品引入市场，虽然他可享有初始的垄断租金，但是只要政府不对其他企业自由进入该市场有限制，这种垄断租金早晚会消失。

寻租理论要点之二：寻租活动造成社会的浪费。安妮·克鲁格《寻租社会的政治经济学》的重要贡献，是根据她在这篇文章中建立的数学模型，估算了印度和土耳其这两个发展中国家由于政府对市场的限制而形成的租金数量。按照她的估算，1964 年，印度由此形成的租金数量大约占 GNP 的 7.3%；而土耳其在 1968 年单因进口许可一项而产生的租金就占 GNP 的 15%。

安妮·克鲁格的模型假定，某一国家只生产农产品（A），它或者被消费（F），或者出口换取进口产品（M）。再假定全社会的劳动力供给是一个常数。劳动力一部分用于生产农产品，另一部分用于对进口产品进行一次性批发，不经过零售渠道直接送至消费者手中。在自由贸易条件下，由以上假定所产生的均衡点很容易计算出来。可以证明，在一般条件下，这一均衡点是“帕累托最优”的。

下一步安妮·克鲁格引入政府的进口限制，即令 $M=\overline{M}$。先假定没有寻租活动。由于进口减少，进口批发所需劳动力便相应减少，多余劳动力便被用于农产品生产。报酬递减原理使农业工资下降，同时，批发进口产品行业的工资上升。同自由贸易的情形相比，政府的进口限制政策使得新均衡点不再是帕累托最优，社会效率由此降低。这种扭曲在国际贸易理论中人所共知。

安妮·克鲁格的分析没有停止在这一步。她注意到在以上的均衡点上，农业生产的工资将低于进口批发行业的工资。因此，任何人为了个人利益都会尽力从农业挤入进口产品批发行业。达到此目的的唯一途径是花力气取得进口许可证。克鲁格证明了，如果人们为租金而争夺的话，最终均衡点的效率更低，因为社会损失将有两个部分：一部分是由于进口限制造成的直接福利损失，另一部分是寻租过程中的额外资源损失。

总而言之，在安妮·克鲁格的模型中，租金是进口批发工资高于农业工资的那一部分，它是由于政府限制进口造成的。谁获得了进口许可，谁就获得了这一租金。人们为了这一租金而争夺，将宝贵的劳动力用于获取进口许可证。其结果使得整个社会的经济效率大大降低。

寻租理论要点之三：利益集团对创造租金的需求。既然租金可以给一部分人带来好处，那么这一部分人就会事先采取各种手段（比如游说、买通等），促使政府用行政命令的方式建立各式各样的可占据的租金（比如，建立新的关税，规定新的资格考试以限制他人进入某一职业，等等）。于是，便产生了利益集团对创造租金的“需求”。另一方面，政府通过设立各种限制性条例，其官员也从中受益。诺贝尔经济学奖获得者乔治·施蒂格勒（George Stigler）创立的“规制经济学”（economics of regulation）理论，便是运用这种想法来分析当今美国各行业中利益集团的行为。施蒂格勒认为，现行美国经济中的规制现象并不能用“市场失灵”理论来解释，却可以用利益集团对政府规制的需求来解释。虽然提高生产效率是获取利润的一个途径，但是通过影响政府而设立限制别人与自己竞争的规制条例恐怕是另一条捷径。这时获得的利润是租金。尽管对全社会而言，这种做法是极大的浪费，但是对某一行业的利益集团和政府的有关官员而言，却有利可图。

有关寻租理论的论文收集在以下两本论文集中：

（1）J. Buchanan，R. Tollison and G. Tullock，Editors，“Toward a Theory of the Rent-Seeking Society”（1980）。

（2）D. Colander，Editor，“Neoclassical Political Economy—The Analysis of Rent-Seeking and DUP Activities”（1984）。

比较制度经济学研究前沿

在 1989 年以前，比较经济制度（comparative economic systems）主要比较社会主义体制与资本主义体制，计划经济与市场经济。随着东欧和苏联的变化，经济学的这一领域也随之改变。在我所执教的斯坦福大学经济系，自 1990 年起开设了一新的学科领域以取代比较经济制度，称之为“比较制度分析”（comparative institutional analysis，CIA）。值得一提的是，institution（即制度、机构）较之 system（体制）的含义广泛得多，因为后者限于特指资本主义与社会主义两种体制，而前者可指人类所制定的各种规则、约束，甚至是沿袭的习惯、文化，等等。

比较制度分析的研究对象是制度或体制，在这一点上与传统的制度学派一致。但是，现在的研究方法和工具都大不相同了。比较制度分析大量运用 20 世纪七八十年代发展起来的博弈论、不完全信息学以及委托代理理论（agency theory）。下面介绍几个主要的研究方向：

第一，计划经济向市场经济的转轨（transition）。1989 年以来，

---

* 原载于《经济社会体制比较》，1992 年第 2 期。原名为“国外经济体制比较研究前沿”。

东欧国家和苏联向市场经济的转轨问题吸引了大批经济学家的注意力。转轨是一个相当长期和复杂的问题，经济学家主要研究以下三个问题：（1）稳定化（stabilization），即控制通货膨胀，降低政府财政赤字以及缩小国家的外贸赤字；（2）自由化（liberalization），即放开价格、汇率，开放市场，取消限制，等等；（3）私有化（privatization），即将原国有企业、银行等卖给或分给个人。由于从计划经济向市场经济的转轨不单单是政府政策的改变，而是制度的变迁，所以研究深层次上建立使市场经济有效运转的一整套法律、规则、机构和制度就变得极为重要。比如，需要研究财产权利的重新分配，重建税收制度、养老金制度、医疗保险、企业制度、金融体系，以及政府在市场经济中的重新定位。东欧国家及苏联在转轨中的经验、教训都会对中国的改革有重要启发。[①]

第二，市场经济国家中各种不同制度的比较。日本在经济上的成功，欧洲以德国为经济强国的共同体的形成，以及东南亚新兴工业国家及地区的崛起，使经济学家越来越意识到英美的制度并非唯一的有效制度，因此，对其他各种不同制度的研究便吸引了很多关注。比如，美国和英国在相当大程度上依靠证券市场融资，这在过去被认为是金融市场发达、高效的表现。相比之下，日本、德国则很不同。以日本为例，它有独特的主银行制（main bank system），一个企业的主银行对企业的财务状况负有主要责任，由于主银行与企业有长期关系，当企业财务发生困难时，主银行往往会出面营救。这显然与美国企业靠市场融资的情况不同。在退休养老医疗制度方面，东南亚诸国的制度与美国也不相同。美国的医疗费用占 GNP 的 12% ~13%，为发达国家之首，已成为严重的经济问题。研究市场经济中的不同制度对

① 参见有关转轨的专题讨论，*Journal of Economic Perspectives*，Fall，1991。

中国的改革也有裨益，因为，前人失败的制度，大可不学。①

第三，经济组织的研究。这是比较制度分析中的基础理论研究。传统的新古典经济学研究市场和价格，而把企业简化为“利润最大化”这一假设。人们熟知，在现代社会中，企业或其他组织，如银行、工会、政府机关、学校、医院等，本身都具有复杂的等级结构。按照阿罗的说法，组织与市场的不同之处在于前者主要不是靠价格来协调经济活动的。比如在组织中，升职可能比奖金更有激励作用；在一定范围内，上级的指令必须执行，不允许像在市场中那样讨价还价。②

第四，从历史的角度看经济制度的演变。经济学家开始运用新的分析工具和概念，重新考察各种经济制度在历史进程中的变迁，比如，中世纪的商会；19 世纪美国债券市场的兴起；17 世纪英国政治分权对产权和经济增长的影响；等等。值得注意的是，资本主义现有的一整套经济制度是几百年逐渐演化而成的。在这个意义上，学习经济制度演化的历史对研究如何建立市场经济制度相当有益。③

以上只是简略介绍目前比较制度分析的几个研究方向。应当指出，这一学科才刚刚开始，并不成熟，但可以看出，它很有发展前途。在斯坦福大学经济系建立这一学科后，吸引了不少博士研究生。当前研究东欧国家、苏联的转轨，研究日本的制度，已成为热门的题目。

---

① 有关日本的企业制度，参见 M. Aoki，“Towards An Economic Model of The Japanese Firm”，*Journal of Economic Literature*，1990，pp. 1－27。

② 有关企业组织的理论，参看我的介绍文章《企业理论》，见汤敏、茅于轼主编：《现代经济学前沿专题》，此文已收入本书。

③ 有关制度的历史变迁，参见 D. North，*Institutions*，*Institutional Changes and Economic Performance*，Cambridge University Press，1990。

信息经济学的奠基人

——记 2001 年的三位诺贝尔经济学奖获得者

10 月 10 日诺贝尔委员会宣布将 2001 年的经济学奖授予三位美国经济学家：伯克利加州大学经济系的乔治·阿克洛夫，斯坦福大学商学院的迈克尔·斯宾塞和哥伦比亚大学经济系、商学院和国际关系学院的约瑟夫·斯蒂格利茨，以表彰他们为现代信息经济学做出的奠基性贡献。这几位经济学家得奖，早已在经济学界的意料之中，因此无人感到惊讶。作为研究信息经济学的学者，我由衷地感到兴奋。又因为阿克洛夫是我现在的同事，斯蒂格利茨是我过去在斯坦福大学经济系的同事，而斯宾塞是当年哈佛大学经济系的博士项目录取我时的系主任，我觉得更增加了一层亲切。

具体地说，他们三人的贡献是提出了当买方和卖方具有不对称信息时市场运作的理论，这一理论的应用非常广泛，从传统的农业市场到现代的金融市场。虽然过去经济学家对不完全信息早有研究，但他们研究的是更为复杂的不对称信息。市场中的买方和卖方所拥有的信息不对称是生活中常见的现象。比如，卖旧车的人比要买车

* 原载于《财经》，2001 年 10 月 20 日刊。

的人更清楚车的质量，上市公司的经理比公司的一般股民更知道公司的实际业绩。他们的研究发现，这种信息不对称会对市场运行带来很大影响，而人们平时观察到的许多不好理解的现象都可用不对称信息来解释。他们的研究使经济学家对实际市场经济运行机制的理解有了根本上的改进，这表现在两个层次上。第一，经济学的传统理论认为，市场这只"看不见的手"通过价格调整使供给等于需求，这在通常情况下可以达到有效率的资源配置。但是，三位获奖人的研究发现，在买卖双方信息不对称时，仅仅通过价格调整有时无法达到有效率的资源配置。第二，他们的研究进一步发现，在这种情况下，买方和卖方会调整各种经济决策，以增进市场效率，从而使双方受益。然而这些调整是有成本的。

经济学界早就认为他们三人会一起获奖，因为他们的研究紧密相连，相互补充。阿克洛夫在1970年发表的一篇论文现在被公认为信息经济学文献中最重要的开创性论文。然而文章的题目看上去很不起眼，直译为《柠檬市场》，意译为《次品市场》。在英文中，次品俗称"柠檬"，与优品"李子"相对应。阿克洛夫在完成该文后向经济学期刊投稿，连续被四五家杂志拒绝，包括美国经济学会的《美国经济评论》、芝加哥大学的《政治经济学期刊》、欧洲的《经济研究评论》等一流经济学杂志。最后，几经周折终于在哈佛大学的《经济学季刊》上发表，立刻引起巨大反响。此事发生后，《美国经济评论》的编辑部专门指定一名编辑评审那些看上去平凡或奇异，但有可能是开创性的论文。

阿克洛夫的论文通过对一个简单模型的分析，表达了一个有普遍意义的深刻想法。在旧车市场上，卖方往往比买方更清楚车的质量（新车的质量比较划一，因此不是合适的例子）。假如买方无法通过其他办法检查旧车的质量，那么市场的运行就会出现如下问题。

设想有两种车：好车和次车，卖方知其质量而买方只知市场上有一定比例的好车和次车。好车车主只愿意以较高价成交，而次车车主却愿意以较低价出手。买方知道有一定的概率会买到次车，因此愿意出的价格就要打折扣。如果市场上的次车比例大到一定程度，这种折扣就足够大，使得好车车主不再愿意把车投入市场。结果，市场上只剩下了次车。

这一简单模型揭示了两层道理。第一，在信息不对称的情况下，市场的运行可能是无效率的，因为在上述模型中，有买方愿出高价购买好车，但市场这一“看不见的手”并没有把好车从卖方手里转移到买方手中。而按照传统经济学的理论，市场调节下供给和需求总是能在一定价位上满足买卖双方的意愿。第二，这种“市场失灵”具有“不利选择”或“逆向选择”的特征，即市场上只剩下次品，这也就是人们通常所说的“劣币驱除良币”。阿克洛夫的理论让我们理解这一结果的根源是信息不对称。这一结果很重要，因为按照我们通常的思路，市场的竞争机制应导出相反的结论，即“良币驱除劣币”。可见，引入信息不对称会深刻地改变我们分析问题的角度并改变很多“常识性”的结论。

由于信息不对称在市场中普遍存在，阿克洛夫的以上分析具有普遍意义。他讲的故事虽然是旧车市场，但也可以换成烟、酒市场，也能解释为什么假冒伪劣产品会充斥这些市场。他的分析还可以用在其他领域。比如，用他的理论可以解释为什么发展中国家的一些民间信贷市场上利率奇高无比，原因也是“劣币驱除良币”，即风险大的借款人驱逐了风险小的借款人，使得利率调到高位，以抵消高风险带来的成本。

斯宾塞的主要贡献基于他 1972 年在哈佛大学完成的博士论文。他的论文是关于工作市场中的信息问题，而他的创新之处是研究了在信息不对称的情况下，具备信息的一方会采取某种行动以克服信息不对称带来的困惑。在找工作时，应聘人往往对自己的能力比雇主知道得更清楚。设想市场上有两种应聘人，高能者和低能者。假定能力高低是天生的，与后天的教育无关。面对信息不对称的问题，能力高的人有比能力低的人更强的动机把有关自己能力的信息传递给雇主，而这一信息对雇主来说是有价值的。但问题在于，能力低的人也同样会宣称自己属于高能力人群。因此，能力高的人为传递信息要采取的行动必须是能力低的人很难模仿的。

斯宾塞的模型研究了用教育投资程度作为一种可信的传递信息的工具。在他的模型里，教育本身并不提高一个人的能力，它纯粹是为了向雇主“示意”或“信号显示”（signaling）表明自己是能力高的人。斯宾塞确定了一个条件，在此条件下，能力低的人不愿意模仿能力高的人，即做同样程度的教育投资以示意自己是能力高的人。这一条件就是，做同样程度的教育投资对能力低的人来说边际成本更高，比如，能力低的人学习起来比能力高的人要更费劲。斯宾塞证明了，在这种情况下，虽有信息不对称，市场交易中具备信息的应聘者可通过教育投资程度来示意自己的能力，而雇主根据这一示意信号便可区别开不同能力的人。根据这一理论，我们可以理解为什么一些人愿意花重资上名牌大学或念高学位，其成本远远超出教育本身带来的生产力的提高。原因是名牌大学和高学位都是应聘者向雇主发出的信号，表明他们聪明而勤奋。显然，这种示意方法可以帮助克服信息不对称带来的困惑。但是，这种示意方法是有成本的，这里的成本就是相对于社会最优的过度的教育投入。有趣的是，斯宾塞推导出的这一数学条件同莫里斯（James Mirrlees，1996 年诺贝尔经济学奖获得者）有关在不对称信息情况下的最优税收中的条件是类似的，后来这一条件被称为“斯宾塞 - 莫里斯条件”。这也说明，深刻的经济学理论是可以用少数简明的假定推出的，而很多看似不相关的理论在深层次上是相互连接的。

斯宾塞的这一分析框架后来被应用到许多领域，其中之一是被用来解释上市公司的过度分红行为。在很多国家，政府对红利征税的税率比资本增值的税率要高（通常政府对红利征收两次税：一次对公司，一次对个人，而对资本增值只对个人征收一次税）。如果没有信息问题，利润再投资比分红更符合股东利益，但很多公司仍然热衷于分红。根据斯宾塞的信息不对称理论，公司的管理层当然比股民更清楚公司的真实业绩。在这种情况下，业绩好的公司就采取多发红利的办法向股民发出信号，以区别于业绩不好的公司，后者发不出红利。证券市场对分红这一信号的回应是股价上升，从而补偿了股民因为分红缴纳较高的税而蒙受的损失。

斯蒂格利茨研究的是在信息不对称的市场中，不具备信息的一方如何调整合同的形式从而“筛选”（screening）有信息的一方。他在研究中发现，用信息不对称以及人们对此做出合同形式的调整，可以帮助人们理解许多长期以来不好解释的市场现象。他的研究从保险市场和农业土地租赁市场开始。在保险市场中，保险公司不清楚投保人的风险状况。在这种情况下，保险公司提供一系列保险合同（即不同的保险费率和免赔额的组合）让投保人选择，从而达到区分不同风险类别的投保人的目的。在农业土地租赁市场上，农民与地主用固定比例分成（又称佃农制）是普遍流行但又令人费解的一种合同形式。之所以令人费解是因为地主通常比农民富裕，所以似乎在合同中应由地主承担全部风险而付农民固定工资。但是，如果考虑到实际中农民比地主有更多的关于生产的信息，包括自己的努力状况，那么比例分成制就有了优势。

斯蒂格利茨对信息不对称下市场的研究后来又扩展到信贷市场

和劳动力市场。人们观察到，即使在没有政府干预的自由信贷市场中，市场贷款利率总是低于使供需平衡的利率。结果，许多愿意以市场利率借贷的人贷不到款，也就是说，信贷市场是配给的。这非常令人费解，因为这里并没有政府计划。斯蒂格利茨和他的合作者在一个信贷市场模型中引入了信息不对称，即借款人有高风险和低风险之分，但这一信息只有借款人自己知道而贷款人并不知道。在这种情况下，一种可能的结果是，当利率升高时，低风险借款人不愿意借贷了，而高风险借款人却积极依旧。原因是后者在好景时盈利很高，因此付得起较高的利息；若时运不济亏损，就宣告破产。这种利率高低的变化对吸引不同风险类型借款人的不同效应，意味着利率在信息不对称时起到了筛选不同类型借款人的作用。这样一来，降低利率让需求大于供给反而有可能使信贷人的利润上升，因为借款人群中低风险类型的比例会上升，从而缓解了信贷人面临的逆向选择。

非自愿失业是市场经济中常见的现象，但也令人颇为费解。市场调节的基本原理是说，如果劳动力的供给大于需求而产生失业的话，工资就会自动下降，直到供给等于需求、失业消失。这一理论显然与现实不符，斯蒂格利茨及其合作者的研究有助于理解这一问题。他们假定雇主不能完全清楚地知道雇员工作的努力状况，这也是一种信息不对称。设想雇主只能偶尔抽查雇员的工作，若没有发现雇员“偷懒”的话，就发工资；一旦发现雇员“偷懒”，雇主对他最大的惩罚就是开除他，将他投入失业大军。如果市场工资使供求平衡，没有失业，雇员就会缺乏努力工作的动机，因为即使被发现偷懒而遭开除，他也可以立即找到新工作。如果市场工资上升到并非所有失业者都能在短期内找到类似工作，雇员就会被激励努力工作，以保饭碗。这种高于使供给和需求平衡的工资被称为“效率工资”，意思是提升工资可以提高效率。在这一模型中，市场价格（即工资）是可以根据市场状况调整的，雇主追求利润，雇员追求效用，这些都与传统理论的假定一致。与传统理论不同的假定是信息不对称，以及有限的惩罚。值得注意的是，在这一模型中，当信息对称时，即当雇主完全清楚地知道雇员工作的努力状况时，市场工资没有必要保持在这样高的水平上，因此也就不会有失业发生。

这三位获奖者年龄相近，现在都是 60 岁左右。他们的主要研究成果多是在 20 世纪 60 年代末 70 年代初，即他们 30 岁左右时完成的。他们以后的职业生涯有所不同。阿克洛夫一直在伯克利加州大学经济系任教，偶尔在华盛顿的政府中兼职。斯宾塞则一直留驻象牙塔，但是在相当多的时间内从事行政工作。1984—1990 年他担任哈佛大学文理学院院长，是该院历年来最年轻的院长之一。1990—1999 年他担任斯坦福大学商学院院长，是该院历年来任期最长的院长之一。而斯蒂格利茨在 20 世纪 90 年代的多数时间内在美国政府和国际组织任职。1993—1997 年他在克林顿政府的总统经济顾问委员会任职，先为成员，后任主席。1997—1999 年他担任世界银行高级副行长兼首席经济学家。据说他由于与国际货币基金组织和美国财政部意见相左，提前卸任世界银行的职务。

有趣的是这三位经济学家都有一些“中国情结”。1984 年初在我申请哈佛大学经济系的过程中，曾去哈佛与当时的系主任斯宾塞面谈。记得他当时告诉我，他的妻子有四分之一的中国血统，而且出身名门，原来她的外曾祖父是梁启超。阿克洛夫和他的妻子、儿子于 2001 年 5 月曾访问中国。他的妻子珍妮特·耶伦（Janet Yellen）是伯克利加州大学经济系和商学院的教授，继斯蒂格利茨后出任克林顿政府的总统经济顾问委员会主席，还担任过美国联储理事会理事，并多次访华。斯蒂格利茨的中国情结就更深了。他的教科书《经济学》在中国成为畅销书，销量达10万册以上。他近年来频繁访问中国，盛赞中国改革和开放取得的成绩，同时也为中国改革开放献计献策。最近的一次是2000年12月，他到北京参加劳动和社会保障部与国务院体制改革办公室共同举办的关于社会保障改革试点方案的研讨会，在会上对试点方案提出了不少中肯的意见。

致谢

本书收录了1987—2003年17年间我在中文期刊和报纸上发表的18篇论文。在两层意义上这些论文代表的是集体的而非我个人的智慧。首先，本书中有5篇论文是我与其他人合著而成，他们是这些论文的共同创造者。我在此特别感谢我的这些论文合作者，他们是（按姓氏字母顺序）：黄海洲（Haizhou Huang）、刘遵义（Lawrence Lau）、巴里·温加斯特（Barry Weingast）、吴敬琏（Jinglian Wu）和许成钢（Chenggang Xu）。这些年来与他们的合作过程，也是我从中学习经济学的过程。

在更广义的层次上，本书中的论文更包含了很多海内外经济学人的智慧。即使那些我独自写成的论文，也多是在同其他经济学家的探讨和争辩中起始、成型和完成的。我无法向这些众多的海内外经济学家一一致谢，但在这里要特别提及吴敬琏教授。1983年我与吴教授在耶鲁大学相识。1983 年 1 月至 1984 年 6 月，他作为中国社会科学院经济研究所的访问学者在该校访问，而我则是该校管理学院运筹学和管理学的研究生，正在考虑转学经济学。那时，吴教授经常向我讲解国内正在进行的经济改革，介绍西方经济学界对计划经济及其问题的学术研究。吴教授特别向我推荐了匈牙利经济学家雅诺什·科尔奈（János Kornai）的《短缺经济学》一书。科尔奈当时已在哈佛大学经济系任教，他一半时间在哈佛大学，另一半时间在匈牙利科学院的经济研究所工作。我在 1984 年秋季成为哈佛大学经济系博士项目的研究生。在 20 年的时间中，我同吴教授就现代经济学和中国经济改革的问题经常交流。他对中国经济改革的广泛知识和深刻洞察，对经济学的严谨治学态度，都让我受益匪浅。他任主编的《经济社会体制比较》《改革》杂志和《比较》辑刊发表了我的多篇论文。

我要感谢出版本书的梁晶工作室和中国人民大学出版社以及其中负责编辑本书的工作人员，特别是梁晶女士，如果不是她的积极筹划和不断敦促，本书还不知何时问世。在此我还要特别感谢肖梦女士和她任编辑的《经济社会体制比较》杂志和 2002 年新创刊的《比较》辑刊。我从 1988 年起在《经济社会体制比较》杂志上发表文章，本书 18 篇论文中的 10 篇论文最初是发表在该杂志上的，而最新近的一篇论文则是发表在《比较》辑刊上的，足见这两本书刊对本书的重要。

钱颖一

2003 年 7 月 10 日于北京

本书第二版的出版得到中信出版集团和《比较》编辑室的大力支持，特别是吴素萍女士的积极推动和包敏丹女士的精心编辑，在此特别致谢。

钱颖一

2018 年 4 月 8 日于北京